LEÇONS D'ÉCONOMIE DOMESTIQUE ET D'HYGIÈNE

A L'USAGE DES LYCÉES ET COLLÈGES DE JEUNES FILLES
DES ÉCOLES NORMALES D'INSTITUTRICES
DES ÉCOLES PRIMAIRES SUPÉRIEURES
ET DU COURS SUPÉRIEUR DES ÉCOLES PRIMAIRES ÉLÉMENTAIRES

PAR

Mme COUSTAU-PADER

Ex-Professeur d'École Normale
Professeur de Sciences au Collège de Jeunes Filles d'Albi
Officier d'Académie

« Le bien est impossible sans les femmes. »
(FÉNELON.)

« De la femme de ménage dépendent la prospérité intérieure, l'éducation des enfants, le bien-être du mari, le bonheur de la famille... Elle gouverne pour sauver... »
(LEGOUVÉ.)

PARIS
LIBRAIRIE CLASSIQUE INTERNATIONALE
A. FOURAUT
47, RUE SAINT-ANDRÉ-DES-ARTS, 47

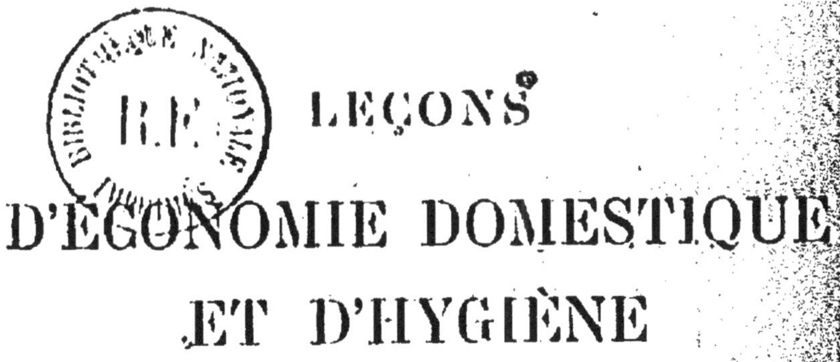

LEÇONS D'ÉCONOMIE DOMESTIQUE ET D'HYGIÈNE

LEÇONS
D'ÉCONOMIE DOMESTIQUE
ET
D'HYGIÈNE

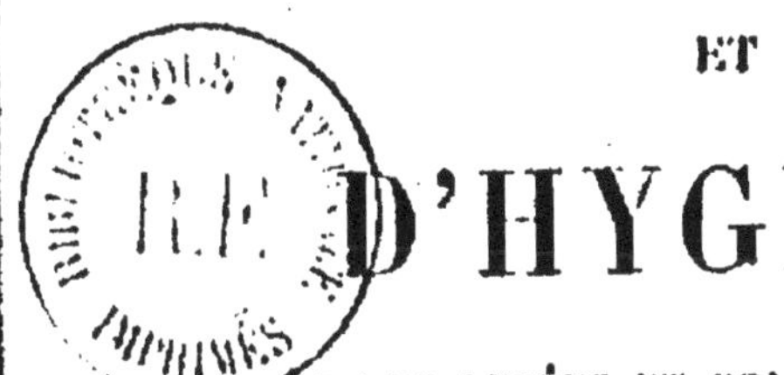

À L'USAGE DES LYCÉES ET COLLÈGES DE JEUNES FILLES
DES ÉCOLES NORMALES D'INSTITUTRICES
DES ÉCOLES PRIMAIRES SUPÉRIEURES
ET DU COURS SUPÉRIEUR DES ÉCOLES PRIMAIRES ÉLÉMENTAIRES

PAR

MME COUSTAU-PADER
Ex-Professeur d'École Normale
Professeur de Sciences au Collège de Jeunes Filles d'Albi
Officier d'Académie

« Le bien est impossible sans les femmes. »
(FÉNELON.)

« De la femme de ménage dépendent la pros-
« périté intérieure, l'éducation des enfants,
« le bien-être du mari, le bonheur de la
« famille... Elle gouverne pour sauver... »
(LEGOUVÉ.)

PARIS
LIBRAIRIE CLASSIQUE INTERNATIONALE
A. FOURAUT
47, RUE SAINT-ANDRÉ-DES-ARTS, 47

PROGRAMME D'ÉCONOMIE DOMESTIQUE
DANS LES LYCÉES ET COLLÈGES DE JEUNES FILLES
(Arrêté du 14 juin 1907.)

COURS DE TROISIÈME ANNÉE

Du rôle de la femme dans l'administration de la maison.

Nécessité de l'ordre, de la prévoyance, de l'économie.

Entretien du mobilier, des étoffes, du linge. — Raccommodage. — Machines à coudre. — Lessive et repassage.

Principes généraux applicables à la préparation et à la conservation des aliments et des boissons.

Comptabilité du ménage. — Budget des recettes et des dépenses. — Dépenses nécessaires : des achats en général. — Dépenses inutiles. — Livres à tenir. — Epargne : assurances sur la vie, etc.

PROGRAMME D'HYGIÈNE
DANS LES LYCÉES ET COLLÈGES DE JEUNES FILLES
(Arrêté du 14 juin 1907.)

COURS DE TROISIÈME ANNÉE
12 conférences d'une heure.

INTRODUCTION. — Importance de l'hygiène en général.

HYGIÈNE INDIVIDUELLE

1° *Hygiène alimentaire.*

Ce qu'on doit et ce qu'on peut manger.

Aliments : aliments partiels, complets. — Dangers d'une alimentation trop azotée. — Nécessité d'un régime mixte.

Viandes : parasites de la viande.

Poissons.

Mollusques : empoisonnements et soins immédiats.

Lait : falsification ; stérilisation ; conservation.

Œufs.

Beurres : falsifications.

Farines : leurs altérations ; pains.

Légumes.

Champignons et plantes vénéneuses : empoisonnements et soins immédiats.

Fruits : fruits verts.

Conserves : préparation ; leurs dangers.

Boissons : eau. — Eau contaminée. — Parasites introduits par l'eau. — Filtrage et ébullition. — Glace à rafraîchir.

Café, thé, chocolat.

Vin, cidre, bière : falsifications.

Boissons distillées : action de l'alcool sur la digestion.

2° *Hygiène du vêtement.*

Les vêtements selon les saisons et les climats. — Propreté. — Dangers de certaines couleurs. — Vêtements de dessous. — Corsets. — Vêtements de dessus. — Chaussures. — Coiffures.

Le lit et les vêtements de nuit.

3° *Hygiène de l'habitation.*

Construction : exposition. — Aération. — Lumière.

Logements insalubres.

Chauffage et éclairage.

Évacuation des déchets.

Propreté et entretien : rideaux et tapis.

Parasites de la maison.

Aménagement d'une chambre de malade.

4° *La Lumière.*

Destruction des microbes par la lumière.

Étiolement par privation de lumière.

INTRODUCTION

L'*Économie domestique* doit faire connaître à la jeune fille ses futurs devoirs de maîtresse de maison, lui apprendre à les accomplir avec plaisir et à rendre sa famille heureuse.

L'*Economie domestique* est la science pratique qui apprend à la future maîtresse de maison les moyens les plus propres à procurer la prospérité au ménage, des douceurs à l'existence et la paix au foyer. On peut donc définir avec raison l'Economie domestique : *la science du bonheur familial.*

Tous les membres de la famille concourent à assurer le bonheur. Mais c'est à la maîtresse de maison qu'incombe particulièrement cette tâche noble et belle : rendre heureux ceux qu'on aime. Elle manquerait à un devoir bien important si elle négligeait de s'instruire de tout ce qui peut embellir l'existence et l'aider à bien remplir sa sublime mission.

La culture intellectuelle et morale éclaire l'esprit de la jeune fille et forme son cœur à la vertu ; l'Economie domestique lui apprend ses futures obligations comme maîtresse de maison. Sans doute, les sciences, les lettres, les arts, une intelligence bien cultivée, une âme bien droite, sont des ressources précieuses qui procurent mille satisfactions à soi-même et aux autres ; mais ces ressources sont vaines et le bonheur incomplet si la jeune femme n'a pas des habitudes d'ordre, d'activité, de prévoyance, d'économie, de dévoûment, l'amour de son foyer et des modestes occupations qui s'y rattachent.

Le trésor le plus appréciable dans une famille est une femme qui aime son devoir et l'accomplit, qui dirige la maison avec intelligence et sagesse, qui possède un cœur délicat et bon, qui sait épargner aux siens les peines et les ennuis propres à troubler leur quiétude.

Accomplir son devoir attire l'estime, mais l'accomplir de bonne grâce en double le prix. Le chemin qui conduit au but est encombré de ronces et d'épines, les difficultés naissent à chaque pas. Savoir braver la souffrance et surmonter les obstacles, en montrant à tous un visage souriant, est un talent précieux qui contribue au bonheur plus sûrement que les plus laborieux travaux. « Le bonheur ou le malheur de l'homme, a-t-on dit, ne dépend pas moins de son humeur que de sa fortune. » Les plus belles espérances ont souvent été détruites par les dispositions fâcheuses d'un esprit acariâtre ou maussade, emporté ou morose, léger ou taciturne. Savoir régler son humeur et modérer ses sentiments est un talent inestimable qui doit être l'apanage de toute maîtresse de maison.

L'égalité d'humeur peut être un don naturel; elle peut aussi être acquise par l'effet d'une volonté énergique qui s'applique à commander aux sentiments et à surmonter les passions. La femme avisée émousse peu à peu les piquants et les aspérités de son caractère; elle brise un à un les traits acérés d'une langue trop active : elle ne froisse plus alors un sentiment délicat, elle n'éveille plus des susceptibilités légitimes. Le calme extérieur qui résiste au tourbillon impétueux fait cesser la tempête; la douceur succède à la violence, la caresse affectueuse à l'injure imméritée.

Une femme intelligente et bonne, guidée par les leçons pratiques d'économie domestique, conservera donc toujours une humeur égale, malgré les petites contrariétés dont la vie est semée et que l'on trouve aussi nombreuses que les mauvaises plantes dans un champ fertile. La lutte intérieure sera rude quelquefois, mais la récompense en sera belle, puisque le rayon de soleil qui illumine le visage descendra dans le cœur. Il rétablira le calme et donnera la paix à toute la famille. Au lieu de s'épuiser en stériles colères, la ménagère s'appliquera à mesurer l'étendue du mal et à le réparer avec patience et douceur.

Une femme d'humeur agréable est mille fois plus attrayante que celle qui, avec des qualités solides, montre toujours un œil sévère et un poing menaçant. On recherche la première ; on fuit la seconde. Fatigué par les cris, les reproches et les plaintes, le chef de famille s'éloignera du foyer où il ne peut jouir du calme qui lui est nécessaire. N'a-t-il pas assez de supporter le poids des affaires ? Faut-il encore ajouter à son mal ? N'est-ce pas lui qui procure le pain quotidien et le bien-être de tous ?

C'est lui qui, dans chaque saison,
Pourvoyeur de toutes les fêtes,
Fait abonder dans la maison
Les fleurs, les livres des poètes.

Il travaille enfin nuit et jour.
Qu'importe ! Les autres jouissent,
N'est-il pas le père, à son tour,
S'il vieillit, les autres grandissent.

(VICTOR DE LAPRADE.)

Après son dur labeur, ne faut-il pas accueillir ce père le sourire aux lèvres et lui procurer les douceurs qui donneront la joie à son âme et le repos à son corps fatigué ? Une conversation agréable, un sourire affectueux, une petite gâterie au repas contribueront au bonheur de tous beaucoup plus que les lamentations relatives aux travaux du ménage et aux défauts des serviteurs.

Voici le portrait d'une maîtresse de maison tracé par un académicien : « Elle était gracieuse et aimable pour tout le monde ; les mots les plus simples semblaient, dans sa bouche, ou un compliment ou une marque d'affection ; quand elle vous adressait la parole, on était content d'elle ; quand elle vous avait écouté, on était content de soi ; on se trouvait de l'esprit, tant elle s'oubliait elle-même pour faire valoir les autres. Mais où elle était admirable, c'était avec son mari ; elle avait pour lui, aux yeux de tous, une si haute estime et un tel respect, qu'elle forçait tout le monde à en avoir ; elle n'en parlait qu'avec bienveillance, avec affection, avec éloge ; elle mettait en relief ses moindres qualités, et, devant ses amis ou les étrangers, relevait son mari avec tant d'adresse et de bonheur que le baron devenait, en rentrant chez lui, un homme de mérite. »

Cet oubli de soi-même, cette suprématie flatteuse accordée à l'époux sont peut-être, pour la femme, les plus sûrs moyens d'établir sa propre domination.

Ce tableau montre d'une manière saisissante les qualités aimables qui attirent à la maîtresse de maison la tendresse de son époux et les sympathies de ceux qui l'approchent.

La femme qui ressemble au modèle tracé met en pratique les *Leçons d'Economie domestique.*

La bonne épouse sera aussi bonne mère. En la voyant, Millevoye pourra dire :

Que j'aime à contempler cette mère adorée,
De rejetons charmants avec grâce entourée !
L'un assiége son front, d'autres pressent sa main ;
Tandis que le plus jeune étendu sur son sein,
Sans bruit, cherchant la place où son amour aspire,
Gravit jusqu'à la bouche où l'appelle un sourire.

Les tendres caresses filiales ne sont pas les seuls fruits de sa sollicitude ; la digne mère veut aussi développer dans l'âme de ses enfants la bonté, la commisération. En présence de l'infortuné qui implore un secours, elle fait comprendre l'obligation qui s'impose, en répétant ces touchantes invitations du poète à soulager les maux d'autrui :

Et ce pauvre, après tout, n'est-il pas votre frère ?
N'est-il pas, comme vous, du limon de la terre
Sorti par ses aïeux, plein du souffle éternel ?
Ah ! lorsqu'il tend vers vous une main plus pressante,
Riches, ayez pour lui l'âme compatissante.
Donnez : c'est un don fraternel.

(S. CAMPENAUT.)

A ces jeunes âmes, elle saura encore inspirer le courage, l'amour du bien, l'amour du vrai, en leur disant :

Enfant, tu grandis : que ton cœur soit fort !
Lutte pour le bien : la défaite est sainte.
Si tu dois souffrir, accorde à ton sort
Un regret parfois, — jamais une plainte.

Ecris, parle, agis sans peur du danger.
L'univers est grand : que ton œil y plonge !
Tu pourras faiblir, même propager
Une erreur parfois, — jamais un mensonge.

(MANUEL.)

De bonne heure, elle préparera les jeunes cœurs aux vicissitudes futures ; elle dira avec le grand poète :

Nul n'est heureux et nul n'est triomphant,
L'heure est pour tous une chose incomplète,
L'heure est une ombre, et notre vie, enfant,
En est faite.

(V. HUGO.)

Cette éducation douce et forte fera passer dans l'âme des enfants les vertus de la bonne mère.

La femme qui comprend ainsi l'éducation des enfants applique les conseils donnés dans les *Leçons d'Économie domestique*.

Les sollicitudes constantes, la tendresse éclairée et vigilante de la maîtresse de maison à l'égard de l'époux et des enfants ne sont pas ses seuls devoirs. Ils sont les plus doux ; mais elle doit en remplir de plus modestes qui servent de base à l'affection conjugale et à l'amitié filiale.

Diriger les domestiques, préparer les aliments, confectionner les habits, raccommoder le linge, établir une exacte propreté dans la maison, s'occuper des ventes et des achats, régler les affaires du ménage, tout cela cause des tourments et nécessite un travail assidu. Ce travail que la ménagère exécute avec clairvoyance et plaisir occupe son esprit, la préserve de l'ennui et maintient le bien-être dans la maison :

Le travail, de nos jours, fait le charme et la gloire
Au lieu que l'indolence est mère de l'ennui ;
Elle amène à sa suite indigence, humeur noire ;
L'aisance, la santé ne viennent que de lui.

(André Theuriet.)

Cette activité incessante et bien réglée favorise la santé et préserve des injures du temps :

. . . . comme elles,
La ménagère échappe aux menaces du temps ;
La paix du cœur se lit dans ses calmes prunelles
Et son front reste lisse et pur comme à vingt ans.

(André Theuriet.)

Tous les travaux de la ménagère tendent à rendre son intérieur agréable, à le faire aimer de ceux qu'il abrite, à procurer l'aisance nécessaire au bonheur :

Si le bonheur nous est permis,
Il n'est point sous le chaume, il n'est point sur le trône,
Voulons-nous l'obtenir, amis ?
La médiocrité le donne.

Cette honnête médiocrité qui donne le bonheur exige un peu de superflu. La vie serait bien sévère et la demeure bien austère si quelques fleurs, quelques plantes, quelques objets d'art, quelques décors habiles, ne lançaient la note gaie dans le tumulte des sollicitudes et des travaux continus.

La bonne ménagère saura toujours atteindre l'aisance nécessaire au bonheur, car il y a deux moyens d'être riche, l'un positif et l'autre relatif : 1° posséder de grandes richesses ; 2° avoir peu de bien, mais avoir des goûts modestes.

On peut être pauvre avec de grandes ressources ; on peut être riche avec de faibles revenus. La fortune qui a pour bases le travail, l'économie, la modération des désirs est à la portée de toute femme sage et intelligente ; la bonne ménagère optera pour la simplicité ; le bon goût fera le reste.

Son esprit ingénieux et orné lui créera des trésors nouveaux : « La richesse intellectuelle fait plus que toutes les autres pour le bonheur de celui qui la possède. Elle est, après la vertu, le premier des biens. Même au point de vue économique, c'est la richesse la plus productive » (JULES SIMON).

Le foyer dirigé par une femme dévouée, bonne, tendre, active et éclairée est l'asile du bonheur, du bonheur relatif, puisque le bonheur [illegible] ne peut exister sur la terre. Le secret de ce bonheur n'est pas difficile à saisir : estime, affection, confiance, dévoûment réciproques ; l'aisance et les douceurs arriveront par surcroît.

Dans cette attachante demeure, chaque âge y goûte les satisfactions qui lui sont propres :

On passe par différents goûts
En passant par différents âges ;
Plaisir est le bonheur des fous,
Bonheur est le plaisir des sages.
(BOUFFLERS.)

Le foyer, gardien du bonheur familial, temple des vertus domestiques, témoin des pures joies de la jeunesse, vivra éternellement dans les souvenirs des jeunes cœurs qu'il a abrités ; l'imagination se portera toujours avec délices vers les lieux qui seront pour l'âme un sanctuaire sacré.

Quelles que soient les vicissitudes qui se succéderont dans les diverses existences, le regard lassé se dirigera encore vers le nid si doux où se sont déroulées les premières années. Lorsqu'un demi-siècle écoulé aura plissé les fronts et que la neige des ans aura blanchi la tête, les cœurs éloignés de la terre natale diront avec l'harmonieux poète :

J'ai visité ces bords et ce divin asile
Qu'a choisis pour dormir l'ombre du doux Virgile,
Ces champs que la Sibylle à ses yeux déroula,
Et Cume et l'Élysée : *et mon cœur n'est pas là !*
. . . .
Mais il est sur la terre une montagne aride
Qui ne porte en ses flancs ni bois, ni flot limpide . .
. . . .

Rien n'y console l'œil de sa prison stérile,
Ni les dômes dorés d'une superbe ville,
Ni le chemin poudreux, ni le fleuve lointain,
Ni les toits blanchissants aux clartés du matin...
....
Enfin un sol sans ombre, et des cieux sans couleur,
Et des vallons sans onde! — *Et c'est là qu'est mon cœur.*

(LAMARTINE.)

La femme qui sait inspirer à ses enfants de si forts et si doux sentiments est bien *l'âme du foyer.*

Malgré les talents et les vertus domestiques, la vie aura ses épreuves : les résultats obtenus dans les travaux répondront rarement aux désirs ; la mort s'appesantira sur le foyer paisible ; l'infirmité et les tourments blesseront le corps et déchireront le cœur. Courageuse dans l'adversité, la maîtresse de maison luttera contre la douleur, bravera sa puissance et dirigera ses regards vers l'avenir qui effacera le présent. Elle excitera son âme à la vaillante fermeté qui lasse le destin et triomphe de l'infortune, en se disant à elle-même :

Ne soupirons plus mollement ;
Fuyons toute lyre énervante ;
Arrière le faux sentiment !
Place à la foi ferme et vaillante !

(V. DE LAPRADE.)

La science qui contribue à former cette femme douce et brave, active et patiente, circonspecte et clairvoyante, ingénieuse et pratique, prudente et avisée, la science, dis-je, qui contribue, avec la morale, à former une telle femme est vraiment bien précieuse : elle s'appelle *l'Economie domestique.*

LEÇONS D'ÉCONOMIE DOMESTIQUE ET D'HYGIÈNE

ÉCONOMIE DOMESTIQUE

CHAPITRE PREMIER

GOUVERNEMENT DE LA MAISON

Principes généraux d'éducation pour le gouvernement de la maison et de la famille. — La maîtresse de maison doit mériter estime et respect par ses paroles et par ses actes. — Action morale qu'elle doit exercer sur les divers membres de la famille.

Maîtresse de maison. — Cette dénomination si simple et si familière, si fréquente et si modeste, est peut-être considérée quelquefois comme synonyme de femme dont l'esprit est peu cultivé. Erreur profonde ! Une maîtresse de maison accomplie est celle qui possède au plus haut degré toutes les qualités que la nature et l'éducation ont départies à la femme. Il sera intéressant d'examiner son rôle dans l'administration de la maison et les qualités qu'elle doit chercher à acquérir pour remplir dignement sa noble tâche.

Maîtresse de maison, toute femme qui ne l'est pas peut le devenir ; il est vrai de dire alors qu'il n'est pas de situation plus générale et qui mérite une étude plus attentive. Pénétrée de l'importance de son rôle, elle doit comprendre ce qu'elle doit à elle-même et à ceux qui l'entourent. Possédant les vertus domestiques des matrones romaines, qui, de leurs mains patriciennes, maniaient la quenouille et le fuseau, puis dirigeaient leurs esclaves et surveillaient leurs travaux, elle ajoutera à ces vertus un esprit d'initiative, un développement intellectuel que la servitude dans laquelle vivaient les premières ne leur permettait pas d'atteindre. Elle n'attendra pas que ses devoirs lui soient dictés par le maître, ainsi que le faisaient les femmes que l'antiquité nous a léguées comme modèles ; son esprit et son cœur, agissant de concert, lui indiqueront la tâche à remplir dans les situations si diverses et si opposées que la vie ménage à chacune de nous.

Cette indépendance que lui ont acquise les progrès de la civilisation l'oblige à chercher en elle-même les moyens qui lui permettront de contribuer au bonheur de la famille. Précieuse conquête qui a permis à la femme de s'élever intellectuellement et moralement à la hauteur de celui qui doit être associé à son existence ! Unis dans la vie commune sans partager les mêmes travaux, l'époux et l'épouse sont de vrais acteurs dans la scène de la vie ; ils remplissent chacun son rôle et contribuent par leurs talents divers à la mélodie de la pièce jouée, dont la mort sera le dernier acte. Dans ce théâtre familial, le maître et la maîtresse de maison occupent les rôles les plus importants. Diversement doués par la nature et par l'éducation, chacun a des devoirs qui lui sont propres ; la variété des idées, des sentiments, des actes contribue à l'harmonie générale, de même que diverses fleurs concourent par la variété de leurs corolles, la multiplicité de leurs essences, à embellir le jardin, à embaumer l'air de leurs parfums.

Importance des devoirs de la maîtresse de maison. — En général, à l'homme robuste et fort appartiennent les grand travaux et les affaires extérieures ; à la femme sensible et dévouée sont dévolus le soin de l'intérieur, l'éducation de la famille. Ayant une compréhension nette des devoirs qui lui incombent, elle saura les remplir sans faiblesse dans les moments difficiles et écarter les obstacles rencontrés en chemin. Noble et délicate mission que celle de veiller au bonheur de tous et à l'éducation des enfants ! Nécessité s'impose d'avoir le courage qui fait supporter les travaux, la volonté qui les poursuit, l'intelligence qui les dirige. Pour mener à bien ce grand œuvre, il faut la fermeté inébranlable et le dévoûment généreux qui font poursuivre le but malgré les épines qui déchirent le corps et les douleurs qui brisent l'âme.

La femme ne se laissera pas détourner de ses fins par les difficultés rencontrées ; mais, sans secousse et sans heurt, lorsque la réflexion et l'expérience lui auront indiqué l'acte à accomplir, elle l'exécutera. La volonté ferme triomphera des résistances et saura porter chacun à suivre sa voie.

Accomplir son devoir, le faire accomplir à ceux dont on a la conduite est une œuvre difficile qui obligera souvent à prendre une voie détournée pour arriver au succès. La volonté rigide peut quelquefois être nécessaire ; mais, en général, la réussite est plus assurée si l'on sait temporiser et choisir le moment opportun pour l'exécution d'un projet. La volonté inflexible peut pousser à la révolte, tandis que la douce fermeté qui sait tenir compte du tempérament, des idées, du milieu, conduit plus sûrement au but. Voilà bien celle qui doit caractériser la femme. Que chacun dans sa maison sache bien qu'elle travaille au bonheur de sa famille, qu'elle sait prendre les moyens pour réaliser ses projets et que sa volonté raisonnée et juste mérite d'être exécutée.

La femme doit mériter le respect par ses paroles. — Celle qui ne se laissera pas entraîner aux conversations inopportunes, qui parlera avec mesure, sans trop d'ardeur et de passion, celle qui réfléchira avant d'exprimer sa pensée, celle-là paraîtra sensée et sera respectueusement écoutée lorsqu'elle parlera dans les assemblées.

Ne dira-t-on pas que la vie serait bien sévère, s'il fallait constamment se replier sur soi-même pour distinguer et choisir ce qu'il faut dire et ce qu'il faut taire? Si l'esprit n'est point naturellement assez réfléchi, on ne saurait nier qu'une femme, qui désire être conforme au modèle tracé, ne doive faire de vrais efforts pour demeurer maîtresse d'elle-même et savoir régler sa langue suivant les conseils de la raison ; mais « l'habitude est une seconde nature ». Après quelque temps de lutte contre l'intempérance du langage, on arrivera à saisir le juste milieu, à savoir parler à propos et retenir sur ses lèvres les paroles imprudentes qui peuvent quelquefois être grosses de conséquences. Le résultat obtenu paiera amplement la peine qu'on se sera donnée pour réussir.

En se proposant d'être réservée dans ses paroles, il ne faudrait pas tomber dans l'excès contraire, mériter le reproche de parler trop peu, d'être morose, de ne pas savoir donner l'entrain nécessaire aux conversations que l'on dirige. Eviter l'afflux de paroles ne nécessite pas le manque d'affabilité, de gaieté, d'enjouement si nécessaires à la jeunesse. Un visage gracieux plaît toujours lorsqu'il encadre une bouche qui sait rire avec ceux qui rient, lancer la note gaie dans une assemblée joyeuse, qui sait parler sans pruderie, sans loquacité gênante et surtout dangereuse. Prendre également intérêt aux biens et aux maux d'autrui, ne pas effrayer les jeunes en leur montrant un front soucieux et trop préoccupé, se rappeler au moment opportun cette maxime du sage : « La parole est d'argent, le silence est d'or » : voilà comment on arrivera à posséder l'agrément du langage, la modération et la prudence dans les conversations. Ces qualités attirent l'estime des personnes sérieuses et assurent de grands avantages à celles qui les possèdent.

La femme doit mériter le respect par ses actes. — Pour mériter l'estime, la mère de famille n'a point à exécuter de ces actes valeureux qui illustrent les héros et remplissent l'univers du bruit de leur gloire. Cependant, que d'héroïsme ne faut-il pas souvent pour accomplir ses obligations dans ce milieu familial, si attachant, qui ménage quelquefois de cruelles douleurs! L'accomplissement fidèle de ses devoirs dans la bonne ou la mauvaise fortune, dans la joie ou dans la peine, mérite à juste titre une considération particulière à celle qui ne se laisse pas abattre par les obstacles, ni écarter de la bonne voie par la perspective de douceurs souvent imaginaires. A ce sujet, voici l'appréciation d'une femme distinguée : « L'âme d'une femme, comme celle d'un homme, doit être ouverte à toutes les vertus. Ni la force, ni la justice, ni la tempérance, ni le dévoûment n'ont de sexe. Il faut à la mère qui allaite son fils et qui veille à son chevet autant de vigilance et de courage qu'au soldat qui veille à la sûreté d'une ville. Il faut au gouvernement des affaires domestiques les mêmes qualités d'équité, de clairvoyance et de décision qu'au gouvernement des affaires publiques. Il est certain que plus l'intelligence s'élève, plus elle conquiert d'espace à l'exercice des vertus. »

Une subtile intelligence a pu permettre à Mme d'Agoult de trouver l'identité dans les vertus nécessaires aux situations les plus humbles et aux fonctions les plus élevées. Il est juste de reconnaître que la femme qui doit former l'esprit du futur soldat qui défendra courageusement son drapeau au milieu des balles sifflant de toutes parts, de bonne heure, doit inspirer à l'enfant l'amour du devoir, l'abnégation de sa personne en présence de l'obligation qui s'impose. La mère a surtout prêché d'exemple. Les fatigues causées par les nuits sans sommeil passées près d'un berceau, les soins dévoués et continus qu'elle a donnés pendant une maladie infectieuse n'ont-ils pas menacé les jours de la mère? La perspective du danger a-t-elle ralenti son ardeur à lutter contre le mal qui veut lui ravir son mari, son enfant? Ses yeux cernés, son teint hâve, ses joues creusées, ses forces épuisées lui ont montré le danger de près; mais, vaillante et forte, elle a lutté en dépit de ses souffrances physiques et morales, elle a voulu arracher à la mort sa proie, malgré les flèches pénétrantes que lui lançait l'ennemi commun. On ne l'a point vue faiblir tant que le danger a nécessité des soins qu'elle n'aurait voulu à aucun prix abandonner à une autre; elle est restée debout sur la brèche surveillant incessamment, et le jour et la nuit, les progrès ou la rétrogradation du mal. Mais souvent, hélas! dans ce labeur, la lassitude a excédé les forces. Que de modestes femmes du peuple, après une tâche aussi ardue, ont pu s'écrier: « Je suis heureuse! la guérison est assurée! » Comme le soldat de Marathon, elles sont tombées sur le sol après avoir poussé ce cri de victoire; elles ont payé de leur vie leur dévoûment à leur famille. Ces victimes obscures du devoir et de l'affection ne montrent-elles pas autant de courage que le général qui cherche à assurer la victoire à son pays, au milieu des éclats d'obus et des lances de l'ennemi ! Inclinons-nous respectueusement devant ces héroïnes inconnues de l'amour familial.

Rôle de la femme dans la famille. — Administrer une maison, assurer l'équilibre entre les recettes et les dépenses, prévoir les difficultés, travailler à les vaincre, apprécier les relations, se rapprocher de celles qui paraissent dignes, s'éloigner de celles qui sont suspectes sans s'attirer la haine ou l'envie, n'est-ce pas l'œuvre de la femme ? Œuvre délicate qui exige de la réflexion, de la perspicacité et une finesse d'esprit d'où dépendent le bonheur et la prospérité de la famille.

La bonne administration de la maison est une preuve de la valeur morale et intellectuelle de la femme, le résultat le plus avantageux qui en découle est de resserrer de plus en plus les liens de la famille, touchante association qui est l'élément de la société moderne. Chacun des membres qui la composent doit apporter sa part de travail et de bonne volonté pour l'édifier sur des bases solides.

L'allégorie suivante indique le rôle attribué au père, à la mère et à l'enfant : un homme robuste, sérieux et actif manie l'instrument de travail et prépare le sol où poussent abondamment les plantes ; c'est lui qui sème, qui plante, qui arrose. Sa femme, vive, alerte et gaie, cueille les fleurs, les choisit, les dispose en bouquets. Tandis que, de ses mains habiles, elle groupe artistement les délicates corolles, sa voix harmonieuse lance dans les airs les sons mélodieux qui résonnent agréablement aux oreilles du travailleur. Un enfant doux et frais sourit à la nature entière ; en sautillant, il cueille aussi des fleurs qu'il effeuille, sans s'inquiéter du labeur paternel.

image de l'association familiale. Le père fort et grave procure, par son travail, les ressources nécessaires à la famille. La mère fait une tâche moins rude, mais, par son art, les qualités du cœur et de l'esprit, charme l'existence et adoucit la peine. L'enfant insouciant et gai disperse, sans préoccupation du présent ni de l'avenir, les fleurs qui ont été cultivées pour assurer son existence ; sa grâce, sa beauté, sa jeunesse font le bonheur du père et de la mère ; les doux baisers qu'ils déposent sur ses joues roses leur font oublier leurs fatigues quotidiennes.

Chaque famille doit réaliser cet idéal de bonheur. Il appartient à la mère d'édifier la puissante forteresse que l'adversité ne saurait détruire, puisque le travail, l'affection et l'estime réciproques survivent à toutes les désespérances.

Le foyer domestique dirigé par une femme intelligente et dévouée est marqué en tous lieux du sceau de son intelligence et de ses sentiments élevés : elle sait embellir toutes ses œuvres ; l'élégance qu'elle sait répandre discrètement séduit et attache ; dans toutes ses parties, la maison révèle un goût exquis et la constante préoccupation de faire le bonheur de ceux qui l'habitent. Ces soins matériels n'abaissent pas son esprit, mais l'élèvent au contraire en lui donnant pour objectif l'oubli d'elle-même et le dévoûment à autrui. La nation qui ne compterait que des familles où les femmes comprendraient ainsi la science de la vie serait grande et forte, attendu que la famille est la base de la société. Le lien de la famille est la femme qui sait s'intéresser aux travaux de son mari par ses talents et son intelligence cultivée, tandis que, habile et distinguée, elle sait remplir dignement et de bonne grâce le modeste rôle de ménagère et celui plus brillant de femme du monde. Fénelon a dit à ce sujet : « Le bien est impossible sans les femmes ; elles ruinent ou soutiennent les maisons ; elles règlent toutes les choses domestiques. L'éducation des femmes est plus importante que celle des hommes, puisque celle des hommes est leur ouvrage. »

Action morale sur les divers membres de la famille. — Dans un langage simple et touchant, Ischomachus n'attribue à la femme grecque que la science du ménage. La femme moderne, dont l'esprit est plus orné, a agrandi le cercle de son activité ; aux soins matériels elle ajoute la culture de l'esprit et du cœur de ceux qu'elle dirige. La puissante affection qui dicte ces multiples devoirs poétise et ennoblit ses moindres actes. Les travaux d'intérieur ne représentent qu'une partie du vaste champ où s'exerce la vigilance de la maîtresse de maison. Elle s'applique encore à cette étude mystique qui fait découvrir les pensées et les sentiments intimes de ces âmes qui font partie de son âme. Par une application constante, elle développe la finesse de son intelligence. Bientôt elle lit sur les visages les idées qui germent dans les esprits, les impressions qui agitent les cœurs ; dans un doux sourire, elle sent la communauté d'affection et de sentiments, tandis que sur le visage qui simule la gaieté, elle découvre l'inquiétude secrète qui tenaille le cœur ; dans le terne regard qui se fixe sur elle, elle voit la pensée qui va chercher sur la terre étrangère des fantaisies puériles ou malheureuses ; dans ces yeux où flamboient des éclairs, quand la parole est douce et calme, elle lit la colère sourde qui gronde au fond de l'âme ; le vague de cet œil fatigué par l'insomnie lui révèle une imagination qui se nourrit de chimères ; dans ce pas traînant et ce front penché, elle sent déjà la fièvre qui accompagne la maladie.

A cette étude psychologique ne se borne pas son effort : elle connait le mal qui tourmente, elle s'appliquera à le guérir ; elle connait le bien qui réjouit, elle travaillera à le développer. Mais si ce bien et ce mal qui se cachent veulent être ignorés, combien serait-elle imprudente si elle essayait de lever le voile dont ils se recouvrent ! Va-t-elle laisser se développer, sans y porter remède, le mal qui peut conduire à la ruine toutes ses chères espérances ? Elle nourrit trop d'affection pour ceux que le malheur menace pour ne pas chercher à conjurer l'orage qui gronde, à chasser l'ennemi qui s'efforce d'entrer dans la place. Pourtant, le voile protecteur ne sera même pas effleuré : perspicace, elle découvrira l'origine du mal ; délicate et discrète, elle cachera sa découverte et travaillera avec une sage diplomatie à prévenir les effets des malheureux agissements, des noirs complots, des tristes ou vaines pensées. A chaque mal son remède, mais non de ces remèdes violents qui, loin de rétablir l'harmonie dans l'organe troublé, le dissocient et le perdent à jamais ; les remèdes seront indiqués par cet esprit judicieux et prudent qui fait discerner le véritable antidote et le fait administrer au moment opportun.

Moyens à employer pour accomplir son œuvre. — Sans se laisser abattre par un manque de confiance, sans paraître comprendre le sentiment qui tient mystérieusement caché l'acte ou le désir qui pourrait troubler sa quiétude, sans s'effrayer enfin de la passion qui ne la prend pas pour confidente, la femme gardera tout son courage, et dans de sérieuses réflexions cherchera le sentier caché, sinueux et difficile qui la conduira dans l'enceinte où elle désire pénétrer.

L'idée, le sentiment, le projet qu'elle veut combattre étant connu, elle se gardera bien de l'attaquer directement ; après mûre réflexion, une parole placée à propos, une allusion rapide et passagère lui permettra de sonder le milieu qu'elle veut connaître. Le premier essai n'amenant point la détente, de timides et indirectes tentatives répétées sobrement permettront de juger l'état d'esprit. Tout nouvel effort devra prendre une nouvelle forme, inspirée par la saine raison qui fera taire les dangereuses impatiences. Des attaques bien combinées, prudentes et courtes dévoileront le point vulnérable de la résistance. Se gardant d'une hâte intempestive, une manœuvre habile, prudente et opportune triomphera des dernières difficultés.

Cette âme, sœur de son âme, qu'elle veut guérir du mal qui la tourmente, qu'elle veut maintenir dans la voie du bien, qu'elle veut associer à ses sentiments, aspirera lentement les doux parfums qui s'échappent de ce bouquet de vertus aimables ; ces aromes agréables et actifs, agissant peu à peu, réveilleront la sensibilité engourdie, ramèneront à l'épanchement, à la communauté d'idées les cœurs qu'un zèle inopportun aurait à jamais séparés. Le danger couru aura raffermi l'estime, la confiance et l'affection réciproques.

Victorieuse de l'épreuve, elle sera heureuse, mais sa joie tout intérieure ne grisera pas son âme en la rendant autoritaire, vaine ou imprudente. L'expérience acquise ne lui fera pas braver le danger, mais la portera à la vigilance, à la circonspection qui écartent les obstacles et prévoient les périls. Le passé lui aura appris que l'avenir peut lui ménager de nouveaux déboires ; ces leçons vivantes auront mûri son jugement, modéré ses ardeurs, assagi sa raison, aiguisé sa finesse, augmenté sa prudence. Elle sortira donc meilleure et plus grande des difficultés qui lui ont valu tant de nuits sans sommeil et tant de jours sans gaieté.

Avantages d'une profession personnelle. — Bon nombre de femmes ont à satisfaire aux exigences d'une profession personnelle. Je ne m'étendrai pas ici sur les avantages et les inconvénients des professions féminines; je me bornerai à indiquer que les occupations imposées par une profession, laissant peu de loisirs à la femme, éloignent d'elle l'ennui inséparable de l'oisiveté. Toutes les facultés sont captivées par l'accomplissement d'une tâche à laquelle elle s'intéresse; nulle pensée étrangère ne peut longuement occuper l'imagination enchaînée par le travail.

Si la femme éloigne toutes les préoccupations qui s'opposent à l'exécution de son devoir, le travail n'est plus une peine mais un élément de bonheur. Heureuse la femme qui a à sa disposition un aussi puissant ami! Il la défend contre le danger, la réconforte dans ses défaillances, la préserve des tortures morales, lui procure des ressources qui contribuent au bien-être de la famille.

Ayant déterminé d'une manière générale l'action morale de la femme dans la famille, ainsi que les moyens propres à alléger les peines inhérentes à sa tâche, examinons les devoirs particuliers qui lui incombent dans l'administration de sa maison : 1° relativement à son gouvernement domestique; 2° relativement à sa famille; 3° relativement aux personnes étrangères à sa famille; 4° relativement à elle-même.

CHAPITRE II

LE MÉNAGE

Soins qu'il exige. — Heureux résultats obtenus par le dévoûment intelligent de la maîtresse de maison. — La cuisine.

Soins du ménage. Motifs qui portent à bien remplir les devoirs qu'il impose. — Les soins du ménage incombent plus particulièrement à la femme, parce qu'ils répondent à l'esprit de détail qui lui est propre. Choix, disposition, entretien des meubles et des vêtements, approvisionnement de denrées, préparation des aliments, organisation des services, direction et surveillance des domestiques, sollicitudes de bonheur familial : voilà des occupations qui permettent à la femme d'exercer son goût, son intelligence, ses connaissances pratiques, son zèle et son dévoûment.

Le gouvernement domestique est le premier de tous les devoirs, le plus nécessaire sinon le plus élevé ; aussi la femme doit-elle s'appliquer à le remplir dignement, bien que les travaux qu'il comporte soient humbles et modestes. Suivant l'éducation reçue ou les inclinations naturelles, on peut les envisager à divers points de vue : 1° on peut considérer ces devoirs comme indignes de sa personne et les abandonner aux gens de service ; 2° on peut les trouver utiles, mais dépourvus de charmes, et les remplir par nécessité, aspirant après le bonheur d'en être débarrassée ; 3° on aime son intérieur, on s'y plaît ; tous les devoirs qui s'y rattachent sont doux et agréables.

Considérer les devoirs de ménage comme une occupation basse ou les remplir par contrainte sont deux conceptions mauvaises des obligations que la nature et la société semblent imposer à la femme. Aimer son ménage, lui donner son maximum d'agréments, voilà le sentiment qui doit diriger les travaux.

Devoirs d'administration domestique. — La femme dont les ressources matérielles de l'existence sont considérables ne sera pas sa propre domestique ; elle confiera les rudes labeurs et les tâches secondaires au personnel employé à son service, mais elle demeurera toujours maîtresse de maison. Elle n'abandonnera jamais l'administration générale ; elle assignera à chacun sa charge, indiquant l'heure et le moment de l'accomplir. De son cabinet de travail, où ses doigts agiles s'exercent à manier allègrement l'aiguille ou le fuseau, la plume ou la navette, l'archet ou le pinceau, elle surveille et dirige tout. De temps en temps, une rapide inspection des diverses parties de la maison lui permettra de s'assurer que les ordres sont exécutés, que chacun accomplit la besogne assignée.

Rien ne remplace l'œil du maître ; si la femme néglige la surveillance et le gouvernement de la maison, elle commet une faute grave. En tous lieux, dans sa demeure, on remarque l'absence de cette organisation de bon aloi qui résulte d'une direction intelligente et unique. L'œil expérimenté découvre partout des négligences et des désordres, indices trop certains d'une chute fatale. Les déloyautés et les exigences des mercenaires iront grandissant ; la maîtresse de maison trouvera dans la ruine de sa famille la punition méritée par ses ridicules dédains.

Heureusement l'intelligence et la morale maintiennent la femme dans son modeste devoir. Elle comprend qu'elle a pour rôle de seconder le mari, qui procure les ressources matérielles, et de travailler pour les enfants, qu'elle doit établir convenablement. Alléger la peine du mari, sauvegarder l'intérêt des enfants imposent des obligations auxquelles elle ne voudra pas se soustraire.

Cette force de volonté, qui porte au sacrifice afin d'assurer le bonheur d'autrui, ne manque ni de grandeur ni de noblesse. Travailler parce que le devoir l'impose est très digne d'éloges, mais la tâche accomplie par obligation, sans plaisir, est incomplète; l'œuvre produite est rigide et froide comme la règle qui commande le devoir, l'agrément en est banni. Dans la demeure gouvernée par la droite raison seule, la propreté, l'ordre, le bien-être même peuvent se trouver réunis, la maison peut prospérer, la paix peut exister, la joie aussi peut quelquefois illuminer les visages; mais le contentement de l'âme qui assure le bonheur ici-bas n'y peut trouver place. Il manque dans ce ménage, où tout est fait par devoir, la tendre affection qui réchauffe, le puissant intérêt qui vivifie.

Non seulement il faut faire son devoir, mais il faut aimer ce devoir, le trouver agréable, se plaire dans sa maison, goûter des satisfactions à administrer, à décorer, à embellir ce doux refuge de l'affection conjugale et du dévoûment maternel.

La grâce et le cœur de la femme passent dans la disposition du mobilier et des tentures; ces draperies délicatement froissées, habilement ornées, révèlent le goût qui a présidé à leur arrangement; ces plantes verdoyantes, placées dans le coin obscur, l'égaient par leur feuillage; isolées ou disposées en bouquets charmants, les fleurs sont les ornements élégants et modestes de la pièce où l'on travaille, de celle où l'on s'amuse, de celle où l'on reçoit les amis; des sièges confortables invitent celui que le travail a lassé à jouir du repos; des jeux divers convient à la distraction légitime qui doit suivre le travail. Ici, tout est vivant, gracieux, agréable comme la reine du foyer qui en a réglé l'organisation.

Le bien-être relatif peut exister dans tous les ménages. — Le bien-être, les décors de bon goût peuvent se trouver dans tous les ménages où existe une femme active, intelligente et soucieuse du bonheur de ceux qui l'entourent. Le domicile familial sera toujours agréable si la femme aime son milieu tel qu'il est : beau et bon, elle doit travailler à l'embellir et à l'améliorer encore ; méchant et désagréable, son affection et sa volonté le transformeront en un champ fertile où poussera plus tard la fleur recherchée par tous, fleur incomparable qu'on nomme le *bonheur*. Par l'effet d'une intelligente culture, cette fleur au parfum suave pousse en tous pays et toutes latitudes, sur les montagnes et dans les plaines, dans les sols riches et dans les terrains pauvres. Ainsi chaque ménage, même le moins fortuné, peut avoir la douce espérance de savourer ses agréables senteurs.

« Ce ne sont pas seulement les qualités solides et les vertus raisonnables que la femme trouve à déployer dans l'intérieur du ménage ; elle peut y introduire ce qui est sa nature même, le goût, la grâce, l'élégance. L'élégance et le ménage, voilà deux mots qui paraissent ennemis ; ils ne le sont que pour ceux qui séparent toutes choses, qui ne voient pas l'invisible derrière le visible et qui ignorent le secret rapport des choses de la création à celles de l'esprit. Tout s'anime, se vivifie et se colore sous le souffle d'un sentiment. Il peut y avoir dans les plus humbles soins de la vie domestique un art de dissimuler ce qui ne plaît point aux yeux, un art de disposer et de choisir sans luxe, sans grands frais, mais de manière à plaire au goût et à l'imagination. La plus modeste fille du peuple a une fleur sur sa fenêtre ; n'est-ce point une preuve que la vie peut être ornée dans toutes les conditions ? L'élégance de la vie n'a donc rien qui soit contraire à la morale quand elle n'est pas disproportionnée avec les moyens que nous donne la fortune » (*La Famille*, JANET).

La généreuse nature a mis à la disposition de la maîtresse de maison la moins bien partagée la source d'eaux vives qui purifie, la fleur qui embellit, le cœur qui sait aimer. Guidée par cet ingénieux conseiller, l'amour du foyer, l'intelligente souveraine trouvera des trésors inépuisables de joies variées dans ce doux nid qui abrite ses turbulents et gracieux enfants, charme des jours présents, espérance de temps meilleurs.

Agréments d'un ménage bien gouverné. — Heureux intérieur, la modeste demeure que la femme chérit avec tant de tendresse, qu'elle orne avec un art si exquis, qu'elle rend agréable à tous ceux qui franchissent la porte d'entrée de cette école des vertus ! Le profane l'admire, sa famille apprécie ses bienfaits ; dans ce béni sanctuaire ne peuvent s'introduire les funestes habitudes qui torturent des existences enchaînées l'une à l'autre.

Après avoir satisfait aux exigences de sa situation qui l'appellent au dehors une partie de la journée, l'époux fidèle vient en hâte se délasser de ses fatigues dans cette atmosphère de paix et d'affection. Réconforté par le bien-être qu'il goûte avec plaisir, réjoui par les caresses des enfants, attendri par les soins empressés et opportuns d'une compagne dévouée, il oublie ses fatigues. Intéressé par de joyeux récits, satisfait des travaux exécutés, égayé par les rires, les chants, les jeux des tout petits, il chasse les préoccupations, son cœur est à la joie : il aime, il est aimé. L'âme inondée de douceurs, il ferme les yeux et s'endort, faisant de doux rêves..... Le sommeil a rétabli ses forces; plein d'un nouveau courage pour nourrir et élever sa famille, il quitte son foyer quand sonne l'heure cruelle qui lui inspire le regret d'être arrivé trop tard et de repartir trop tôt. Son cœur ne trouve rien de meilleur, rien de plus beau que ce toit qui abrite tout ce qu'il aime. C'est avec conviction qu'il se dit à lui-même :

Heureux qui, sur ces bords, peut longtemps s'arrêter !
Heureux qui les revoit s'il a dû les quitter !

Les époux que la nécessité tient momentanément éloignés l'un de l'autre demeurent unis par la communauté d'idées et de sentiments. Le mari qui part, couvert des baisers de l'enfance, salué par les petites mains qui, de loin encore, lui envoient leurs caresses, ce mari sait bien que, dans sa chère maison, il laisse une femme digne de sa confiance, comprenant tous ses devoirs, et douée des lumières nécessaires pour administrer son domaine. Tranquillité d'esprit, gaieté de cœur, agilité du corps : voilà les heureuses dispositions qui permettront au chef de famille d'être tout à sa tâche, de s'appliquer à s'élever plus haut dans la situation qu'il occupe. Sous l'influence de la bonne étoile qui éclaire son foyer, il accomplira ses devoirs professionnels avec vaillance, circonspection et lucidité d'esprit; la promotion d'emploi ou l'augmentation de richesses sera la conséquence de cette application consciencieuse. Ces heureux résultats, auxquels a indirectement contribué la maîtresse de maison, seront la source de plaisirs nouveaux. En donnant à son ménage du bien-être, de la grâce, de l'élégance, la femme travaille à la prospérité de la famille. L'administration d'un intérieur que l'on veut rendre conforme à l'idéal rêvé exige des travaux sérieux et multiples; cet intérieur est le champ d'expérience où un esprit élevé s'applique à répandre les semences qui produisent joie et bonheur.

Que l'âme craintive ne s'effraie pas de ce tourbillon d'affaires imposées par l'administration domestique; les petites fleurs qui émaillent ce tapis mouvementé égaient le travail, le calme de l'âme soutient l'activité du corps, la robuste santé facilite l'exécution de la tâche, car la femme qui travaille conserve plus longtemps sa jeunesse et sa force que celle dont la vie est inactive. La physionomie garde l'expression des plaisirs tranquilles que goûte le cœur, plaisirs mille fois plus doux que les divertissements bruyants des assemblées et des spectacles. Que la femme apporte donc une certaine coquetterie à vivre dans ce paisible intérieur qui lui donne la confiance en l'avenir et l'égalité d'humeur.

Celle qui cherche au dehors des satisfactions chimériques ne tarde pas à éprouver des désillusions cruelles, des tortures morales qui l'affligent. Ces impressions se reflètent sur le visage, ce miroir de l'âme, qui perd rapidement la fraîcheur et les roses printanières que remplacent les rides précoces et les teintes terreuses. L'art cherche vainement à réparer ces ravages de l'âme; soins inutiles! vains efforts! Le meilleur fard est la sérénité de l'âme et la joie du cœur; elles conservent, même à la vieillesse, cette agréable beauté qui n'est point l'effet de l'art mais le fruit de la vertu. Combien sage et avisée est la femme dont le cercle d'horizon est le bonheur de sa famille! Elle préfère les joies du ménage aux plaisirs et aux vanités qui en éloignent.

La cuisine. — Il est une partie du service qui doit particulièrement intéresser la maîtresse de maison: c'est la cuisine. C'est dans la cuisine que se préparent les mets qui serviront à l'alimentation de la famille; c'est là qu'il doit y avoir ce luxe d'ordre et de propreté qui inspire confiance en la bonne préparation des substances alimentaires et excite l'appétit indécis.

Une surveillance attentive doit y maintenir à l'état permanent cette propreté minutieuse qui est le décor obligé de la pièce et du mobilier qu'elle renferme ; un œil expérimenté doit veiller à la préparation des aliments et en surveiller les détails ; une main experte doit s'appliquer à obtenir les meilleures conditions de cuisson et de saveur.

La bonne préparation des aliments a une haute importance, attendu que de cette préparation et du choix des substances employées dépend la santé de la famille.

A la cuisine, la femme a donc l'occasion d'exercer sa sollicitude familiale et son art culinaire, afin de satisfaire aux nécessités qu'il ne faut point dédaigner, car la bonne santé est une condition première de bonheur.

Elle comprend le sens vrai de cette tirade de Chrysale contre les femmes beaux-esprits :

> Et l'on sait tout chez moi, hors ce qu'il faut savoir.
> On y sait comment vont lune, étoile polaire,
> Vénus, Saturne et Mars, dont je n'ai point affaire.
> Et dans ce vain savoir qu'on va chercher si loin
> On ne sait comment va mon pot dont j'ai besoin.

Loin de mériter ce reproche, elle s'applique à satisfaire la *guenille* si chère à tant de gens qui disent avec Chrysale :

> Je vis de bonne soupe et non de beau langage.

Sachant que le corps est le serviteur de l'esprit, et qu'il est nécessaire à celui-ci d'avoir un bon serviteur afin de pouvoir donner le maximum de développement à ses facultés, la maîtresse tiendra à honneur de diriger et de surveiller de près la préparation des aliments.

Elle ne dédaignera pas au besoin d'occuper ses doigts effilés à éplucher les légumes et d'employer ses mains délicates à diriger la cuisson de son rôt. Elle est persuadée qu'il n'y a pas d'occupation basse et vile parmi celles qui contribuent au bien-être et au bonheur de la famille.

L'estomac satisfait fournit au corps la réparation nécessaire, et à l'esprit cette quiétude et cette gaieté qui sont la base du bonheur domestique.

Un ménage malheureux. — Arrêtons un moment nos yeux sur le ménage dont la maîtresse cherche hors de sa maison des plaisirs moins sévères. Elle quitte son foyer ; le mari l'abandonne à son tour, pour se procurer au loin des distractions qu'il ne trouve pas chez lui ; il goûte voluptueusement au dehors des joies passagères et ruineuses.

Que de reproches, que de colères, que de luttes, lorsque, réunis devant l'âtre sans chaleur, ils échangent leurs idées ! Quelles tortures morales doivent résulter pour les époux de ces récriminations et de ces menaces trop souvent répétées ! Au milieu de ces divisions intestines, de cette mésintelligence trop évidente, mésintelligence alimentée par une huche vide, seul ornement d'un foyer dénudé, quelle doit être l'éducation des enfants ! Tristes victimes des errements maternels, ils grandissent privés quelquefois du nécessaire, toujours sevrés de cette clarté divine qui s'appelle la paix du foyer. De la vertu ils ne connaissent que le nom ; leur vie tout entière se ressentira des négligences et des fautes qui ont compromis leur éducation première.

La perspective des tourments que cette infortunée maîtresse de maison se prépare dans le présent et dans l'avenir nous porte à encourager la femme au sacrifice qui maintient dans la voie du devoir, voie qui conduit au bonheur dans un avenir plus ou moins lointain. Accordons toute notre admiration à celle qui, par ses heureuses dispositions naturelles ou acquises, sait attacher sa famille au foyer et élever les âmes vers les sublimes régions où le sentiment s'épure, où l'esprit s'éclaire et s'ennoblit.

CHAPITRE III

LA SCIENCE DES AFFAIRES

Nécessité pour la femme de s'appliquer à comprendre l'administration des affaires extérieures. — Elle doit chercher à se créer des relations qui peuvent lui être utiles.

Rôle de la femme dans un ménage antique. — La femme antique demeurait complètement étrangère aux affaires extérieures : les soins du ménage étaient sa seule préoccupation. Ischomachus instruit sa femme dans un langage qu'on peut méditer encore avec avantage : « Ma femme, écoutez-moi : tout ce que j'ai, je vous l'ai donné; tout ce que vous avez, vous me l'avez donné. Il faut se pénétrer de ceci que celui de nous qui gérera le mieux le bien commun fera l'apport le plus précieux... Il est du devoir d'un homme et d'une femme qui se conduisent bien de faire en sorte que ce qu'ils ont prospère le mieux possible, et qu'il leur arrive en outre des biens nouveaux par des moyens justes et honnêtes. Les dieux me semblent avoir bien réfléchi lorsqu'ils ont assorti l'homme et la femme pour la plus grande utilité commune. Le bien de la famille et de la maison exige des travaux au dehors et au dedans. Or, la Divinité a d'avance approprié la nature de la femme pour les soins et les travaux de l'intérieur et celle de l'homme pour les soins et les travaux du dehors. Froids, chaleurs, voyages, guerres, le corps de l'homme a été mis en état de tout supporter. D'autre part, la Divinité a donné à la femme le penchant et la mission de nourrir les nouveaux-nés ; c'est aussi elle qui est chargée de veiller sur les provisions, tandis que l'homme est chargé de repousser ceux qui voudraient nuire. L'homme fait par Dieu plus fort dirige le dehors. La femme veille au dedans, semblable en cela à la reine des abeilles qui ne sort pas de la ruche et ne laisse jamais chômer les mouches à miel..... Occupation belle, douce, plaisante et qui la fait appeler la reine. Voilà ce que vous êtes, ma femme, dans votre ménage. » Il ajoute : « Comme la nature de l'homme ni de la femme n'est parfaite, ils ont besoin l'un de l'autre, et leur union est d'autant plus utile que ce qui manque à l'un, l'autre peut le suppléer. Il faut donc, ma femme, qu'instruits des fonctions qui sont assignées à chacun de nous par la Divinité, nous nous efforcions de nous acquitter le mieux possible de celles qui incombent à l'un et à l'autre..... Mais il est une chose à laquelle nous devons travailler en commun et que Dieu a posée entre nous comme un prix auquel nous devons prétendre tous deux, savoir : commander à nos passions, n'être ni colères, ni capricieux, ni égoïstes, ni légers, ni oublieux d'aucun de nos devoirs. Ils sont tous sacrés. Celui qui sera le meilleur emportera ce beau prix. Ainsi, ma femme, essayons de faire au mieux notre devoir, chacun de notre côté. Mon plus grand plaisir serait que vous puissiez vous montrer meilleure que moi. »

Par ce touchant langage, Ischomachus dépeint à sa femme l'étendue et l'élévation des devoirs qui lui sont attribués dans le gouvernement domestique, mais il réserve pour lui, selon la coutume des Grecs, tous les travaux du dehors. La femme romaine, malgré ses hautes vertus, ne s'est occupée encore que d'administrer l'intérieur de sa maison.

La femme moderne doit s'occuper des affaires extérieures. — Les habitudes des Anciens ont fait leur temps. La société moderne impose à la femme des devoirs nombreux qui l'obligent à dépenser ses trésors de vaillance et de dévoûment dans une sphère agrandie. Souvent, elle doit abandonner son paisible intérieur pour prendre part aux mouvements du dehors et aux agitations des affaires extérieures; elle satisfait ainsi aux nécessités de la vie sociale actuelle et à la communauté d'intérêts établie par toute association conjugale, sans toutefois négliger de travailler au dedans au bonheur de son époux et de ses enfants. Dans le vaste champ où s'exercent son intelligence et son activité, la femme moderne ne se montre pas inférieure à sa tâche, grâce au soin pris par la société contemporaine d'orner son esprit des connaissances qui lui permettent d'exécuter dignement les travaux inhérents à sa situation nouvelle.

Cette heureuse réforme a permis à la femme de montrer l'aptitude qu'elle a à s'adapter à des milieux différents; elle a permis aussi d'apprécier les qualités de l'âme féminine : courage, prudence, discernement, modération, pénétration d'esprit, qui lui permettent souvent de rivaliser avec l'homme, sans toutefois négliger ce qui est l'essence même de ses fonctions : les soins du ménage. Des raisons sérieuses imposent à la femme cette application à des occupations dont les Anciens et même le moyen âge ne l'avaient pas jugée capable. D'abord, la lutte pour la vie, si la femme est seule et obligée de se procurer les ressources nécessaires aux exigences de l'existence; puis, la nécessité de remplacer le mari auprès des enfants, si la mort les prive de leur père.

Demeurée seule, la femme, préparée à la tâche par l'expérience acquise, continuera avec courage l'œuvre commencée en commun. « Si cette cruelle séparation devait avoir lieu, combien nécessaire serait-il pour la femme de s'être exercée au sérieux, à la gravité, à la fermeté! et que sa tendresse exquise deviendrait impuissanté si une séparation prématurée la privait du bras paternel ! Demandez à cette jeune femme tout aux plaisirs du monde et aux vanités du luxe ce qu'elle deviendrait si la perte d'un mari lui laissait la charge inaccoutumée de l'éducation des enfants ! Quelles leçons leur donnerait-elle, elle qui a tant besoin d'en recevoir ? Où apprendrait-elle l'ordre nécessaire pour ménager leurs intérêts, le sérieux et la fermeté qui peuvent seuls commander le respect, la simplicité et la modestie dont elle doit leur donner l'exemple ? » (JANET.)

Si, par son travail, le mari est l'unique soutien de la famille, privés de cet appui, où la mère et les enfants vont-ils trouver le pain qui nourrit, les ressources qui satisfont aux nécessités impérieuses de la vie ?

Conséquences de l'inaction de la maîtresse de maison. — Grâce au travail du mari, la femme imprévoyante a pu posséder longtemps un confort dans lequel elle s'est prélassée sans songer à l'avenir ; elle s'est habituée à considérer ce bien-être comme inhérent à sa personne. Quelle ne doit pas être son angoisse lorsqu'elle est brusquement séparée d'un époux qui lui était cher à tant de titres ? Quelles cuisantes douleurs s'il faut échanger la robe de soie contre la robe de toile de l'ouvrière, la tenue du salon contre le nettoyage de l'atelier, les copieux repas contre les maigres légumes, les rêves d'avenir faits près d'un berceau contre la réalité de la blouse de l'artisan ! Qui dira jamais les ruisseaux de larmes qui ont inondé la modeste couche où l'ouvrière improvisée vient déverser le trop plein de son cœur ?

Une autre, pour éviter de devenir ouvrière, ce qu'elle considère comme une déchéance, prendra une voie différente. La voici courant de droite à gauche, allant de porte en porte, visitant amis et connaissances pour les intéresser à son malheureux sort et en obtenir les moyens de vivre et de faire vivre ses enfants. Quels pénibles récits sortent de cette bouche naguère habituée au commandement ! Quelle terrible humiliation, à cette fierté si vaine, d'exposer sa trop réelle détresse ! Quelles supplications blessantes pour l'amour-propre enraciné dans cette âme altière ! Heureuse encore si, après démarches et demandes, regrets et prières, mortifications et tortures morales, l'honneur ne sombre pas dans le torrent fangeux du vice, où conduit trop souvent la misère imprévue !

Ces tableaux trop véridiques de scènes vivantes qui se déroulent sur le théâtre du monde nous montrent l'imprudence de la femme qui, sans souci et sans crainte, se laisse entraîner sur le courant de la vie par le vaillant rameur qui n'est point immortel.

Avantages d'une prévoyante activité. — Combien plus sage est celle qui, pour alléger la fatigue de son compagnon de route, prend la rame à son tour, et, battant le flot de sa main courageuse, le force à s'entr'ouvrir pour lui livrer passage. Tous nous sommes voyageurs dans le chemin de la vie ; le plus grand nombre est frappé mortellement avant d'atteindre le but ; l'expérience le prouve. Que les survivants, instruits par cette sage conseillère, ne confient pas tous leurs trésors à ceux qui les accompagnent ; qu'ils gardent sur eux une part des vivres, des armes et des munitions, afin de pouvoir, après la chute des victimes, réparer leurs forces et combattre les ennemis qui s'opposent aux progrès de la marche.

Ce voyage est bien l'image de notre destinée : à côté de la vie, la mort ; à côté de la naissance, la destruction de l'être ; à côté du mariage, le veuvage.

Que la femme s'arme donc dès sa jeunesse, et qu'elle soit prête à parer les coups du sort. Qu'elle soit initiée aux travaux et aux affaires qui, peut-être un jour, seront son unique ressource; ainsi, si elle est seule pour soutenir la lutte imposée par l'existence, elle échappera aux affres du dénûment et à l'humiliation des sollicitations pressantes.

Que le mari soit agriculteur, commerçant, fonctionnaire, artiste, homme de lettres, il doit trouver près de lui un esprit qui sait comprendre, une âme qui sait sentir, une femme attachée à son labeur, partageant ou allégeant ses travaux, capable d'administrer la maison, de traiter les affaires et de suffire seule aux besoins de la famille.

La famille ne doit pas vivre dans l'isolement. — Une sage prévoyance doit porter la maîtresse de maison à cultiver l'amitié des voisins dont elle apprécie les mérites. L'affectueux intérêt qu'elle saura inspirer peut lui être inutile dans la prospérité, mais, vienne l'adversité, elle comprendra que les dévoûments des amis sont un précieux secours dans les dures épreuves que la destinée dispense trop généreusement.

Le peuplier qui embellit nos verdoyants vallons élève vers les nues sa tête flexible et superbe; il domine tous les arbres environnants. Roi de la nature, qu'il paraît commander, il semble défier tous les ennemis. Bientôt survient l'orage; les vents se déchaînent; la tempête fait rage.

Si le peuplier est entouré par de modestes arbres qui s'inclinent à ses pieds, ployés par les furieux transports du terrible aquilon, les hommages de ses petits voisins émoussent les coups qui lui sont portés :

Il plie et ne rompt pas.

Mais si le peuplier est isolé dans la vaste plaine, il a à subir dans toute leur violence les attaques répétées et tumultueuses du « terrible enfant du Nord » ; il ploie et fait face à l'attaque : mais

Le vent redouble ses efforts
Et fait si bien qu'il déracine
Celui de qui la tête au ciel était voisine
Et dont les pieds touchaient à l'empire des morts.

Image sensible de l'effet de l'isolement ou des bons voisinages. Celui qui, dans le malheur, est entouré d'amitiés résiste aux coups du sort ; celui qui est seul à supporter l'infortune succombe sous le faix qui l'écrase.

L'homme, a-t-on dit justement, est fait pour vivre en société ; seul il ne pourrait triompher de tous les dangers qui le menacent, mais, aidé et soutenu par ses semblables, il surmonte les difficultés. Une famille ne saurait judicieusement éviter tout rapport avec ses voisins. Sans doute, il y a un choix à faire pour déterminer quelles sont les personnes qu'on recevra dans l'intimité familiale, mais, le choix étant fait, il faut cultiver leur amitié. Les amis étant pris dans l'élite de la société environnante, il faut encore avoir des rapports bienveillants avec tous les voisins.

Rôle de la femme dans les relations de bon voisinage. — C'est à la femme qu'incombe particulièrement la tâche d'éteindre les inimitiés anciennes et nouvelles et d'attirer les sympathies à sa famille ; en employant comme moyens la bonté, le tact, la finesse d'esprit, elle s'attachera tous les cœurs. Elle ne gardera pas pour elle seule les fruits de son éducation, de son expérience et de son intelligence ; les voisins peu éclairés trouveront toujours en elle un bon conseiller qui saura leur indiquer les moyens d'améliorer leur sort par le travail, la spéculation et la bonne conduite. Elle sera pour les nécessiteux une aide qui allégera le poids de leurs souffrances, les malades seront assistés par ses soins.

Son action bienfaisante s'étendra dans l'ordre moral. Elle connait les haines malheureusement trop fréquentes de voisin à voisin; elle écoutera les doléances, aplanira les difficultés, calmera les vieilles rancunes; elle rapprochera ceux que l'intérêt a divisés; elle travaillera à établir la conciliation et la paix dans les ménages malheureux; elle s'associera enfin, selon ses moyens, à toutes les œuvres qui ont pour rôle d'adoucir les misères humaines, de calmer les souffrances physiques et morales des malheureux mortels.

C'est par cette tendre sollicitude qu'elle témoignera à l'ignorance, au malheur et à l'indigence qu'elle assurera son influence dans le milieu qui l'entoure. Cet empire bienveillant exercé sur ses voisins, ce courant de sympathies qu'elle a su créer autour de sa famille compenseront, par leurs charmes, les peines et les fatigues causées par son dévoûment.

Par une bienveillance prudente et avisée, elle édifiera peu à peu la digue protectrice qui émoussera les coups malheureux dont le destin aveugle la frappera peut-être un jour.

CHAPITRE IV

LA MÈRE DE FAMILLE

Devoirs de la mère. — Education des enfants.

La naissance d'un enfant cause une douce joie à la famille. — L'enfant qui entre dans la vie est le rayon de soleil qui illumine le foyer du riche et celui du pauvre, c'est la fleur d'avenir qui s'épanouira lentement dans la chaude atmosphère créée par la tendresse maternelle, c'est le rameau d'olivier qui offre aux cœurs meurtris et divisés la paix et l'affection. La venue de ce messager céleste est saluée par les larmes de joie et les élans du cœur ; devant lui, les fronts se dérident, les bouches sourient, les âmes éprouvées s'ouvrent à l'espérance. Heureux temps, où le père et la mère unis dans une commune tendresse échangent, près du léger berceau, leurs rêves de bonheur ! Arrêtez votre marche, rapide coursier qui sur l'aile du temps emportez le plus doux des plaisirs !

Le sablier s'égrène lentement, le moment du vertige est passé. L'heure qui approche apporte des obligations nouvelles.

Première éducation physique et intellectuelle.

Les premiers devoirs maternels. — Si l'affection est le premier des devoirs imposés par la chétive créature, il serait superflu de dire à la mère qui la sent palpiter dans ses bras : Aimez cet enfant.

Elle aime son enfant même avant qu'il respire.
Quand ce gage chéri, si longtemps imploré,
S'échappe avec effort de son flanc déchiré,
Dans quel enchantement son oreille ravie
Reçoit le premier cri qui l'annonce à la vie !
Heureuse de souffrir, on la voit tour à tour
Soupirer de douleur ou tressaillir d'amour.

(MILLEVOYE.)

Il serait plus raisonnable de dire à l'heureuse mère : Que la raison règle et dirige vos actes. L'acte d'amour est le premier cri du cœur maternel ; le premier vagissement de la petite créature est la voix divine qui impose de nouveaux devoirs. Si l'affection est le premier, le second est l'obligation impérieuse qu'a la mère de nourrir son enfant. Sans l'examiner en vue de l'hygiène, on peut dire que la morale l'impose. Elle n'admet qu'une seule exception : celle où la santé de la mère ne permet pas l'allaitement.

Être mère ne comporte pas seulement le plaisir de voir de beaux yeux bleus s'ouvrir à la lumière, d'entendre une bouche gracieuse gazouiller des sons tendres et harmonieux ; être mère impose le devoir de donner à l'enfant qui entre dans la vie la plus grande somme possible de santé, de bonté, d'amour du devoir. Précieux avantages ou nobles vertus dont les graines ne sont jamais ensemencées trop tôt ! Qui doit semer ces précieuses graines ? La mère. Elle sera le bon semeur et recueillera une abondante moisson si elle prêche d'exemple. En donnant à son enfant, dès son entrée dans la vie, l'exemple du devoir accompli, elle pourra espérer que, devenu grand, il continuera le sillon tracé dans le champ de la vertu par celle qui lui a donné le jour.

Dira-t-on qu'allaiter son enfant n'est pas une obligation morale ? Je répondrai : le devoir de tout éducateur est de *former une âme saine dans un corps sain*. Y a-t-il un éducateur plus autorisé que la mère vraiment digne de ce nom ? L'hygiène et la médecine combattent l'emploi de nourrices étrangères ; la mère qui, sans de sérieuses raisons, abandonne à une mercenaire le soin de la première enfance commet une faute qui a souvent de terribles conséquences en vue de la santé de l'enfant. Quant à celle qui est vraiment mère, elle ne veut point laisser à une autre la joie de presser son nouveau-né sur son sein. Millevoye l'a dit :

> Ah ! loin de le livrer au sein de l'étrangère,
> Sa mère le nourrit, elle est deux fois sa mère.
> Elle écoute la nuit son paisible sommeil ;
> Par un souffle, elle craint de hâter son réveil.
> Elle entoure de soins sa fragile existence,
> Avec celle d'un fils la sienne recommence ;
> Elle sait, dans ses cris devinant ses désirs,
> Pour ses caprices même inventer des plaisirs.

Quelle autre que la mère peut entourer de soins si délicats une si frêle créature ?...

La mère doit allaiter son enfant, parce qu'en remplissant ce devoir, elle fait preuve d'un dévoûment qui a son origine dans des qualités sérieuses. Des raisons plus ou moins malsaines peuvent seules éloigner la jeune femme de cette grave obligation : paresse, coquetterie, amour des plaisirs. Elevée dans le luxe et l'oisiveté, la mère frivole redoute les peines inhérentes aux soins du premier âge ; ayant l'habitude de passer son temps à se parer et à admirer ses charmes, elle craint de perdre sa fraîcheur, de ne pouvoir comme autrefois soigner son teint et amincir sa taille. Elle aime la toilette, la danse, les promenades, les réunions, les voyages : nécessité s'impose de se priver de ces distractions une année encore.

Futile créature! Elle ne songe pas que depuis longtemps le Sage a dit : la suprême beauté est la beauté de l'âme, elle brave le temps et les fatigues ; les nobles sentiments se reflètent sur le visage et l'ornent d'une beauté qui ne finit qu'avec la vie.

Le sacrifice de quelques plaisirs passagers est peu comparé à la haute satisfaction de former un corps vigoureux, de porter une âme à la vertu, vertu familiale qui se transmettra de génération en génération. A la jeune mère dévouée qui accomplit tout son devoir reviendra la gloire d'être la souche fertile qui produira une longue lignée de citoyens robustes et vertueux, de mères sages et prudentes qui ne seront pas seulement l'honneur, la joie et la paix du foyer domestique, mais encore la force, la grandeur et la sécurité de la nation.

L'enfant qui entre dans la vie ne saurait apprécier la haute portée du devoir maternel ; mais, lorsque l'âge aura développé son intelligence, la mère pourra-t-elle dire à son fils, à sa fille : « Accomplissez toujours votre devoir, même au prix de sacrifices », si elle a manqué elle-même au premier de tous ceux qu'a imposés leur naissance? Les années succédant aux années, le petit enfant, devenu un adolescent robuste, à l'esprit actif, courageux, pourra dire à la mère dévouée : Voilà votre ouvrage. Le petit enfant, devenu un adolescent malingre, incapable d'application intellectuelle et morale, pourrait peut-être dire à la mère trop frivole : Voici votre œuvre.

Premiers devoirs maternels à l'égard de l'intelligence de l'enfant. — L'enfant se développe ; bientôt l'intelligence émet ses premières lueurs. Alors commence l'éducation. En contradiction avec les moralistes, bien des mères croient que leur rôle éducatif ne commence que lorsque la raison est suffisamment développée. Erreur profonde ! C'est dès le berceau qu'il faut s'appliquer à donner de bonnes habitudes. « Dès le berceau, en effet, on voit percer les tendances naturelles de l'enfant ; il faut y veiller sans retard, encourager les bonnes, réprimer les mauvaises ; il n'est jamais trop tôt pour agir sur ses sentiments, pour lui donner des pensées généreuses et des aspirations élevées » (Marion). De bonne heure, il faut l'habituer à l'exécution de l'ordre établi : l'habitude est une seconde nature. Cette répétition journalière et régulière d'exercices automatiques, réflexes, physiologiques, discipline le corps et règle les inclinations.

Que l'enfant soit éveillé, levé, couché à des heures déterminées ; que les repas, les promenades, la toilette, les soins hygiéniques soient faits avec mesure, à des moments bien fixés : le corps et les instincts de l'enfant s'habituent à l'ordre, première étape du devoir.

L'intéressante créature est bientôt illuminée d'un pâle rayon d'intelligence ; ses beaux yeux naïfs s'attachent à l'objet brillant qui la fascine, sa main veut le saisir, sa douce voix l'appelle, son oreille est captivée par les sons bruyants qui dominent sa plainte : voici que la mère va commencer son éducation. Elle a cet instinct divinateur qui lui révèle les impressions, les désirs, les besoins du petit enfant qui ne parle pas et ne sait manifester ses impressions que par les cris qui s'échappent de ses lèvres roses. Elle commence bientôt à le mettre en communication avec les objets extérieurs, à l'initier au milieu qui l'entoure. Quelles douces et instructives leçons ne reçoit-il pas, assis sur les genoux où il se balance, pressé contre le sein qui le nourrit ! Là, dit le poète,

La mère la première épure son langage,
De mots nouveaux pour lui, par de courtes leçons,
Dans sa jeune mémoire elle imprime les sons.
D'un naïf entretien poursuit-elle le cours ?
Toujours interrogée, elle répond toujours.

L'intelligence grandit promptement, guidée par un maître ingénieux et aimant. Plus tard encore, lorsque l'esprit et le corps seront grandis, elle entreprendra de plus longs colloques.

Quelquefois une histoire abrège la veillée,
L'enfant prête une oreille active, émerveillée.
Appuyé sur sa mère, à ses genoux assis,
Il craint de perdre un mot de ces fameux récits.

(MILLEVOYE.)

La mère doit veiller aux impressions premières. — Quelles bonnes petites leçons la mère ne pourra-t-elle donner dans les contes naïfs qui captiveront cette jeune imagination ! Ces leçons s'imprimeront dans cette mémoire naissante en caractères ineffaçables qui défieront les ravages des années futures et seront encore l'hallucination du mourant. L'impression durable que ces premiers récits doivent produire sur l'esprit oblige la mère à faire un choix judicieux parmi les histoires destinées à la première enfance ; qu'elles tendent toujours à exciter un noble sentiment : bonté, courage, patience, docilité.

Qu'elle se garde bien de narrer ces contes oiseux et même dangereux qui développent dans l'âme de l'enfant la peur, la pusillanimité, la défiance.

Pourquoi lui montrer partout des loups dévorants, des spectres menaçants, des fantômes grimaçants? Effrayé par ces apparitions, ces revenants, ces animaux redoutables qui pénètrent dans tous les milieux, franchissent tous les obstacles, l'enfant a peur de ces visions imaginaires; dans la solitude, il s'effraie; dans les ténèbres, il s'effare. Ces impressions s'effaceront lentement et difficilement avec l'âge. Evitons-lui ces frayeurs, ces tourments, ces dispositions fâcheuses, en choisissant avec discernement les contes qui charmeront cette imagination sensible.

Les premières années s'écoulent, égrenant rapidement les jours qui apportent tous un présent nouveau à ce jeune corps qui s'épanouit, à cette intelligence qui progresse. L'enfant court, rit, s'amuse, est curieux de connaître et de savoir. L'instruction et l'éducation suivent les progrès de l'âge; mais en tout temps que la règle adaptée à l'évolution qui s'accomplit soit rigoureusement observée, afin que cette jeune âme se meuve dans l'ordre et la discipline avec autant d'aisance que le poisson dans l'eau, que l'oiseau dans l'air.

Ainsi, l'ordre, si nécessaire dans la vie pour assurer le succès des entreprises, deviendra partie intégrante de ses instincts.

Dans cette première enfance, l'instruction et l'éducation du garçon ne diffèrent pas de celles de la jeune fille; cultiver l'esprit en l'initiant au milieu extérieur, exciter dans l'âme de bons sentiments, favoriser le développement des forces physiques: voilà le principe de la première éducation.

> Il s'amuse et s'instruit; par un mélange heureux
> Ses jeux sont des travaux, ses travaux sont des jeux.

Première éducation morale

La mère dirige les inclinations morales. — La mère se gardera bien d'attendre, pour les combattre, que l'habitude ait fortifié les mauvais penchants ; sachant que la jeune plante se sépare facilement du sol qui la nourrit, tandis que de puissants efforts viennent échouer contre la résistance du grand arbre, elle extirpera les défauts naissants par l'exercice des vertus contraires, appliquant à la lettre ce conseil :

> Opposez-vous au mal avant qu'il s'enracine ;
> S'il séjourne, il rend vain l'art de la médecine.

Aux habitudes d'ordre, à l'observation de la discipline, à l'instruction vague du premier âge, s'ajoutera bientôt la culture de la bonté, de la commisération.

La bonté. La mère doit porter l'enfant à soulager les maux d'autrui. — Au vieillard agenouillé qui demande un morceau de pain, de petites mains maladroites apporteront les provisions qui calmeront sa faim, qui étancheront sa soif ; à l'enfant malheureux qui pleure lorsque ses mains sont rougies par le froid, une bouche naïve sourira gracieusement en l'appelant près du foyer où pétille une flamme ardente. Au malade qui gît sur le grabat, un petit pas léger et vaillant réveille ses espérances ; bientôt l'indigent voit entrer, avec l'enfant qui avance, le secours généreux qui ranimera ses forces. Ainsi, l'enfant apprend de bonne heure que l'assistance est due à toutes les souffrances humaines et savoure le plaisir causé par le bienfait rendu. Il sent déjà la vérité de cette pensée :

> Est-il rien de plus doux que de faire l'aumône ?
> De celui qui reçoit et de celui qui donne

Ce dernier a gardé le plaisir le meilleur :
C'est le fruit savoureux que la charité laisse
A qui sait réserver au sein de la richesse
La part du pauvre travailleur.
(S. CAMPENAUT.)

Voyant de près les maux causés par la misère, sa jeune âme est émue, elle veut calmer la douleur, elle veut dessécher les larmes ; le secours distribué lui fait éprouver la douce jouissance de voir la gratitude des infortunés dont la charité a adouci les souffrances.

C'est que la charité n'a pas des flancs stériles :
En effets merveilleux ses œuvres sont fertiles,
Et sa semence veut un double moissonneur :
Le pauvre avec l'aumône a pris joie et courage,
Et le riche en donnant a reçu pour partage
Pleine récolte de bonheur.
(S. CAMPENAUT.)

Peu à peu, cette jeune âme deviendra généreuse et l'enfant saura sacrifier quelques jouets bien chers pour alléger l'infortune humaine; il comprendra que le vieillard et l'enfant tourmentés par la faim sentent et souffrent comme lui. En même temps, la mère excitera ses nobles sentiments, en lui faisant entendre ces touchantes invitations à l'aumône :

Donnez, riches ! l'aumône est sœur de la prière.....
Donnez ! afin que Dieu qui dote les familles
Donne à vos fils la force et la grâce à vos filles.....
Donnez ! Il vient un jour où la terre nous laisse,
Vos aumônes là-haut vous font une richesse.....
Donnez ! pour être aimé du Dieu qui se fit homme,
Pour que le méchant même en s'inclinant vous nomme,
(VICTOR HUGO.)

Pathétiques accents qui charment l'esprit et délient la bourse !

Le dévoûment. Esprit de famille. Fraternité universelle. — Avec la bonté naît le dévoûment qui porte à oublier ses souffrances pour soulager celles d'autrui ; le dévraiment développe l'esprit de sacrifice qui fait qu'on s'immole pour celui qu'on aime. De ces vertus l'enfant en a vu l'exemple, en a entendu l'énergique expression, lorsque, près du lit où languit la jeune sœur, la mère désespérée s'est écriée :

> .... O mon enfant, dit-elle,
> Si tu vis, je vivrai ; mais si tu meurs, je meurs...
> .... Toi seule es ma famille.
> Et tu me quitterais, toi, mon sang, toi, ma fille !
> Non, tu vivras pour moi ; Dieu voudra te guérir ;
> Ta mère t'aime trop, tu ne peux pas mourir.....
> Jeune âme de ma fille, oh ! suspens ton départ,
> Et, pour quitter le monde, attends du moins ta mère !
>
> (CAMPENON.)

Ce cri désespéré de la tendresse maternelle a été répercuté par les fibres sensibles du cœur de l'enfant : l'amitié fraternelle, l'amour filial en ont reçu un nouvel accroissement. L'union des cœurs, dans le foyer domestique, survivra désormais à tous les orages ; l'union des cœurs formés d'un même sang sera la roche inébranlable dont le flot tumultueux et pervers battra vainement le flanc ; il ne pourra l'effriter. Là, sera la source d'eaux vives où les âmes séparées plus tard par les nécessités de l'existence viendront se délasser, se retremper, se prémunir contre les nouveaux dangers qui les attendent. La vie de famille, si douce et si belle, sera l'aliment dont ne saurait se passer le cœur formé dans la réchauffante atmosphère qu'elle crée autour d'elle.

La vie de famille chasse l'égoïsme ; elle fait vivre une âme de la vie même des âmes, ses sœurs. En établissant la communauté des plaisirs et des douleurs, elle rend les joies plus vives, les peines moins amères. Inspirer aux enfants cet esprit de famille, c'est les armer contre l'adversité. L'inspirer à la jeune fille, c'est assurer sa transmission à d'autres générations, c'est raffernir les bases de la société, c'est travailler à guérir le mal qui la ronge sous le souffle impur de l'égoïsme, car la vie de famille est le principe de la vie sociale.

On ne commencera donc jamais trop tôt à développer dans la jeune âme une profonde affection, un sincère dévoûment à ceux qui l'entourent. On excitera ainsi le développement des sentiments généreux qui l'associeront à la grande évolution qui doit établir la fraternité universelle. Ainsi que l'a dit le poète,

Nous avons tous au cœur cet idéal sublime
Qu'un jour l'homme meilleur terrassera le crime,
Et qu'il deviendra mûr pour la fraternité ;
Qu'un jour, se grandissant, par un effort suprême,
Il saura préférer à l'amour de lui-même
L'amour pur de l'humanité.

Ce beau rêve a tenté de grands penseurs austères ;
Après le Christ, il fut poursuivi par nos pères,
Mais tous vinrent trop tôt dans les siècles passés.
Et cependant, épris de leur pensée ardente,
Jusqu'à la mort jetant la semence brûlante,
Toujours vaillants, jamais lassés,

Ils ont pu, chaque fois, bouleverser les mondes,
Et leur œuvre a poussé des racines profondes
Assurant l'avenir de sa fertilité.
A nous de préparer cette moisson superbe,
A nous de la hâter et de grossir la gerbe
En pratiquant la charité.

(S. CAMPUNAUT.)

Bien dirigé, l'enfant sera un vaillant semeur de la précieuse graine dont la vigoureuse végétation donnera la sublime fleur nommée : fraternité.

Les études

L'entrée à l'école ne dispense pas la mère de famille de son rôle éducatif. — La mère ne se laisse pas entraîner, par une ambition mal comprise, à vouloir que son enfant ait une instruction trop précoce. Avant l'âge de sept ans, on ne doit exiger aucun effort intellectuel sérieux ; jusque-là, toute instruction doit être donnée d'après les méthodes si bien comprises des écoles maternelles. A sept ans, l'école ouvre ses portes, sans dispenser la mère de continuer son action éducatrice. Souvent son enfant sera encore près d'elle. Qu'elle veille donc à sa santé physique et morale ; qu'elle choisisse ses compagnons de travaux et de jeux ; qu'elle éloigne de lui les tableaux et les images qui blessent sa pureté ; qu'elle guide ses lectures ; qu'elle le soumette à son autorité et à son affection. Par ses paroles et surtout par ses exemples, qu'elle lui inspire toujours l'amour du vrai, du beau, du bien.

L'éducation n'est pas seulement la tâche de la mère, le père doit aussi y apporter sa part contributive ; l'œuvre importante qui leur incombe exige les efforts réunis de leur commune affection, de leur intelligence, de leur raison et de leur volonté. Par leurs qualités naturelles, ils doivent se compléter l'un l'autre : le père apporte son autorité, sa fermeté ; la mère, sa tendresse, sa sagacité, sa finesse, sa prévoyance, sa patience. Il serait faux de croire cependant que d'un côté doit exister toute l'autorité, de l'autre, toute la tendresse ; les mêmes qualités doivent se trouver dans l'un et dans l'autre, mais avec une extension différente, inhérente à la nature même de l'homme et de la femme. Néanmoins, la mère aura toujours la plus grande part dans l'éducation, parce que son existence est plus que celle du père associée à celle de l'enfant.

Après la première enfance, l'éducation du fils et de la fille est différente. Les préoccupations d'avenir éloignent le fils du foyer paternel. — Si, dans l'enfance, le fils et la fille peuvent recevoir la même éducation, l'approche de l'adolescence établit des différences marquées dans le système éducatif. Le fils appartient encore quelques années à la mère, mais bientôt la nécessité d'une éducation virile entraînera le fils au Lycée. De nouvelles aspirations surgiront bientôt dans l'esprit de l'écolier, et, comme le dit Lamartine, le jour viendra pour la mère où « le bord de sa robe cessera d'être son horizon ». Mais, ici ou là, l'enfant emportera cachés au fond de son âme, gravés en caractères indestructibles, les sentiments vertueux que la puissante influence maternelle y a fait éclore.

Peu à peu habitué à la vie extérieure, l'adolescent ne viendra qu'en passant retremper son cœur dans les douces effusions maternelles. Les études terminées, les exigences d'une situation le chasseront pour toujours du foyer paternel. De rares apparitions dans cet asile de son enfance viendront inonder de bonheur le cœur de la bonne mère dont la plaie saignante de la séparation n'est pas encore cicatrisée :

Il échappe à l'enfance, et ses nouveaux destins
L'appellent désormais vers les pays lointains.
Ton âme se déchire à cet adieu funeste...
Mais, du moins, s'il s'éloigne, une fille te reste.
Ta fille caressante, attachée à tes pas,
Semble te dire : « Moi, je ne partirai pas. »
Moins changeante en ses goûts, en ses jeux plus paisible,
Son esprit est plus souple et son cœur plus sensible...

(MILLEVOYE.)

Education de la jeune fille.

La mère tend à réaliser en sa fille l'idéal qu'elle admire. — Tandis qu'au loin, le fils fouille la terre et l'onde pour recueillir les trésors promis au travailleur, la fille douce et tendre s'abrite au foyer paternel, dont elle est le plus riche joyau. Elle est la pierre précieuse que la mère taillera et polira avec un soin plus délicat encore que celui de l'ouvrier qui prépare la perle fine, ornement de la couronne royale. Elle l'entourera de ces soins jaloux qui veulent faire de cette suave émanation de sa propre vie une jeune fille accomplie qui fera le bonheur de la mère, le charme et la joie d'un nouveau foyer. Mission grande et noble qu'accomplira la mère intelligente et vertueuse !

De bonne heure, elle a dressé le plan dont l'exécution assurera à la famille le plus précieux des trésors, au mariage une épouse éclairée et vaillante, au nouveau-né une mère prévoyante et dévouée. A côté des sentiments élevés, elle veut développer un esprit sérieux et pratique, sans oublier de former un caractère énergique, mais souple et affectueux ; en même temps qu'une instruction solide, elle veut faire fleurir cette grâce charmante qui complète la beauté et la peut remplacer ; aux attraits que donne la culture des sciences, des lettres et des arts, elle veut ajouter les ressources d'un jugement sûr et d'une saine raison.

L'éducation au Collège. — Les préoccupations et le labeur maternels ont porté des fruits. Lorsque la nécessité d'une instruction plus sérieuse éloignera pour quelques années la jeune fille du foyer paternel, le terrain sera préparé à recevoir la culture intellectuelle poursuivie par des mains expérimentées. L'esprit largement ouvert laissera pénétrer et fera fructifier la précieuse semence ; dans le cœur bien disposé s'épanouiront les vertus qui font la femme noble et forte.

Quoique éloignée, la mère s'intéressera aux études et en suivra les progrès ; secondant l'effort des maîtresses, elle exigera une application constante et un travail soutenu. L'appui de l'autorité paternelle sera le levier qui soulèvera tous les obstacles, la force qui assurera une marche rapide dans le chemin du progrès.

Parmi les matières d'enseignement, il n'en est pas de

négligeable. Dans ce siècle enfiévré et positif, les études littéraires et scientifiques ne sont pas seulement des distractions agréables et intéressantes, elles peuvent devenir aussi une ressource précieuse si la fortune se détourne ou si des événements imprévus bouleversent des situations prospères. Combien de femmes élevées dans le luxe ont été obligées de demander aux connaissances acquises dans la jeunesse le pain qui devait les nourrir ! Que le présent s'intéresse à l'avenir ; que le travail actuel couronné par des titres qui constatent le mérite soit le trésor que le voleur ne ravit point, le royaume que l'envieux n'atteint point, la dot que garantit un contrat indissoluble.

La culture des beaux-arts peut aussi créer un capital éventuel à celle à qui les dispositions naturelles permettent de travailler avec succès la musique, le dessin et la sculpture. Que la jeune fille douée d'aptitudes cultive donc activement ces branches, ou l'une d'elles, si elle lui inspire des préférences ; qu'elle consacre tous ses soins à obtenir la perfection désirable.

Si les lettres, les sciences, les arts ne doivent jamais satisfaire des nécessités réelles, ces connaissances serviront au moins à embellir l'existence, à initier la maîtresse de maison et la mère de famille aux mystères de l'esprit et aux secrets de la nature, à lui faire découvrir les ressources cachées dans les plantes et dans le sol, à être agréable à ses amis par son savoir profond, utile à sa famille et aux malheureux que les lumières de son esprit pourront guider.

Les travaux manuels offrent un champ d'activité pratique chez toutes les femmes ; elles y trouvent la satisfaction d'appliquer le goût qui les caractérise. On ne saurait assez admirer ces œuvres exquises qui montrent la dextérité des mains qui les ont exécutées. Elles qualités d'esprit de celles qui ont imaginé leurs savantes combinaisons. Que la jeune fille s'applique de bonne heure à ces travaux délicats qui répondent à ses aspirations artistiques, mais qu'elle apprenne aussi les travaux plus modestes et plus généralisés de la confection, du raccommodage, du repassage. Habile en tous ces genres, elle aura tout ce qu'il importe qu'une épouse sage introduise comme premier apport dans le foyer qu'elle va fonder.

Digne émule des esprits les mieux cultivés, à sa sortie du Collège, elle pourra briller dans le monde par les attraits de sa riche culture intellectuelle. Ayant une supériorité vraie, elle sera indulgente aux ignorants et ne leur fera point sentir leur infériorité ; aimable pour ses amies, elle leur accordera gracieusement le concours de ses talents ; dévouée et aimante à l'égard des siens, elle fera le bonheur de sa famille.

L'éducation pratique de la mère complète la culture intellectuelle et morale. — Rentrée au sein de la famille, il ne manque à ce vase précieux, empli d'aromes exquis, que le vernis protecteur et brillant qui complétera le travail accompli. La mère qui a taillé le vase et ébauché tous les ornements couronnera l'œuvre qu'elle a si bien conduite.

Ce qui manque encore à la jeune fille, c'est la connaissance usuelle des soins du ménage qui incombent à la maîtresse de maison, c'est la science pratique de la vie qu'elle n'a pu puiser ni dans les livres, ni dans le milieu préparé à la recevoir où elle s'est trouvée jusque-là. Cette science a pour code le résumé suivant : connaître le monde, non tel qu'il doit être ou tel qu'il a été, mais tel qu'il est ; apprécier les événements, non seulement par leurs effets, mais aussi par les causes qui les produisent ; faire servir les surprises du présent à augurer l'avenir ; stimuler la prévoyance qui, par ses provisions, émousse les traits du destin ; acquérir la souplesse de caractère qui permet de s'adapter à des milieux divers ; s'habituer à régler les élans de la jeunesse qui portent à l'action irréfléchie ; n'agir qu'après réflexion et avec prudence ; modérer ses désirs de luxe et de plaisirs ; acquérir la finesse d'esprit qui fait découvrir le mobile d'actions qui nous intéressent ; cultiver le jugement et l'appliquer à acquérir ce sens pratique qui montre toujours la meilleure voie à suivre ; acquérir la force d'âme qui fait supporter les maux présents et prépare un avenir meilleur ; ne point humilier sa dignité en de serviles sollicitations ; savoir faire des concessions sans bassesse ; savoir s'intéresser à plus petit que soi sans perdre de vue le sentiment de sa dignité personnelle ; s'habituer à la discrétion et avoir le courage de renfermer en soi-même les ennuis du foyer ; garder prudemment le secret de ses pensées ; savoir écouter et se taire, ne parler qu'à propos ; s'appliquer à posséder en toutes circonstances l'égalité d'humeur qui aplanit les difficultés ; être modeste afin de se préserver de la vanité qui rend le vaniteux insupportable à ses semblables et dangereux à lui-même, en l'abusant sur ses propres mérites ; être sincère en amitié, mais ne l'épandre qu'à bon escient ; être loyale et discrète dans ses relations avec le monde ; se persuader que les vrais amis sont très rares, ne pas les confondre avec des relations charmantes : aux premiers on dévoile son âme, aux seconds, on raconte ce qu'on veut publier ; savoir pénétrer les embûches des hypocrites et les ruses des aigrefins ; supporter avec calme l'injustice des hommes, les injures et les critiques des envieux ; savoir ployer devant la force sans asservir sa personnalité ; se convaincre qu'on est soi-même l'instrument de son propre bonheur ou l'artisan de sa propre infortune.

Initier sa fille aux travaux d'intérieur et lui apprendre à les exécuter, lui inspirer l'amour de son foyer, s'appliquer à développer son esprit d'après le programme précédent : voilà le complément d'éducation que la mère doit à sa fille. En l'observant avec mesure, ce plan éducatif préparera la jeune fille à suivre avec habileté, courage et dignité la voie qui s'ouvre, toujours radieuse et brillante lorsqu'on a vingt ans, mais que l'avenir transforme parfois en un chemin dangereux, parsemé d'écueils et de fondrières.

Point n'est besoin de cours théorique pour initier la jeune fille à cette science nouvelle, dont elle ne connaîtra tous les secrets que lorsque l'âge et l'expérience lui en auront montré tous les ressorts. Associée à la vie de la mère, partageant ses travaux, lui confiant ses pensées intimes, sollicitant ses conseils, appréciant en commun les circonstances et les événements, les règles pratiques de conduite découleront de l'échange des vues, de la communauté des travaux et de l'union des âmes qui s'aiment et s'admirent. Si la mère admire les grâces naïves, la tendresse ardente, les dispositions heureuses de la fille, la fille, à son tour, aime et vénère la mère pour son dévoûment, sa sagesse, son tact, sa perspicacité et pour cette affection maternelle qui la subjugue. Heureuse mère ! Heureuse fille !

Un même cœur, une même âme vont les unir quelques années encore. Durant cette trop courte période, la science expérimentale de la mère s'infiltrera goutte à goutte dans l'âme de sa fille, comme s'infiltre dans la roche poreuse l'eau pure qui emplit la caverne mystérieuse cachée dans le flanc du rocher ; du réservoir débordant, on voit sourdre la source vive dont les eaux argentées s'épandent au loin, apportant sur leurs rives richesse et fertilité. De même, de la jeune âme ornée de toutes les vertus s'écouleront, en flots pressés, les trésors de bonté, de sagesse et de lumières qui répandront autour d'elle joie et félicité.

La mère ravie contemplera avec délices une fille aimante, douce et soumise, réservée et discrète, simple dans ses goûts, modeste, judicieuse, aimant le travail, s'appliquant aux travaux du ménage, habile dans les transactions et possédant toutes les qualités qui assureront le véritable bonheur au foyer qu'elle va bientôt fonder.

CHAPITRE V

LES SERVITEURS

Choix des serviteurs. — Sentiments et procédés de la maîtresse de maison à l'égard des serviteurs.

Les bons serviteurs sont rares. — Les serviteurs sont associés à la vie des maîtres; vivant sous un abri commun, ils connaissent leurs habitudes, devinent leur situation heureuse ou malheureuse, exécutent leurs ordres et souvent partagent leurs travaux. Les qualités des serviteurs contribuent à la prospérité de la maison, à la tranquillité de la famille; aussi est-il désirable de les trouver honnêtes, actifs, dévoués, discrets, économes, respectueux. Bien peu réunissent ces qualités. On parle avantageusement des serviteurs des siècles passés, qui aimaient leurs maîtres, qui s'attiraient leurs sympathies par leur honnêteté, et qui consacraient leur vie au bonheur de la famille, s'occupant au mieux de ses intérêts, et lui offrant l'hommage d'un inaltérable dévoûment.

Ces exemples sont aujourd'hui bien rares, malgré les encouragements par lesquels des hommes de bien ont cherché à réveiller dans les âmes les sentiments vertueux. Tous les ans, l'Académie française distribue les prix Monthyon aux serviteurs qui se sont fait remarquer par leurs vertus, vertus manifestées dans l'exercice de leurs fonctions. Tous les ans, quelques serviteurs d'élite sont couronnés. Malheureusement, tous n'ont pas l'ambition de concourir au prix de vertu, et la maîtresse de maison est souvent aux prises avec de grandes difficultés causées par les vices des personnes qu'elle emploie à son service.

Choix des serviteurs ; prudente réserve à leur égard. — Pour éviter les pires inconvénients qui naissent de l'imprudence avec laquelle on introduit dans la maison des étrangers prévenus contre le maître, la maîtresse doit apporter un soin extrême aux choix des domestiques. Après avoir pris les informations possibles, malheureusement peu sincères bien souvent, la maîtresse doit employer toute la perspicacité et toute la finesse de son esprit à reconnaître la valeur morale, les aptitudes de celui qui se présente toujours comme étant doué de talents particuliers et de vertus rares. Accepté après qu'elle a cru reconnaître en lui les garanties désirables, le domestique entre en service.

La prudence recommande à la maîtresse de maison de n'avoir au début qu'une confiance limitée dans son propre jugement, et dans les éloges que le serviteur s'est adressés. Qu'elle ne craigne pas la mauvaise humeur du personnel, et qu'elle surveille journellement les travaux exécutés ; qu'elle apporte cependant une certaine réserve dans ces inspections, qui pourraient être blessantes, si elles n'étaient faites avec délicatesse.

Qu'elle se garde bien de tenter l'honnêteté des domestiques, en laissant traîner les objets qui pourraient les allécher, ou en leur abandonnant les clés qu'elle doit garder dans sa main. Elle a sans doute perdu depuis longtemps l'illusion d'avoir des domestiques tels qu'elle a pu les rêver ; aussi, à moins de graves défauts, elle saura tirer parti de leurs caprices et de leurs vertus, évitant ainsi les changements fréquents, qui tournent au détriment des maîtres. Ceux-ci gardent le silence sur les causes du renvoi ; les domestiques qui partent cherchent à excuser leur conduite ; ils ont soin de ne pas se donner des torts. Comme ils colportent partout les vérités transformées et les mensonges qu'ils inventent, l'opinion peut leur être favorable ; ce ne sont pas ces derniers que l'on blâme, car ils ne disent à personne qu'ils ont travaillé le moins possible, qu'ils ont gaspillé sans scrupule les biens qui ne leur appartenaient pas.

Un contrat réciproque lie le maître et le serviteur. — Que la maîtresse de maison soit bien pénétrée de l'idée que les contemporains se font des devoirs du serviteur. Autrefois, celui-ci était, entre les mains du maître, un instrument docile à ses volontés, instrument qu'il pouvait réduire à la soumission par les tourments. Ces idées, qui avaient leur origine dans le servage du moyen âge, ont disparu. Le maître et le serviteur sont liés actuellement par un contrat qui oblige le serviteur au travail convenu, le maître à la rémunération promise. Dans l'exécution de ce contrat, ce n'est pas toujours le maître qui commande, malgré la légitimité de son autorité. Dans le cas où celui-ci n'exécuterait pas les conditions stipulées, la loi peut l'y contraindre, après réclamation du contractant lésé.

Enivré par les avantages de cette situation nouvelle, le domestique étale souvent des prétentions exagérées, tournant à son détriment la faveur qui lui a été octroyée pour alléger sa peine.

Des sentiments d'humanité doivent régler les rapports de la maîtresse à l'égard des domestiques. — Afin d'assurer autant que possible la stabilité dans le service, la maîtresse de maison ne perdra pas de vue que ces gens paresseux, gourmands, infidèles, déloyaux, doivent leurs défauts aux méfaits d'une mauvaise éducation ; elle emploiera sa supériorité intellectuelle et morale à les rendre meilleurs, se rappelant que ces hommes sont ses frères.

Voltaire a dit :

> Les mortels sont égaux, ce n'est point la naissance,
> C'est la seule vertu qui fait leur différence.

Le tact, la bonté et la fermeté de la maîtresse établiront son autorité et sa salutaire influence sur ces âmes dégradées.

Le premier moyen à employer pour dominer ces natures incultes ou dégénérées sera de leur témoigner de l'intérêt : si on les voit tristes, on doit s'enquérir des causes de leur tristesse ; si les serviteurs ont de la peine, il faut leur montrer qu'on prend part à leur ennui ; s'ils sont souffrants, il faut alléger leur tâche ; s'ils sont malades, il faut leur prodiguer des soins ; il faut leur donner des conseils discrets, s'intéresser à leur avenir, leur parler de leur famille, leur faire comprendre que, si on les réprimande, c'est moins pour le mal qu'ils ont fait que pour le désir de les voir devenir meilleurs.

Attiré par cette sympathie, le domestique s'attache à qui la témoigne et prend pour objectif la satisfaction des légitimes désirs du maître ; cette affection facilite la tâche de la maîtresse de maison. Pour continuer l'œuvre entreprise, faire régner autour d'elle l'ordre, l'économie et assurer la prospérité par le travail, elle conservera toujours sa vigilance première. Malgré l'attachement qu'elle a su inspirer, elle aura une activité incessante dans son administration, et s'appliquera à la pratique de ces sages conseils : « N'ordonner que ce qui est juste, ne rien exiger de ce qui dépasse les forces des serviteurs, les traiter avec douceur, les reprendre sans colère, leur commander sans dureté. Etre avec eux douce sans familiarité, complaisante sans faiblesse, ferme sans hauteur ; être toujours guidée par la raison, jamais par le caprice. Cette tâche suppose une grande intelligence et un puissant empire sur soi-même » (Mme HIPPEAU).

Sous l'influence de cette autorité qui impose le respect, l'affection et l'honnêteté, les caractères s'amenderont ; la maîtresse de maison aura la satisfaction de constater le bien qu'elle a fait à ces âmes que la contagion et l'habitude entraînaient vers le mal. Elle aura encore l'avantage d'attacher à sa maison des serviteurs fidèles qui, se trouvant heureux de leur régénération morale, ne voudront quitter leur bienfaitrice que forcés par les circonstances. Entre leurs mains, devenues probes sous l'action moralisatrice qui a porté leurs cœurs vers le bien, la maîtresse pourra sans crainte déposer ses réserves, et avoir une agréable quiétude au sujet des travaux exécutés.

La maîtresse de maison doit user d'autorité à l'égard des serviteurs incorrigibles. — Que la maîtresse de maison sache bien cependant qu'ayant toutes les qualités désirables, elle trouvera encore des natures indomptables qui ne subiront point l'ascendant de ses précieuses vertus : elles prendront son indulgence pour de la faiblesse, et s'irriteront de ces qualités si dignes qui opposent une digue aux débordements de leurs vices. Qu'elle ajoute à sa bonté la force de caractère, l'énergie du commandement, et le courage nécessaire pour se séparer du serviteur incorrigible qui brave ses ordres, agit à sa guise, ravit son bien et méprise son autorité. Qu'elle soit toujours prête à supporter les effets du calcul habile et méchant de ces êtres vicieux qui profitent à merveille du moment le plus difficile pour manifester les plus dures exigences et étaler les plus ridicules prétentions. Qu'elle sache au besoin préparer les repas, mettre en ordre la maison, régler les provisions du ménage, soigner la basse-cour ; elle prouvera ainsi à ces serviteurs lâches et indignes qu'elle peut se passer de leurs services. Cette femme active et habile, qui peut les congédier s'ils regimbent sans raison, inspirera un peu de modération à ceux qui sont disposés à abuser de la faiblesse de ceux qui commandent et à se prévaloir de la nécessité de leurs travaux.

La maîtresse de maison doit toujours remplir ses obligations à l'égard des serviteurs. — La maîtresse de maison ne prendra pas pour prétexte la malhonnêteté du serviteur pour manquer à ses devoirs envers lui ; elle doit être fidèle à la parole donnée, alors même que le serviteur, au mépris de ses engagements, ne tient pas ses promesses. En ce qui les concerne, les domestiques font souvent fi de l'obligation morale, et ils abusent sans scrupule de la conscience loyale du maître pour satisfaire leurs caprices ou grossir leurs avantages.

Victime de la malhonnêteté du serviteur, la maîtresse montre sa supériorité morale en agissant avec une équité absolue et une droiture sans reproche. Cette honnêteté, cette noblesse d'âme qui porte à accomplir ses obligations, même à l'égard de l'indigne, peut être pour celui-ci une leçon de morale plus profitable que les conseils les plus éloquents. Si la leçon est inutile, la maîtresse de maison aura au moins la satisfaction de pouvoir se dire dans son for intérieur : « J'ai fait le bien, advienne que pourra » ; ma conscience est en paix.

CHAPITRE VI

LE SALON

La maîtresse de maison doit diriger le salon avec tact, finesse et délicatesse. — Les agréments d'une société brillante ne la détournent pas de ses devoirs à l'égard de sa famille.

Le tact de la maîtresse de maison. — La foule des visiteurs élégants et distingués qui, au jour fixé par la maîtresse de maison, se rendent dans ses salons sont les relations mondaines ; elles peuvent être imposées ou volontaires. Elles sont imposées par les devoirs à l'égard des bienfaiteurs, devoirs à l'égard des chefs de service, devoirs à l'égard des fonctionnaires d'une même administration. Elles sont volontaires, si elles sont recherchées pour les agréments que présentent les personnes ou les situations qu'elles occupent. Ces dernières sont plus ou moins étendues suivant les goûts plus ou moins mondains de la reine du logis.

Le salon est le royaume de la femme ; elle doit s'habituer à le gouverner d'une main experte. C'est là qu'elle a à exercer cette diplomatie délicate, subtile et savante dont les conséquences peuvent rejaillir sur la famille entière. Que de dignités ont leur origine dans les salons où, avec un tact exquis, la femme a su montrer son intelligence, la distinction de sa personne, le charme de ses manières, la circonspection de sa conduite ! Que de chutes ont été préparées par le manque de finesse, de discernement, d'à-propos de la femme qui, par ses actes ou ses paroles, a froissé des susceptibilités, éveillé des soupçons, suscité des envies ! Ces sentiments ont eu leur répercussion dans la situation du chef de la famille.

Les conséquences qui peuvent résulter du gouvernement d'un salon imposent à la jeune femme l'obligation de s'habituer à l'observation, à la prudence, à la discrétion. Il faut qu'elle utilise les ressources de son intelligence et de ses talents sans affectation, qu'elle étale ses grâces sans vanité, qu'elle soit sérieuse sans contrainte. Elle doit causer agréablement sans pruderie, être aimable sans minauderie ; elle s'effacera devant le talent des beaux parleurs ; elle ne montrera pas ce rigorisme outré qui s'offense des plaisanteries les plus innocentes ; elle encouragera par son affabilité la personne timide qui n'ose s'aventurer dans la conversation ; elle découragera la présomption par la froideur avec laquelle elle accueillera les civilités exagérées.

Il faut qu'elle connaisse l'art de dire agréablement les banalités, les mille riens, les faits courants, les questions palpitantes, de manière à intéresser chacun et à ne froisser personne. Les paroles doivent toujours être passées au crible de la prudence, afin d'éviter un heurt inopportun, de ne point donner prise à la raillerie, de se tirer spirituellement d'un mauvais pas, de s'éloigner d'un piège tendu adroitement par des esprits malintentionnés. Elle doit diriger la conversation avec habileté, faisant glisser rapidement les sujets épineux qui peuvent surgir, faisant dévier les questions brûlantes qui pourraient froisser des opinions et entraîner les esprits emportés à des polémiques qui doivent être bannies des salons. Une courtoisie parfaite doit régner parmi tous les visiteurs. Il faut enfin que tous ceux qui quittent le salon emportent une impression agréable ; ils doivent avoir la conviction que la femme qui le dirige sait unir à toutes les qualités de l'esprit la grâce des manières, la puissance du talent, le charme de la douceur et de la bonté.

La femme de salon intelligente et distinguée est aussi maîtresse de maison accomplie. — Après avoir quitté le salon, où elle a pu faire apprécier ses charmes, la femme soucieuse de ses devoirs ne sera pas l'oisive ou la vaniteuse uniquement préoccupée de paraître aux réunions prochaines sous un nouvel éclat. Durant les intervalles laissés par les assemblées mondaines, la frivole délaisse sa famille et son intérieur, court de magasin en magasin, à la recherche de nouveaux modèles de parures ; retirée dans son appartement, elle occupe ses loisirs à minauder devant son miroir pour y trouver la pose la plus gracieuse, l'ornement le plus seyant.

Bien autre est l'intelligente maîtresse de maison. A la brillante société qu'elle abandonne elle a offert de bonne grâce son esprit, ses talents et ses charmes ; elle les a prêtés un moment au monde. Mais, rentrée dans son intérieur, elle abandonne à sa famille et son cœur et son âme, elle les donne aux siens sans réserve et sans partage. Heureuse de se retrouver seule au milieu de ceux qu'elle aime, elle dit avec délices, comme cette reine infortunée qui venait se délasser à Trianon : « Je suis heureuse, je ne suis plus reine ! »

Dans ce doux intérieur, on retrouve en elle la femme simple et active qui administre gravement sa maison, ordonne les services, surveille les dépenses et règle les travaux. Telle Mme de Sévigné qui, après avoir brillé au premier rang dans les salons et à la cour, vient charmer sa fille et la postérité par ses inimitables épîtres, tandis que par ailleurs elle rétablit la prospérité de sa maison que M. de Sévigné avait gravement compromise.

Il n'est point besoin de recourir à l'histoire pour citer des femmes qui savent unir la distinction de la femme du monde aux simples qualités de la maîtresse de maison ; regardons autour de nous. Nous apercevons bientôt légions de femmes qui abandonnent, sans regret, le salon qui vient de consacrer le triomphe de leurs charmes brillants et séducteurs ; faisant volte-face, elles retournent vers le mari qui trouve en sa femme une épouse aimante et dévouée, vers les enfants qui voient sourire une mère tendre, vigilante et éclairée.

Bonne administratrice, la femme du monde sérieuse et clairvoyante règle les fournisseurs, prévient le gaspillage et assigne leurs devoirs aux serviteurs. Affectueuse et compatissante, on la trouve près de l'époux, dont elle partage les travaux et allège la tâche ; le pauvre qui frappe à sa porte rencontre une main secourable ; l'indigent qui gémit sur sa couche est assisté par ses soins ; les plaies rebutantes ne lassent pas son dévoûment ; le malade la voit à son chevet douce et courageuse ; enfin, ayant le cœur pur, elle reçoit sans crainte et avec résignation le dernier soupir du mourant.

La femme de salon intelligente et avisée ne se laisse point éblouir par l'éclat resplendissant des lustres fixés à des voûtes dorées, ni par les pompeux éloges des flatteurs ; elle accomplit noblement et sans reproche tous ses devoirs à l'égard de sa famille et de la société.

CHAPITRE VII

DEVOIRS DE LA FEMME ENVERS ELLE-MÊME

Elle doit posséder l'autorité qui maintient l'ordre établi. — Le sentiment de sa dignité personnelle joint au respect des vues d'autrui attire les sympathies. — Le vrai mérite triomphe de la vanité.

Autorité de la maîtresse de maison dans sa famille. — La femme doit s'appliquer à acquérir l'autorité et le tact nécessaires aux circonstances. L'autorité ! voilà un levier dont la femme ne doit pas se dessaisir ; si elle l'abandonne, elle recueillera le mépris et se rendra impuissante à éviter les pires extrémités. L'autorité basée sur le respect qu'elle mérite, sur l'estime qu'elle inspire sera la sauvegarde de la paix et du bonheur. Le devoir de la femme est donc d'acquérir ce sceptre qui doit être pour elle un utile auxiliaire, et de posséder le tact qui règle l'application de la puissance. Que son autorité soit ferme, douce et bienveillante ; que celui qui la ploie sache bien qu'elle relèvera la tête ; le souffle qui l'a un moment courbée lui apportera aussi la rosée qui lui donnera une nouvelle vigueur. Des tempéraments et des délais seront accordés à qui veut la braver, mais, par une diplomatie habile ou une fermeté nécessaire, le but visé doit être atteint. Cette fermeté intelligente sans rudesse, patiente sans faiblesse, une fois établie, préviendra bien des maux et tranchera bien des difficultés.

L'autorité doit s'incliner devant la nécessité sans regrets ni préventions ; la femme doit être persuadée qu'en telles conditions, le plus bel usage qu'elle puisse faire de sa puissance, c'est de l'abaisser devant le droit, devant la raison ou devant la force qui, en présence de l'obstacle, produirait des maux irréparables. Sans fierté mal comprise et de bonne grâce, elle fera le sacrifice imposé par les circonstances.

Les principes théoriques n'établissent pas l'autorité d'une personne ; elle est essentiellement basée sur la dignité personnelle, le tact et le respect de la personnalité d'autrui. Sans doute, la morale dit à un enfant : respectez votre mère. Le principe est vite oublié si la mère n'en sait imposer l'application ; elle facilite sa tâche en disposant judicieusement de son autorité légitime.

La personne qui possède l'autorité doit user de tact pour n'en être pas dépossédée : le tact indique la juste mesure qu'il faut en employer dans les diverses circonstances où on a à l'exercer. Les règles du tact ne peuvent être fixées : il consiste à tenir compte des personnes, des conditions, des tempéraments, des caractères, des événements, du milieu.

L'expérience, la délicatesse et la finesse le guident : il maintient l'autorité dans de justes bornes.

Le respect de soi-même et d'autrui. — On respecte la femme qui a une haute idée de la dignité de la nature humaine, et qui sait honorer en elle-même et en ses semblables la personnalité morale. Le sens judicieux de la maîtresse de maison lui indiquera, en toutes circonstances, les devoirs que le respect de la personnalité morale lui impose à l'égard d'elle-même et à l'égard de tous les humains. Le respect de soi-même a été admirablement décrit par Kant :

« Ce respect qu'il (l'homme) a le devoir d'exiger de tout autre homme, il ne doit pas s'en dépouiller. Il peut et il doit donc s'estimer lui-même... Il ne doit pas poursuivre sa fin d'une manière basse et servile, comme s'il s'agissait de solliciter une faveur, ce serait abdiquer sa dignité ; mais il doit maintenir en lui la conscience de la noblesse de ses dispositions morales, et cette estime de soi est un devoir de l'homme envers lui-même... Ce devoir relatif à la dignité de l'humanité dans notre personne peut se traduire d'une manière plus ou moins claire dans les préceptes suivants : ne soyez pas esclaves des hommes ; ne souffrez pas que vos droits soient impunément foulés aux pieds ; ne contractez pas des dettes pour lesquelles vous n'auriez pas une entière sécurité ; ne recevez point de bienfaits dont vous puissiez vous passer ; ne soyez ni parasites, ni flatteurs, ni mendiants ; les plaintes et les gémissements, même un simple cri arraché par une douleur corporelle, sont choses indignes de vous... »

Le respect de soi-même inspire cette noble « fierté qui est le juste sentiment que l'homme a de sa dignité morale, et qui lui défend d'humilier ou de laisser humilier en lui la personnalité humaine ». Ainsi comprise, la dignité personnelle impose à nos semblables le respect de notre propre personne et à nous-même le respect du prochain.

La femme doit aimer et favoriser le progrès. — La femme doit aimer le progrès, non seulement en vue des arts, des lettres, des sciences, mais encore en vue des mœurs et des usages. Le passé s'enfuit emportant ce qui lui appartient ; le présent lui succède introduisant de nouvelles habitudes. L'éducation de la mère de famille appartient au passé. Son estime de l'époque qui a formé en elle une femme digne et vertueuse ne doit pas l'exciter à combattre les apports du présent ; elle ne doit pas obstinément fermer ses yeux à l'aurore qui annonce des jours nouveaux, prétextant que les anciens étaient meilleurs et plus beaux. Qu'elle ouvre toutes grandes les portes de son intelligence ; qu'elle appelle à son secours les lumières de sa raison et les décisions de son jugement, qu'elle examine les innovations et donne droit d'asile à tout ce qui ne sera pas contraire aux règles de la morale et du bon goût.

Si l'esprit humain avait invariablement fixé le passé, où seraient le téléphone, le radium et la télégraphie sans fil? Fermer volontairement les yeux à la lumière qui brille, c'est manifester un esprit étroit, débordant du passé et incapable de contenir le présent, qui nous achemine cependant vers des horizons radieux, promettant aux chercheurs les plus grandes merveilles.

Que l'esprit sache donc quitter l'ornière qui enfonce dans le chaos, et s'applique à suivre la voie qu'illumine l'aurore de l'avenir.

L'homme à qui la fortune sourit dans un monde nouveau croupit souvent dans la souffrance et la misère pour être demeuré trop attaché à sa terre natale. Aimons le passé qui nous a si doucement bercés, caressons le présent qui nous donne ses richesses, ayons confiance en l'avenir à qui le travail de l'intelligence humaine prépare un règne grandiose. Que l'esprit sache ajouter aux dons du passé les offres du présent; enrichi par la possession de ces biens divers, il attirera vers lui ceux que fascine l'éclat de la lumière moderne et ceux qu'engourdit la tradition du passé. Cette habile adaptation au milieu et au temps est un talent précieux qui fait rayonner un soleil de bonheur dans les lieux menacés par les ténèbres de la discorde.

Que la femme n'hésite donc pas à aimer le progrès sous toutes ses formes; qu'elle soit toujours le guide éclairé qui introduira dans le foyer les novations saines et utiles. La jeunesse n'aime le passé que pour son histoire; vouloir l'orienter en arrière serait s'exposer à briser le gouvernail qui doit la conduire au port; le présent qu'elle voit, l'avenir qui l'appelle ont des attraits qui captivent toutes ses aspirations.

La mère s'appliquera à être gaie, indulgente à la jeunesse, sérieuse et profonde avec ceux que la sagesse conduit, bienveillante et calme avec ceux qui ne partagent pas ses idées. Elle doit être jeune avec les jeunes, combattant toutefois leurs erreurs; elle doit être vieille avec les vieux, réfutant toujours leurs idées rétrogrades, affable et bonne pour tous. L'indulgence ne doit cependant pas autoriser l'oubli des principes d'ordre et de morale, ni briser la fermeté qui est la base de l'autorité.

La femme doit éviter la partialité, le ridicule. — Pour maintenir son autorité, la femme doit éviter la partialité, le ridicule. La partialité est une forme de l'injustice, aussi se gardera-t-elle de se laisser conduire par un sentiment qui tournerait ses propres œuvres à son préjudice. A l'égard de tous ceux à qui elle commande, elle montrera la même bienveillance, elle accordera les mêmes faveurs, évitant d'exciter les jalousies qui affaibliraient l'estime qu'elle doit mériter. Quant aux faveurs, il y a lieu de distinguer les diverses catégories de personnes, serviteurs, employés, pupilles, enfants; il est évident que tous ne doivent pas être traités de la même manière : la délicatesse et la bonté détermineront ce qui est dû à chacun.

Certaines personnes ont des idées particulières; elles n'aiment pas suivre les règles générales. Le service de leur maison est organisé d'une manière spéciale; leur tenue, leurs habitudes, leurs parures, leurs vêtements diffèrent de ceux des personnes de leur condition : suivant que le disparate est plus ou moins marqué, elles sont singulières ou ridicules. Les femmes qui ont ces travers manquent de ce sens pratique qui doit toujours porter une femme à ne pas se faire remarquer par ses excentricités. Celle qui se complaît dans des bizarreries est souvent un objet de risée ; ses manies sont racontées, et ces récits égaient les réunions de ceux qui lui doivent soumission et respect. Les personnes dont on rit ne sont pas généralement celles que l'on craint ; de cet état de choses naît un affaiblissement de l'autorité morale. Pour conserver celle-ci, il faut éviter de vivre en dehors des règles communes. Suivre l'ordre établi par les mœurs et les usages adoptés, voilà le principe qui doit diriger une femme sensée, lorsque toutefois ces règles ne sont pas en contradiction avec le bon sens.

Adoptant cet ordre d'idées, même âgée, elle saura être de son temps, et ne s'attardera pas à conserver les débris du passé en exhibant de riches vêtements aux coupes surannées, en étalant des coiffures aux genres disparus depuis un demi-siècle, en exécutant des révérences respectueuses, mais trop vieillies. Simple et naturelle dans son extérieur, autant que bonne et vertueuse dans son intérieur, elle saura faire oublier ses attaches au passé qui n'intéresse plus personne, en adoptant les modes et les principes du savoir-vivre actuel. Son goût et le sens délicat des convenances lui feront choisir les formes, les couleurs, les genres qui s'adaptent le mieux à sa personne, à son âge et à sa situation ; ainsi, elle passera inaperçue, ne gardant comme distinction que sa culture intellectuelle et sa haute valeur morale.

La négligence à l'égard de la tenue extérieure est une faute, car la dignité extérieure est l'emblème de la dignité morale. Sans doute, il ne faut pas que la femme âgée emploie ces artifices dont parle l'auteur d'*Athalie* qui procurent

> .... cet éclat emprunté
> Dont elle eut soin de peindre et d'orner son visage
> Pour réparer des ans l'irréparable outrage.

L'emploi du fard et des teintures fait tomber la femme dans le ridicule qu'elle doit éviter. Le meilleur fard est la sérénité de l'âme et la paix du cœur ; la beauté que ce fard donne au visage est de tous les âges, ce sera le seul recherché par la femme sensée.

En dépit des années, j'admets cependant que la femme doit conserver cette coquetterie féminine, sobre et sans prétentions, qui fait choisir avec art les dispositions, les habits, les coiffures qui s'harmonisent avec le visage et le genre particulier à chacune. Par un extérieur digne, gracieux, sans recherche futile, elle doit s'efforcer d'être agréable aux vieux et aux jeunes amis qui l'entourent.

Modération dans les désirs. Egalité d'humeur. Modestie. — Se faisant une idée bien exacte de la situation sociale qu'elle occupe, la femme aura la simplicité et la modération qui s'allient avec sa dignité. Ennemie du luxe exagéré, elle se contentera, suivant ses ressources, du convenable, du confortable ou du bien-être. Modérée dans ses désirs, elle saura, sans ambition démesurée, vivre heureuse dans le milieu où elle se trouve.

« Il n'y a pas moins de faiblesse, dit Cicéron, à manquer de modération quand la fortune nous sourit que lorsqu'elle nous est contraire ; et il n'y a rien de plus beau dans la vie qu'une âme toujours égale, un front toujours le même, un visage toujours serein..... Il faut soumettre au joug de la raison les hommes que la prospérité a rendus trop fiers et trop présomptueux, et leur apprendre la fragilité des choses humaines et l'inconstance de la fortune. »

Une simplicité de bon goût, la modération des désirs sont deux vertus qui contribuent à notre bonheur et inspirent la sympathie et l'estime d'autrui.

La femme qui a conscience d'accomplir son devoir,

loin d'être vaine et fière de ses mérites, doit posséder la modestie qui l'empêche de s'abuser sur sa valeur personnelle. Pour éviter de concevoir une trop haute opinion de soi-même, elle doit considérer celles qui ont des dons plus élevés, plus de courage, plus de bonté, plus d'habileté, elle verra que souvent elle aurait pu mieux faire encore. Enfin, après avoir accompli tout ce qu'elle a pu pour réaliser l'idéal rêvé, il faut qu'elle se dise avec une conviction sincère : « Je n'ai fait que ce que j'ai dû. » Pénétrée de cette pensée, elle saura vaincre la vaine gloire qui poursuit le vrai mérite.

CHAPITRE VIII

L'ART D'ÊTRE HEUREUSE

La maîtresse de maison doit s'appliquer à être heureuse dans le milieu où elle vit. — Le bonheur est la récompense de l'activité, du courage, de la modération des désirs et d'une sage philosophie.

Le bonheur. La mission de la femme est de conduire sa famille vers le bonheur. — Le bonheur, dit-on, habite une île haute et sans port; l'accès en est défendu par des rives escarpées, des roches abruptes, des granits aigus et branlants qui surplombent des gouffres profonds. Bonheur, divinité charmante, tu attires tous les yeux, tu captives tous les cœurs ! Les faibles humains, tristes jouets de la destinée, se précipitent à l'envi à l'assaut de ta demeure enchantée. Les voilà cramponnés aux saillies, abrités dans les anfractuosités, à l'effort ajoutant l'effort, à la peine faisant succéder la peine. Brûlés par le désir, animés par l'espérance, tous veulent vaincre l'impossible. Hommes et femmes, grands et petits, seigneurs et pauvres hères, tous s'excitent à la lutte, tous multiplient les courageuses tentatives.

Sombre tableau ! lugubre désespérance ! Ici, épuisés par les travaux, les malheureux champions s'affaissent et tombent dans l'abîme ; là, la roche tremblante s'écroule et les entraîne ; ailleurs, le sol glissant s'effondre sous leurs pieds mal assurés, ils s'enfoncent dans le gouffre ; plus loin, des mains crispées et ensanglantées lâchent la saillie tranchante où s'anéantit leur espérance. Seuls quelques prévoyants athlètes triomphent des obstacles et pénètrent dans l'île enchantée ; ceux-ci ont su se munir des ailes du Temps, s'inspirer des conseils de Minerve, emprunter aux Muses leurs talents, aux Grâces leurs vertus. Ainsi armés, ils s'élèvent, planent et s'abattent dans l'enceinte du Bonheur.

Un art subtil, prudent, délicat et éclairé a préparé cette douce victoire. C'est à la femme surtout qu'il appartient de connaître et de pratiquer cet art précieux parmi tous les arts précieux, élevé parmi tous les arts élevés.

Le bonheur ne dépend ni de la gloire, ni des honneurs, ni des richesses ; il se trouve dans le travail obscur et l'honnête médiocrité, mieux peut-être que dans les palais somptueux et le tumulte des louanges.

L'art d'être heureuse est une science qui s'appuie sur la sagesse et la modération : la sagesse règle les sentiments, modère les désirs et porte le cœur à s'attacher au milieu qui l'entoure ; la modération chasse l'envie qui tourmente l'esprit, bannit les sentiments qui inspirent le dégoût de la réalité et l'avidité pour de trompeuses chimères.

L'application des préceptes du Sage peuvent seuls procurer le bonheur. — La sagesse qui fait le bonheur n'est point stationnaire ni rétrograde ; elle admet le progrès, l'impose même, mais ce progrès est toujours guidé par la raison et la prudence. Elle n'a point pour devise : *Qui vit content de rien possède toute chose.*

Elle exige, au contraire, que chacun cultive son intelligence, améliore sa situation, fasse prospérer son bien, tire parti de ses ressources ; elle n'est pas la digue qui arrête le progrès, elle est la source qui alimente son cours, le régulateur qui règle son débit.

La modération du Sage n'est point un obstacle à sa prospérité ; elle est le filtre qui épure les désirs : elle laisse passer les bons et travaille à leur réalisation, elle arrête les mauvais et les étouffe sans regret. Il est donc vrai que l'art d'être heureuse admet cette légitime ambition que règle la raison, que conduit la prudence, ambition qui élève l'esprit, provoque l'effort, attache l'âme sans posséder le cœur. L'esprit qui prête le concours de ses facultés à l'œuvre entreprise peut se réjouir du succès, sans se laisser abattre par l'infortune ; vaillant et lucide, il se relève après la chute ; profitant de l'expérience acquise, il édifie de nouveaux projets et réalise ses espérances.

Le courage est nécessaire au bonheur. — A la sagesse, à la modération qui procurent le bonheur, il faut ajouter le courage : un esprit faible et apeuré ne saurait trouver le repos.

Il faut souvent un grand courage pour supporter la situation présente ; le courage seul peut adoucir la souffrance et procurer à l'âme des jouissances qui assurent sa tranquillité et l'acheminent vers des temps meilleurs. Il faut du courage pour supporter la misère. Le poète a néanmoins pu dire :

> O pauvreté tranquille, ô véritable bien !
> Heureux, cent fois heureux le mortel qui n'est rien !

Il faut du courage pour supporter la douleur : pauvre

et aveugle, dominant sa souffrance, Milton dicta le sublime et immortel poème qui a charmé les diverses générations.

Il faut du courage pour supporter l'injure : « Ils ne m'ont point blessé », dit Auguste, faisant allusion à ceux qui l'outragent.

Il faut du courage pour supporter les tourments et la mort : ayant fait son devoir, Régulus retourna à Carthage pour y mourir dans d'affreux supplices.

A ces héros et à bien d'autres encore le courage a donné la sérénité de l'âme et une âpre douceur au milieu des souffrances.

Le courage soutiendra la femme dans l'épreuve, lui fera braver l'adversité et lui permettra d'avoir encore des jouissances. La douleur, sous toutes ses formes, est inhérente à la nature humaine. Qu'on habite la montagne ou la plaine, la ville ou la campagne, la terre ou la mer, on trouve la souffrance. Qu'on soit maître ou serviteur, patron ou ouvrier, agriculteur ou artisan, puissant ou misérable, on trouve la souffrance. Ne faut-il donc pas de bonne heure habituer l'âme à supporter le mal inévitable, sans faiblesse, sans révolte, et à se réconforter dans l'espérance d'un avenir meilleur ?

Supportée dignement, l'épreuve ne terrasse point ; elle laisse agir la force d'âme qui répare le dommage causé. Sagesse, modération, courage, foi en l'avenir établissent dans l'esprit ce bon sens, cet équilibre moral qui conduit au bonheur beaucoup plus sûrement que toutes les lois des juristes et que toutes les théories des jouisseurs. Soieries, dentelles, fêtes, honneurs, grandeurs, richesses, faste, voluptés inassouvissables, donnez-vous le bonheur ?.....

La gloire de César n'arrête pas le bras qui le frappe ; l'oisiveté des grands permet de nourrir de trompeuses et fatales illusions; le luxe des palais attise les honteuses intrigues; les voluptés assouvies ne satisfont point les âmes; l'ambition effrénée torture le cœur et conduit au crime. L'esprit discipliné par une saine philosophie peut seul goûter le bonheur.

La femme heureuse. — Une femme heureuse possède les vertus aimables, les talents, les grâces, la volonté, l'activité, la sagacité, le courage et l'esprit pratique inconnus à celle dont la voix ne s'élève que pour se lamenter, crier à l'injustice, maudire la destinée, appeler les trompeuses chimères. Les doléances, les imprécations, les révoltes sont les ressources d'un esprit bas et faible.

La femme intelligente, bonne et sérieuse saura arranger sa vie de manière à y trouver un bonheur relatif, le seul qu'elle puisse légitimement rêver. Elle comprendra que la plainte, le bruit, l'esclandre, la colère, les feux des passions, les tourmentes des plaisirs, la dépravation des sentiments, ne font qu'aggraver la peine et détruire la vraie jouissance. En gardant le secret de son mal, en travaillant habilement à le réparer, en se garant des atteintes futures, en se laissant guider par la loyale raison, elle fait preuve d'une supériorité intellectuelle et d'une valeur morale qui lui procurent la paix de l'âme, la foi en l'avenir, première récompense de ses heureuses qualités.

L'empire qu'elle possède sur elle-même calme toujours la tempête cruelle; le sourire qu'elle impose à ses lèvres passe dans son âme et l'égaie; la sérénité extérieure apaise la rage qui tenaille le cœur; la force qu'elle déploie ranime son ardeur; la considération des biens dont elle jouit éloigne le souvenir des maux qui l'affligent. Indulgente au présent, confiante en l'avenir, elle sait être heureuse aujourd'hui, elle le sera encore demain, elle le sera toujours.

Le bonheur que la maîtresse de maison a su trouver ne sera pas le lot jalousement gardé par une égoïste ; attachée à ceux qui l'entourent, elle les fera participer à sa douce joie en épandant sur sa famille les suaves émanations de sa tranquille félicité : l'union des cœurs sera le plus riche des présents dus à la fortune.

CHAPITRE IX

L'ORDRE

Nécessité de l'ordre. — L'ordre doit exister en toutes choses. — Heureux effets de l'ordre.

L'ordre impose une intelligente distribution du temps. — L'ordre comprend l'intelligente distribution du temps, la bonne organisation des affaires et l'heureuse disposition des objets.

Après avoir disposé convenablement les objets à l'intérieur, les affaires doivent être réglées à l'extérieur ou discutées chez soi avec les personnes qui viennent les traiter. Il faut donc disposer des heures de la journée de manière que l'arrangement des objets, les affaires, les distractions, la bienfaisance aient leur place marquée dans la distribution du temps. Le temps est précieux, gardons-nous de le mal employer. « Le temps est de l'argent », utilisons toutes les heures qui s'écoulent. Suivons les prescriptions d'une sage organisation fixée après mûr examen.

Tel fut le principe de Franklin, qui, toute sa vie, observa religieusement la règle qu'il s'était volontairement imposée. De cinq heures du matin à dix heures du soir, il ne laissait pas une minute inoccupée. C'est à cette régularité dans le travail et à son énergique volonté qu'il faut attribuer la bonne fortune qui a fait de lui un citoyen puissant et vénéré, un savant distingué, un philosophe et un homme de bien.

C'est dans le même esprit et pour hâter les progrès des études que, dans les établissements d'éducation, on établit un rigide emploi du temps. Conformons-nous à ces prudentes dispositions, et ne nous écartons pas, sans motif sérieux, des statuts que nous avons fixés. Que la réglementation n'en soit pas inflexible : la perspective du bien à accomplir ou du mal à éviter doit nécessairement changer momentanément l'ordre régulier. Ainsi comprise, une sage distribution du temps disciplinera notre esprit, gouvernera nos actions et nous obligera à prendre de bonnes habitudes.

« C'est en réglant sa vie que l'on parvient à régler ses affaires matérielles ; c'est en mettant de l'ordre dans son âme qu'on peut en mettre dans les choses. Le bon emploi du temps et une habile distribution du travail conduisent tout naturellement à embrasser le plus de choses possible dans le plus court espace de temps. Soyons donc avares de ce temps ; ne laissons sortir les heures de nos mains qu'avec épargne, avec fruit, avec autant de regret que si nous donnions notre or. Ne souffrons pas qu'un seul de nos jours s'écoule sans nous avoir laissé une connaissance ou une vertu. »

Le premier acte administratif d'une jeune femme en entrant dans une nouvelle maison, sera d'examiner la tâche qu'elle doit accomplir et d'organiser judicieusement le travail et le repos aux diverses heures de la journée. Chaque matin, elle consacrera quelques instants à se rendre compte des obligations nouvelles apportées par la journée présente, attendu que les événements peuvent faire varier les charges ; la réflexion lui indiquera de quelle manière elle doit procéder pour remplir ses devoirs dans les conditions de célérité et de perfection les plus avantageuses. Ainsi, il n'y aura pas de temps perdu, et chaque service sera terminé à l'heure indiquée.

L'ordre facilite la régularité des exercices et la bonne exécution du travail. — La funeste habitude de prendre mollement un ouvrage, de le laisser inachevé, de le reprendre ensuite, fera place à cette intelligente promptitude qui exécute chaque chose en son temps et la termine à propos. L'heure du dîner n'appellera pas en vain les convives ; l'heure du départ ne sonnera pas en vain pour les voyageurs ; les rendez-vous d'affaires ne seront point différés ; les récréations ne seront point écourtées. Bonne administratrice, la maîtresse de maison a pour devise : *ne jamais attendre, ne jamais faire attendre.*

Fidèle à ce principe, elle ne connaît ni retards, ni lenteurs ; l'heure fixée voit la tâche finie sans hâte intempestive, sans empressement tardif. Commencée au moment opportun, exécutée avec soin, terminée à l'instant précis, l'œuvre présente tout le fini désirable. L'ordre ne consiste pas seulement à faire la tâche mais à la bien faire ; l'esprit discipliné n'admet pas la confusion des détails ; toutes les parties doivent avoir la perfection désirable : ces conditions se réalisent si une précipitation craintive ne vient activer une besogne tardivement entreprise. *Rien ne sert de courir, il faut partir à point.* Ce proverbe connu commande l'activité et enseigne qu'il faut disposer avec mesure du temps consacré à un travail, attendu qu'une course modérée et constante conduit plus sûrement au but qu'une vitesse tardive et inconsidérée.

S'il est bon que, dès la première heure du jour, la maîtresse de maison examine la tâche à accomplir, il est encore meilleur qu'à la dernière, elle considère la manière dont elle a été remplie. Les manquements observés seront désormais plus sûrement évités et l'ordre établi de mieux en mieux exécuté.

Quiconque sait employer son temps de manière à régler convenablement ses travaux et ses affaires possède une science précieuse qui peut être la source d'une fortune méritée.

Le bon emploi du temps rend moins fatigantes les occupations auxquelles on s'applique, attendu que le travail, les récréations, le repos sont distribués avec discernement, suivant les règles décisives de l'hygiène et d'une sage sollicitude.

L'ordre impose la bonne administration des affaires. — Si le bon emploi du temps procure de précieux avantages, la bonne administration des affaires est une source de prospérité. Le désordre en affaires cause inévitablement la ruine; de tous les désordres, celui-ci est celui qui compromet le plus rapidement le bien-être et la sécurité de la famille. Peut-on trouver une maison florissante si la maîtresse qui la dirige achète, vend, règle les ouvriers, les fournisseurs, les domestiques, sans avoir une idée bien nette des sommes versées ou reçues, sans s'enquérir des conditions dans lesquelles les transactions ont été faites? Peut-on espérer une fortune stable dans la maison où on néglige de payer ses dettes, où on en contracte de nouvelles avant d'avoir acquitté les premières, où on ne s'occupe pas de faire entrer dans le trésor familial les sommes qui sont dues? Non, non! Ces négligences amènent fatalement la décadence; elles excitent les cupidités et attisent les convoitises des gens peu scrupuleux à qui on a affaire.

Profitant des lenteurs qu'on apporte à régulariser

comptes et factures, les dettes sont grossies au profit des escrocs, les apports, diminués de la partie qui demeure dans les mains infidèles; les prescriptions de droits, les fuites de débiteurs, les ruses des aigrefins, à qui la lenteur des règlements permet d'ourdir leurs trames ténébreuses, viennent ajouter au chaos des affaires et aux pertes de la communauté.

Travaille, travaille, femme étourdie! Que le chant du coq t'arrache à ton sommeil, que l'aurore matinale te trouve à ta besogne, que ton activité ne te laisse point de répit, que ton œil vigilant surveille tous les travaux, que ta journée soit toujours bien remplie, qu'importe? La négligence que tu apportes à administrer tes affaires précipite ta ruine. Que sont les légers bénéfices réalisés par tes vaillantes mains comparés aux grosses sommes que tu perds par ton insouciance? La partie n'est pas égale, tu accélères ta décadence. Malheureux enfants! Infortuné époux, que va devenir le fruit de ton rude labeur au milieu de la désorganisation de ton ménage? Arrête sur la pente glissante, femme inconsidérée, rétablis la situation compromise, en faisant régner l'ordre dans les transactions, première étape de la fortune.

Pour assurer la bonne administration des affaires du ménage, la réflexion et la prudence sont nécessaires. Que jamais le repos de la nuit ne fasse goûter ses douceurs à la femme active sans qu'elle ait préalablement examiné les opérations financières de la journée; qu'elle connaisse les recettes opérées, les dettes contractées; qu'elle détermine si l'intérêt de la famille a été bien ou mal servi par les actes accomplis; qu'elle recherche les meilleures conditions qui puissent servir de base aux transactions du lendemain. Qu'elle prenne pour devise: *payer comptant ou régler sa dette au jour fixé; exiger les apports au moment précis.*

Le désordre en affaires étant la voie rapide qui conduit à la ruine, la maîtresse de maison s'appliquera à établir une régularité parfaite dans cet important service.

Le bon aménagement des objets diminue la dépense. L'argent n'est pas une quantité négligeable. — La femme qui sait disposer du temps avec intelligence, qui sait diriger les affaires avec prudence et perspicacité, saura aussi distribuer les objets mobiliers avec discernement. La règle est connue : *une place pour chaque chose, chaque chose à sa place; que la disposition choisie soit constante.* La démonstration de l'utilité pratique de ce précepte vieilli et toujours vrai n'est point à faire. Chacun sait que, dans le pêle-mêle, il est difficile de retrouver les objets ; que ce pêle-mêle facilite la perte et la dégradation des choses qui le forment. Conséquence : *perte de temps et perte d'argent.*

Le bon ordre établi dans le mobilier, le linge, les vêtements, les ustensiles, fait gagner du temps, puisqu'on ne l'emploie pas en vaines et longues recherches ; il fait gagner de l'argent, puisque les objets bien soignés durent plus longtemps. Nous avons indiqué ailleurs la valeur du temps ; chacun apprécie la valeur de l'argent dans la traite des affaires, l'éducation des enfants, l'établissement de la famille. Il est donc oiseux de vouloir prouver que la lumière est claire, que l'eau est liquide, que l'argent est nécessaire.

Vil métal, il est vrai, l'argent fait moins d'heureux que d'esclaves; mais les hommes l'ont choisi comme la sève de la vie commerciale. En vain Lycurgue l'a banni de Sparte, en vain Diogène a méprisé ses douceurs; malgré l'ostracisme de Sparte, malgré les mépris du philosophe, l'argent brille aux yeux de tous les mortels. Son action puissante sur la houle humaine le fait rechercher, chérir, conserver ; si bien que la devise actuelle est : *heureux qui le possède! malheur à qui n'en a pas!*

Le cœur vraiment vertueux place plus haut ses aspirations. Mais, la vertu n'étant pas la monnaie courante, le vendeur positif ne se contente pas de ce mystique paiement. Ainsi, l'âme éprise de beau et de bien est forcée de se soumettre à la loi commune. Sans cette soumission vulgaire, elle ne saurait remplir ses premiers devoirs à l'égard de cette *guenille* si chère au bonhomme Chrysale. Souvent aussi, l'intellectuelle ajoute à ses obligations personnelles le devoir charitable de veiller au bien-être de ceux qui, comme Molière, disent avec conviction :

> Oui, mon corps est moi-même et j'en veux prendre soin.

Une affectueuse sollicitude ramène vers la terre et ses trésors l'esprit qui ne prise que les joies de l'Olympe où séjournent les dieux. Donc, la femme judicieuse estime le temps à sa juste valeur et l'argent d'après ses bons offices ; elle fait de celui-ci l'instrument de ses générosités ou l'ouvrier de ses légitimes ambitions.

La bonne disposition des objets doit présenter une symétrie décorative. — Le côté pratique n'est pas le seul qui doive porter vers l'ordre. L'esprit habitué à la règle, l'âme enivrée de l'amour du beau trouve dans l'heureuse disposition des objets une harmonie qui plait à ses nobles aspirations. Ne serait-il pas exact de comparer l'agrément causé par la vue d'une maison bien tenue aux jouissances éprouvées lorsque l'œil charmé contemple les teintes douces et assorties que l'artiste a disposées sur ses tableaux ? Dans la maison, il y a aussi des couleurs à grouper, et surtout des objets mobiliers à installer ; objets qui, malgré l'aspect prosaïque qu'ils présentent, contribuent par un ordonnancement bien compris à orner la plus modeste demeure.

Quel n'est pas le ravissement d'Ischomachus en présence d'un mobilier dont la disposition est irréprochable ! « La belle chose à voir, dit-il, que des chaussures bien rangées de suite et selon leur espèce ! La belle chose à voir que des vêtements séparés selon leur usage, des couvertures, des vases d'airain, des ustensiles de table ! La belle chose enfin que de voir des marmites rangées avec intelligence et symétrie ! Oui, tous les objets sans exception, grâce à la symétrie, paraissent plus beaux encore ; l'ordre en rehausse l'éclat. »

La belle chose à voir, ajouterons-nous, que cette armoire, aux battants larges et reluisants, qui renferme le linge groupé suivant sa nature et sa qualité ! La belle chose à voir que la propreté du parquet, la bonne tenue des tentures et des peintures, le brillant du mobilier, la blancheur des plafonds, le bon aspect de la cour et du jardin ! Quelle disposition charmante et bien comprise !

Non seulement l'intelligente ordonnatrice a su trouver une place pour chaque chose, mais chaque chose est disposée avec ce goût exquis qui charme l'œil, avec cette clairvoyance qui lui fait occuper la meilleure place. Le spectacle de cet arrangement délicat fait prendre à la plus indifférente la résolution d'apporter plus de soin dans ses travaux.

Oh ! la belle chose que l'intelligente et laborieuse organisation d'une maison ! Le goût de l'artiste s'y révèle, le calme de l'âme s'y reflète, l'harmonie des sentiments s'y dévoile : bien-être, à-propos, convenance, délicatesse, élégance y trouvent place.

O jouissances simples et pures, vous êtes de tous les

temps, de tous les pays, de toutes les conditions, puisque le ménage le plus modeste a son linge, ses vêtements, ses meubles, qui peuvent être dans la demeure les décors embellis par la propreté, le bon goût, l'ordre qui caractérisent la reine du foyer. Ces ornements simples et utiles ont leur place dans le palais du riche et dans la chaumière de l'indigent.

CHAPITRE X

LA PRÉVOYANCE

Nécessité de la prévoyance. — La prévoyance est féconde en heureux résultats. — Œuvres de prévoyance. — Assurances sur la vie.

La prévoyance dans la nature. — La prévoyance peut être appelée la science des probabilités. Par elle, l'esprit sonde l'avenir, interroge le présent, détermine les événements possibles, dicte les mesures à prendre pour parer les coups de la fatalité et faire tourner les incidents à son profit. Ainsi, le prévoyant vieillard de Boileau

> Contre les coups du sort songe à se maintenir,
> Et loin dans le présent regarde l'avenir.

La prévoyance est la loi de la nature. Aux habitants des régions brûlées par le soleil la nature a donné les fruits succulents et rafraîchissants ; à ceux des pays refroidis par les glaces, les fruits acides et réconfortants. Elle a distribué aux animaux cet instinct plus ou moins conscient qui les porte à se préparer aux événements futurs : « On ne peut contempler sans être attendri cette bonté divine qui donne l'industrie au faible, la prévoyance à l'insouciant. Aussitôt que les arbres ont développé leurs feuilles, mille ouvriers commencent leurs travaux. Ceux-ci portent de longues pailles dans le trou d'un mur ; ceux-là maçonnent des bâtiments aux fenêtres d'une église....... Mille palais s'élèvent et chaque palais est un nid ; chaque nid voit des métamorphoses charmantes » (CHATEAUBRIAND). Tous ces ouvriers prévoient la venue de l'œuf et travaillent à le bien recevoir.

Les oiseaux ne sont pas les seuls êtres qui prévoient les événements futurs : le lapin creuse le terrier, organise un lit moelleux où il élèvera sa famille ; le campagnol économe entasse des provisions dans son gîte ; l'abeille diligente butine le miel qu'elle enferme dans sa ruche. Le nécrophore fossoyeur creuse la fosse où il enfouit le cadavre qui sera la pâture des jeunes larves sorties des œufs qu'il y dépose. Afin d'assurer l'avenir de sa postérité, l'ichneumon se sert de sa tarière pour déchirer le flanc de la piéride. Dans la blessure saignante, il dépose l'œuf ; la larve qui en sortira aura, dès sa naissance, le vivre et le couvert dans le corps du malheureux lépidoptère.

L'instinct de conservation de l'espèce n'est pas le seul qui porte à travailler en vue de l'avenir. L'instinct de préservation individuelle fait entreprendre aux oiseaux leurs périlleuses migrations. Craignant les froids de nos hivers, l'agile hirondelle nous quitte en automne ; prudente voyageuse, elle ne part pas sans organiser sa fuite : de nombreuses assemblées discutent les conditions du voyage ; les émigrantes partent en groupes nombreux pour mieux se défendre contre les dangers de la route.

Tous ces animaux, et d'autres encore, font œuvre de prévoyance instinctive pour eux-mêmes ou pour leurs familles.

Actes de prévoyance humaine. — L'homme peut-il être moins sage que les êtres inférieurs ? La raison guidant ses actes, l'intelligence éclairant sa voie, la prévoyance doit produire chez lui de grandes œuvres. Il ne songe pas seulement à lui-même ; sa famille, la société sont l'objet de sa sollicitude. De bonne heure, la femme doit songer à l'avenir ; il faut que l'on puisse dire

.... que sa haute sagesse
N'est pas le fruit tardif d'une lente vieillesse.

L'esprit attentif doit examiner les surprises possibles de l'avenir. La jeune mère fait œuvre de prévoyance lorsque, par l'éducation physique de l'enfant, elle tâche de lui assurer une santé robuste. C'est la prévoyance qui la porte à le prémunir contre les injures de l'adversité, en lui donnant une instruction sérieuse, attestée par des diplômes mérités. La prévoyance l'engage encore à exercer la jeune main à manier l'instrument qui peut assurer sa sécurité future et être l'origine de sa fortune.

Former le caractère, l'habituer à jouir de la richesse avec modération, à subir la pauvreté avec courage, à supporter la dure fatalité sans défaillance ; élever l'âme à la pratique du bien : voilà encore de la prévoyance. Cette éducation prépare l'enfant à combattre, à lutter contre les difficultés de l'existence ; elle lui fournit aussi les moyens de vaincre et de triompher dans l'avenir.

La prévoyance porte la mère à faire connaître à la jeunesse le prix du temps et de l'argent, la valeur des diverses denrées ; guidée par la prévoyance, elle l'initie à établir des comptes, à traiter les affaires, à connaître les moments propices aux ventes et aux achats.

Enfin, l'économie elle-même est une œuvre de prévoyance.

Leçons de prévoyance de la mère de famille. — La jeunesse inexpérimentée est imprévoyante. Elle ne connaît que le présent; éclairée par les rayons du soleil printanier qui l'éblouit, l'avenir lui paraît beau, riant et sans nuage. Ne troublons pas, hors de propos, ces belles illusions qui réjouissent les cœurs et transportent les âmes dans des terres inconnues où tout est paix et bonheur.

> Chacun songe en veillant, il n'est rien de plus doux,
> Une flatteuse erreur emporte alors nos âmes,
> Tout le bien du monde est à nous.

Que la jeunesse jouisse de ces songes heureux qui font le charme des belles années, mais que la voix maternelle ne lui laisse pas ignorer cependant la futilité de ces mirages trompeurs qui toujours se montrent et s'éloignent toujours. Qu'elle lui dise : *Aux ris de l'insouciance succéderont les pleurs de la tristesse, à la tendresse du foyer succédera la haine des méchants ; aux jeux, aux fêtes succéderont les devoirs sérieux ; la douce quiétude fera place aux tourments d'avenir.* Ce tableau indique la nécessité actuelle de réfléchir et de méditer sur les moyens à employer pour éviter le malheur et adoucir les maux futurs.

Soucieuse des saines traditions familiales, la mère apprendra à sa fille à user avec prudence des biens qui viennent des aïeux ou acquis par le travail des parents; elle lui montrera les dangers d'une ambition démesurée, la nécessité d'un progrès incessant et raisonnable, les avantages d'une vie bien réglée, les ressources que procurent un travail constant et une économie bien comprise.

C'est l'imprévoyance qui disperse les richesses acquises; c'est l'imprévoyance qui gaspille le temps et empêche de se prémunir contre la disette.

Que toute éducatrice apprenne à la jeunesse à ne pas

être la joyeuse cigale qui passe l'été à chanter, à sauter de branche en branche, et, quand la bise est venue, dépourvue de provisions, elle se lamente et mendie. La dureté de la fourmi n'est pas un exemple à imiter, mais sa prévoyance peut servir de modèle. Le dénûment et l'humiliation de la cigale donnent une leçon à retenir.

La jeunesse et l'âge mûr sont l'été et l'automne de la vie, époques où mûrissent les moissons, où on cueille les épis, où on entasse les graines dans les greniers. Les richesses amassées durant la période heureuse seront la corne d'abondance du triste hiver de la vieillesse, pénible hiver que tout le monde repousse et dont chacun s'approche avec le même rhythme et la même mesure. Fatalement, et malgré les résistances, les feux de toutes les jeunesses viendront s'éteindre dans les brumes et les frimas de la froide vieillesse. A la prévoyante jeunesse incombe le devoir d'accumuler le combustible nécessaire à l'alimentation du foyer, foyer générateur de l'énergie d'où émane la force qui nous dirige vers le port.

Il faut modérer l'ardeur de la confiante jeunesse et lui dire que la ruine d'une maison est souvent préparée de longue main ; que la fortune arrive lentement et par degrés ; que le malheur n'est pas toujours dû à la fatalité, mais fréquemment à l'imprévoyance de celui qui est frappé.

Il faut impressionner l'esprit de la jeune fille en lui montrant, autour de soi, des exemples connus qui confirment la vérité de ces préceptes. La mère doit l'initier à son expérience personnelle, en lui faisant connaître les fruits qu'elle a retirés elle-même d'une sage prévoyance ; il faut lui montrer les précautions actuelles prises en vue de détourner les futures catastrophes et d'assurer le calme, la dignité, le bonheur de la vie.

En laissant à la jeune fille la gaieté de son âge, l'exemple donné, les conseils reçus, l'application à laquelle on l'exerce lui apprendront à apprécier les bienfaits d'une sage prévoyance; ils mûriront son esprit et sa volonté pour le jour de la nécessité.

Devenue maîtresse de maison, la jeune fille saura profiter des leçons reçues pour suffire aux besoins présents et préparer le bonheur futur; elle saisira le côté pratique des circonstances; elle saura diriger les événements de la manière la plus avantageuse, et ne s'imposera d'autres obligations que celles auxquelles elle pourra satisfaire. Le présent, qui au passé succède, la trouvera toujours prête à recevoir ses heurs et malheurs.

Œuvres de prévoyance. — Le général prudent et avisé n'attend pas le combat pour préparer la victoire; il profite de la paix pour organiser ses milices, les dresser à l'attaque et à la riposte, les approvisionner d'armes et de munitions. Quand vient la bataille, il n'a qu'à cueillir les fruits de ses sages prévisions. Telle la femme prévoyante utilise ses loisirs et les périodes de tranquillité à préparer un doux avenir.

L'homme a compris que, malgré les plus sages précautions, la fatalité peut lui ménager des coups puissants, inattendus, contre lesquels il est sans armes s'il est seul; mais, uni à ses semblables, il devient fort et peut résister à l'attaque. Cette pensée l'a porté à former des groupements d'individus associés dans un intérêt commun. Chez nos ancêtres, la formation de la tribu est la plus primitive des associations inspirées par la prévoyance.

Les progrès de l'esprit humain s'étendent graduellement, les groupements se multiplient et perfectionnent leurs statuts. A la tribu succède la nation : dans la nation s'établissent les castes qui défendent leurs pouvoirs. Dès le moyen âge, les corporations font leur apparition ; elles réglementent progressivement les conditions de leur existence aux vues étroites et partiales ; elles disparaissent à la Révolution.

C'est à l'époque contemporaine que revient l'honneur d'avoir vraiment compris la puissance de l'union fraternelle de tous les hommes pour le bien général, pensée généreuse et philanthropique, sage et prévoyante à l'égard de tous les associés. Cette idée grande autant qu'utile pénètre de plus en plus dans les esprits : voilà pourquoi on voit éclore de tous côtés ces belles associations, ces mutuelles diverses qui ont pour principe de soulager les maux des hommes, de réparer les injustices du sort, de faire cesser les iniquités sociales, privilège abusif de la force sur la faiblesse. Dans le groupe de celles qui ont pour but d'adoucir les blessures du destin, on peut citer les diverses sociétés de secours mutuel qui fournissent aide et assistance en cas de maladie ; les mutuelles contre les accidents du travail qui assurent à la victime d'un malheur imprévu *(chute, fracture, blessure, dommage corporel quelconque)* des ressources pour subir la douloureuse épreuve sans le concours de la misère, apanage de l'ouvrier n'ayant d'autre fonds que le travail.

On peut citer encore les mutuelles contre les *accidents physiques et naturels :* assurances contre les risques d'*incendie,* assurances contre les risques de *grêle,* de *gelée.*

On ne saurait énumérer les services signalés que les premières ont rendus aux chefs d'usines, aux administrations diverses, aux particuliers qu'ils ont indemnisés des sinistres qui auraient causé leur ruine. Quant aux secondes, elles préservent souvent de la misère les malheureux cultivateurs à qui une gelée ou une grêle intempestive enlève les produits d'une année de travail.

Tous les particuliers devraient adhérer à l'une des associations qui correspondent aux aléas de la situation qu'ils occupent. Avec une faible cotisation annuelle, on peut s'assurer des secours qui égalent ou même quelquefois dépassent les pertes subies. Une personne prévoyante et ordonnée ne saurait alléguer que ses revenus ne lui permettent pas cette faible dépense, attendu que la modicité des primes les rend accessibles à toutes les bourses. Que de dépenses superflues peuvent être supprimées, même dans le ménage le plus humble, pour capitaliser une petite somme de un franc par mois, qui constitue généralement le versement nécessaire pour s'assurer des secours dans la maladie, dans les accidents.

Les assurances contre l'incendie, la grêle, exigent des primes plus ou moins onéreuses suivant que les capitaux représentés sont plus ou moins grands. Mais au sujet des unes et des autres, on peut toujours dire qu'avec une faible cotisation, on obtient dans la crise une rémunération très avantageuse. Quelles que soient les sociétés auxquelles on s'associe, il faut s'enquérir, avant de prendre un engagement, des garanties qu'elles présentent. Les meilleures sont celles qui sont assujetties au contrôle de l'Etat.

Il est enfin des associations qui s'imposent à tous les mortels. Je veux parler de celles qui assurent une *retraite à la vieillesse*. Bon gré mal gré, tous les hommes marchent à pas précipités vers cet obscur défilé où gémit la vieillesse. Vieillesse ! Age stérile en labeurs ! Il ne peut plus puiser à la source féconde du travail le bien-être des jours passés. Vieillesse ! Age fertile en maladies, douleurs, qui font boire à la coupe amère des tourments variés ! Malheureux le vieillard qui, dans la jeunesse passée, n'a pas songé à la vieillesse présente !

Les privations, les humiliations, les souffrances le guettent et l'atteindront. Entre la vie active et dure et la mort impitoyable, il n'aura pas de répit; sans relâche, il ira du travail à la douleur, de la douleur à la mort. Voilà le sort de l'imprévoyant.

Combien différent est le sort de celui qui, jeune encore, envisage l'avenir et se met à l'abri de la nécessité en s'associant à une mutuelle qui assure une retraite à la vieillesse! Vingt francs seulement versés annuellement pendant quinze ans lui garantissent des annuités suffisantes pour permettre à son triste hiver de s'écouler dans le calme et la sécurité. Ainsi, la vieillesse sera l'isthme ombragé et tranquille qui offrira un doux repos à celui qui passe de la terre des vivants dans la terre des morts. Cette paisible sérénité du crépuscule de la vie fera dire à chacun en voyant l'heureux vieillard :

> Rien ne trouble sa fin, c'est le soir d'un beau jour.

Tous les pères ou mères devraient aussi associer leurs nouveaux-nés aux mutuelles qui garantissent une *dot aux enfants*. L'enfant qui entre dans la vie a droit à la sollicitude des parents. Affilié dès sa naissance à une société qui lui donnera, à sa majorité, un capital proportionné aux versements, il pourra choisir une carrière avantageuse et aplanir les difficultés du début. Cet homme nouveau qui prend un rang honorable parmi les combattants de la vie, grâce à la prévoyance paternelle, sera l'orgueil du père, la joie de la mère.

Les époux et les épouses devraient faire partie des associations dont les membres s'unissent en vue d'assurer des *secours à la veuve, aux orphelins, au mari* en cas de décès de l'un des deux époux. Celui qui va bientôt fermer ses yeux à la lumière éprouve des transes horribles à la pensée que ceux qu'il a aimés seront

ront, après lui, l'aiguillon de la dure et honteuse misère. La femme prévoyante éloignera l'angoisse redoutable en prélevant sur les revenus annuels la part qui, versée dans la caisse d'une mutuelle, assurera les ressources nécessaires à l'époux survivant et aux jeunes orphelins.

Grâce à l'association, chaque malheur aura son soulagement, chaque infortune sa ressource, chaque accident sa compensation. La femme prévoyante saura utiliser les bienfaits de la société actuelle pour son bonheur et celui de sa famille. Elle glorifiera les nobles âmes qui ont consacré leurs travaux et leur vie à adoucir les maux de l'humanité.

CHAPITRE XI

L'ÉCONOMIE

Nécessité de l'économie. — L'économie bien comprise fait apprécier les richesses à leur juste valeur. — Elle préserve de la prodigalité et de l'avarice. — Le luxe ; ses avantages et ses inconvénients.

Une sage économie doit inspirer un légitime attachement aux richesses et préserver d'une basse avarice. — Le travail et l'ordre procurent les ressources ; la prudence les utilise, l'économie les conserve. Au milieu du positivisme contemporain et du luxe généralisé, la question d'argent a pris une telle importance qu'il devient méritoire de savoir borner ses dépenses et conserver une part de ses revenus. L'économie est une vertu pratique bien nécessaire ; par elle, une part raisonnable des bénéfices sera préservée du gouffre de la dépense, et formera le capital de l'avenir, doux présent de la prévoyance actuelle à la nécessité future.

Maintenue dans un juste milieu, l'économie est une science précieuse qui supprime le superflu de l'existence, qui accorde l'utile sans regrets, qui thésaurise avec sagesse. Elle doit également s'écarter de la maxime du prodigue : « L'argent est rond, il est fait pour rouler », et de la devise de l'avare : « L'argent est plat, il est fait pour entasser. » L'une et l'autre appliquées à la lettre ont des conséquences déplorables.

Le prodigue, en dépensant follement son argent, se prépare et prépare à sa famille des jours malheureux. On ne saurait nier que les privations sont encore plus dures pour ceux qui ont vécu dans l'abondance que pour ceux qui ont passé leur vie dans la nécessité. Méconnaître le prix de l'argent est un tort bien grave, attendu que les avantages de la richesse sont évidents dans une société où les droits de propriété alimentaire, mobilière et immobilière sont acquis à beaux deniers comptants. Le rôle important que joue l'argent dans les transactions diverses lui donne un prix infini. Cette valeur vénale est capable de satisfaire des appétits vulgaires que dédaigne l'âme élevée ; cette valeur de l'argent est rehaussée et ennoblie par le bien dont il peut être l'instrument. Que d'infortunes secourues ! que de misères soulagées ! que de bonheur consolidé ! que d'âmes régénérées ! que d'esprits cultivés ! que de cœurs formés à la vertu par la puissance de... l'argent !

Le prodigue ne connaît de l'argent que les jouissances qu'il procure ; imprévoyant, il ne songe pas à l'avenir. L'argent glisse de ses mains sans but louable ou utile ; il sait même dépenser sans briller. Il est cependant juste de reconnaître qu'au milieu de ses largesses inconsidérées, le prodigue conserve souvent une âme élevée, capable de grandes choses, un cœur généreux, sensible aux maux d'autrui, une main secourable, toujours tendue vers les douleurs humaines. Sentiments nobles et beaux qui ne peuvent faire oublier le mal fondé de l'imprudence avec laquelle il se précipite aveuglément vers un avenir qui lui réserve de cruelles tortures! La sagesse blâme le prodigue et apprécie l'argent à sa valeur rationnelle : elle le considère comme un auxiliaire puissant dans les entreprises, mais non comme le terme de ses espérances.

L'avare entasse, rassemble, surveille et adore le bien dont il est l'esclave. Son bonheur est dans son trésor, ses désirs ne vont pas au delà. Compter et recompter sa richesse, en supputer l'augmentation : voilà sa joie. Devant cet or, sa faim s'apaise, ses besoins disparaissent; jamais il ne portera une main sacrilège sur ce dépôt sacré qui, jusqu'à sa mort, demeurera intact. D'ici là, le cœur se tait, l'esprit s'abaisse : insensible à ses propres maux, il ne saurait compatir à ceux d'autrui; préoccupé par la crainte des voleurs, il ne peut captiver son intelligence que sur les moyens propres à défendre, à conserver, à augmenter sa richesse. Plus malheureux encore que le prodigue, personne ne s'intéresse à lui; son égoïsme a tari la source de toute sympathie. On peut lui dire :

Tu sauras comme l'égoïste
Isolé dans son froid bonheur
Vit et meurt solitaire et triste
Sans se douter qu'il ait un cœur;
Comme la richesse inhumaine
Insulte au mérite indigent;
Comme enfin ce siècle d'argent
Au siècle de fer nous ramène.

(MILLEVOYE).

L'avarice a étouffé ses bons sentiments et avili son esprit : il ne peut concevoir une idée généreuse; il ne peut exécuter une action charitable. Honteux attachement à la matière! Elle devient le but des travaux et non le moyen de réaliser les hautes conceptions d'un esprit bon et élevé.

La prodigalité et l'avarice sont donc les hérésies d'esprits mal équilibrés qui ne savent pas apprécier, dans les richesses, les biens et les maux qu'elles procurent aux hommes ; ils ne savent pas glaner les uns et repousser les autres.

La femme sensée sait posséder la richesse sans en être possédée. Elle se conforme aux préceptes suivants : il faut aimer l'argent pour les biens qu'il nous offre et qu'il nous permet d'offrir à autrui ; il faut être son maître et non son esclave ; il faut le faire servir à l'utile et ne pas servir sa puissance immorale ; en un mot, il doit être le moyen employé par la sagesse pour arriver à ses fins et non le tyran qui soumet la sagesse à ses lois.

Ainsi compris, l'amour de l'argent est légitime. Après s'être appliquée à faire entrer dans la maison celui qui est la récompense du travail ou le résultat d'heureux héritages, la maîtresse de maison cherchera à le conserver par une sage économie. L'économie est un penchant naturel ou un effet de l'habitude ; on devient économe avec de la volonté, comme on devient prodigue par entraînement.

Principes dont l'application conduit à une sage économie. — L'économie est fille de la prévoyance. En vue d'assurer la prospérité de sa maison, la maîtresse appliquera ses soins vigilants à déterminer ce qui est nécessaire ou utile à sa famille ; elle l'accordera sans parcimonie, mais elle évitera toute dépense non justifiée par la nécessité ou l'utilité.

Son esprit s'étendra aux détails : la lampe qui brûle hors de propos, le pain qu'on jette aux déchets, les habits qu'on dégrade, le linge qu'on ne ménage point, les ustensiles qu'on détériore attireront son attention. Ces menues observations ne détourneront cependant pas son œil attentif de la surveillance de l'intendant qui manie son argent, du fournisseur qui fraude ses denrées, du marchand qui fait fausse pesée. *Il n'y a pas de petites économies*, dit le proverbe. Les petites s'ajoutant aux grandes, les bénéfices réalisés au bout de l'année seront importants; les annuités accumulées présenteront plus tard un capital vaillant qui sera la dot de la jeune fille ou la ressource du vieillard.

Combien peut-on citer de noms de personnages remarquables ou obscurs qui doivent au travail, à l'ordre et à l'économie la fortune qui caresse l'âge mûr et berce doucement une tardive vieillesse ! En tête, on peut nommer Franklin. Devenu riche et heureux par son labeur et sa sagesse, il a rédigé pour la postérité les principes qui servirent de règle à sa conduite; en voici quelques-uns :

« Veux-tu être riche, dit Franklin, songe à épargner autant qu'à gagner. — De grasse cuisine sort maigre testament. — Depuis que, pour la table à thé, les femmes ont négligé la quenouille et le tricot, les fortunes se dissipent à mesure qu'on les gagne. — Chassez les folles dépenses et vous aurez moins à vous plaindre que les temps sont durs, les impôts lourds, le ménage coûteux. — Il ne suffit pas de travailler, il faut encore être persévérant, sédentaire et soigneux ; il faut surveiller *ses propres affaires avec ses propres yeux et ne pas trop se fier à autrui.* — L'orgueil de la parure est une malédiction ; avant de consulter la fantaisie, consulte ta bourse. — Soie et satin, velours et hermine éteignent le feu de la cuisine. — Qui par la charrue veut s'enrichir doit la tenir et la conduire. — L'œil du maître fait plus de besogne que ses deux mains. — Faute de soin fait plus tort que faute de savoir. — Faute d'un clou, on perd le fer; faute d'un fer, on perd le cheval; faute de cheval, on perd le cavalier. — Qui a un métier a une terre; qui a un talent a une fortune donnant honneur et profit. — Activité est mère de bonne fortune et Dieu ne refuse rien au travail. — Se coucher tôt, se lever tôt donne santé, fortune et sagesse. — Avec de l'activité, on fait beaucoup plus de besogne et avec moins de peine. — La paresse rend tout difficile, le travail rend tout aisé. — Bon marché a ruiné bien des gens; c'est folie de dépenser tout son argent pour acheter un repentir. — *Achète ce dont tu n'as pas besoin, tu vendras bientôt le nécessaire.* — Soleil du matin ne dure pas toujours; tandis que vous le pouvez, épargnez pour l'heure de la vieillesse et du besoin. »

Bien que formulés dans un autre siècle, ces préceptes sont d'une actualité toute moderne. Si l'on demande à ces richissimes milliardaires qui, d'ouvriers ou petits employés, sont arrivés aux plus hautes situations financières, si on leur demande de faire connaître le secret de leur prospérité, tous répondront que l'application des principes de Franklin les a conduits à ces résultats qui excitent tant de stériles envies. Grâce au travail, à l'ordre, à la prévoyance, à l'économie, le bienfaisant Osiris a pu léguer à l'Institut Pasteur une somme de 25,000,000 de francs, représentant seulement une partie de sa fortune; cependant, au début de sa carrière, il était un modeste employé au traitement de 1,800 francs l'an.

Donc, travail, ordre, prévoyance et économie sont la base de toute fortune.

Quelle que soit la condition où l'on se trouve, il faut savoir modérer ses désirs; il n'est pas de fortune qui puisse résister au besoin incessant de dépenser. Le riche est pauvre et malheureux quand il ne sait pas mettre un frein à ses prodigalités; le pauvre est riche et heureux s'il sait se contenter du bien que le sort lui a donné : « Le savetier chantait. » Le véritable riche est celui qui sait régler ses dépenses sur ses revenus et garder sur ceux-ci la part de l'avenir.

Possédant des sentiments élevés, unis à une juste compréhension des nécessités de l'existence, la femme doit accorder à la richesse la sympathie qu'elle mérite, et la faire servir à remplir ses devoirs envers elle-même, envers sa famille et envers la société. Econome autant qu'avisée, elle saura accomplir ses obligations et grossir son capital de réserve. Egalement éloignée de la prodigalité et de l'avarice, thésauriser ne sera pas son objectif unique, elle accordera largement l'utile à sa famille, quelquefois l'agréable et même le superflu qui réjouit les cœurs, excite l'enthousiasme, fait un jour de fête de celui qui apporte une surprise douce et chère. Prélevée sur les économies, une superfluité ajoute au bonheur sans compromettre le progrès de la fortune.

On voit souvent le malheur planer et s'abattre autour de soi. La prudente économie n'a point desséché l'âme de la ménagère économe, sa main libérale s'ouvre pour soulager l'infortune, elle s'associe aux œuvres de bienfaisance, elle calme la douleur sous toutes ses formes. La part du pauvre sera prise sur le capital de réserve, qui grandira rapidement arrosé par les bénédictions émues de l'indigent.

Le luxe; ses avantages; ses inconvénients. — L'économie conduit à parler du luxe. Qu'est-ce que le luxe? Il est difficile de le définir et de préciser où il commence, où il finit.

L'idée de luxe varie avec le temps, avec les situations, avec les milieux. Que diraient les *vilains* du moyen âge s'ils pénétraient aujourd'hui dans la confortable et proprette maison de l'artisan? Que penseraient nos arrière-grand'mères si elles voyaient les tentures, les tapis, les mobiliers de nos appartements bourgeois? Ce que nous appelons simplicité aujourd'hui serait pompeusement décoré par nos ancêtres du nom de luxe princier. Les progrès de la civilisation ont changé les conditions de l'existence. Ce qui était luxueux jadis est modeste aujourd'hui; ce que nous trouvons grandiose aujourd'hui sera peut-être mesquin demain. Les appréciations relatives au luxe varient donc avec les époques.

Elles varient aussi avec les situations et les milieux; ce qu'on appelle luxe chez l'artisan serait ladrerie chez le riche opulent. La sagesse et le discernement permettent seuls de définir le luxe et d'en fixer les limites, en tenant compte des conditions, du milieu et des temps où on l'examine.

Le luxe est-il un bien? Le luxe est-il un mal? Il est peut-être exact de dire qu'en lui-même, il n'est ni un bien ni un mal. Il n'est un bien ou un mal que par l'usage qu'on en fait. Il est un bien s'il donne le pain à l'artiste; il est un mal s'il disperse follement les économies.

Le luxe est le décor imposé par les progrès de l'industrie, des sciences et des arts; il grandit nécessairement avec le développement de la civilisation. Les tombeaux égyptiens, les Pyramides, les Sphynx, etc., révèlent la marche ascendante de l'esprit humain; les gigantesques murailles et les jardins suspendus de Babylone la confirment; les merveilles d'Athènes et de Rome s'imposent à notre admiration. Tandis que ces monuments célèbres attestent le génie des peuples, les témoignages laissés par les contemporains de ces âges reculés parlent du progrès du luxe chez les particuliers.

A la barbarie et à la misère du moyen âge succèdent le bien-être et les splendeurs de l'époque actuelle. Les gouvernements ne sauraient entraver les progrès du luxe sans arrêter aussi l'essor de l'industrie, des beaux-arts, des sciences, des belles-lettres. Quel homme voudrait être le barbare ouvrier qui moissonne en boutons les belles fleurs artistiques, scientifiques et littéraires qui vont éclore ?

Arrêter le développement du luxe ne serait-ce pas tarir la source où de nombreux et intéressants travailleurs vont puiser le bien-être et la joie ? Si l'esprit humain n'appréciait pas les beautés des produits du talent et de l'industrie, ceux-ci n'auraient plus d'acquéreurs : les fabriques chômeraient, des milliers d'ouvriers seraient dans la misère. Non, le luxe n'est point un mal, attendu qu'il permet à l'argent du riche de passer chez le pauvre sans humilier ce dernier.

Pour qui travailleraient les grands maîtres en peinture, sculpture, décorations diverses, si les amateurs n'acquéraient leurs productions ? Que deviendraient les magnaneries, les fabriques de soieries, brocarts, velours, si les femmes riches ne sollicitaient leurs produits ? Parlerons-nous pour mémoire des bâtiments et des mobiliers ?..... Précieux asiles, doux et muets compagnons des joies et des douleurs humaines, souvenirs éternels des bonheurs et des malheurs passés, que vous êtes chers aux cœurs qui vous admirent ! Petits riens charmants et artistiques qui ornez nos foyers, vous attachez pour toujours nos âmes à l'abri familial !

Comment ne pas aimer ces gracieux décors, ces riches coloris, ces délicieux ornements, ces superbes sculptures, ces imposants édifices ? Les uns nous attachent à cet intérieur si doux, si chaud, si plein de charmes ; les autres, à cette nation grande et généreuse qui travaille pour la gloire de tous et le bonheur des plus humbles.

Supprimons le luxe, de tous côtés s'élèvent cris de détresse, misère, deuils, tristesse, désespoirs, froideurs qui tarissent tout transport : voilà le concert qui brise nos cœurs.

Laissons donc la civilisation continuer sa progression rapide. Le luxe n'arrêtera pas la prospérité du ménage si la femme en sait prudemment savourer les douceurs, si elle sait proportionner ses dépenses aux moyens dont elle dispose, réserver la part du nécessiteux, augmenter graduellement la fortune qu'elle possède, et n'employer au luxe qu'une petite part d'excédent.

Le luxe est même un devoir pour l'opulence qui, par ses dépenses, encourage les arts, nourrit les travailleurs, contribue à la dignité de la conduite de l'ouvrier et au progrès moral de tous ceux qui demandent à leurs mains et à leur intelligence habileté professionnelle et considération sociale.

CHAPITRE XII

LA DÉPENSE

Dépenses nécessaires. — Dépenses utiles. — Dépenses inutiles. — Des achats en général. — L'épargne.

La dépense en général

Nous avons admis que la maîtresse de maison doit toujours accorder le nécessaire aux membres de sa famille, même l'utile, et quelquefois le superflu. Examinons ce qu'on peut appeler : 1° *dépenses nécessaires;* 2° *dépenses utiles;* 3° *dépenses superflues.*

DÉPENSES NÉCESSAIRES

Importance d'une bonne santé. — La santé est le premier des biens; elle est la base du bonheur. La personne qui jouit d'une bonne santé peut produire un travail actif qui devient une source d'abondance. La personne maladive, non seulement ne peut pas travailler, mais elle est encore obligée de dépenser pour lutter contre le mal : il lui faut une nourriture choisie et dispendieuse, des potions désagréables et coûteuses.

La santé est aussi un élément de bonheur. Pour être heureux, il faut goûter des jouissances et n'avoir point de tourments. La personne qui souffre ne peut jouir pleinement, la douleur angoisse toujours son âme : de là l'expression de tristesse répandue sur les traits de la personne malade.

Souffrir est un mal bien grand; mais, si à la maladie s'ajoute la privation des remèdes utiles pour combattre le mal, une affliction morale vient s'ajouter à la souffrance physique. Malheureusement les personnes peu fortunées ont à subir ces deux sortes de tortures qui empoisonnent l'existence; la maladie traîne après elle le chômage et par conséquent la privation des ressources nécessaires pour éloigner le mal qui tourmente.

Il est donc de première importance de s'appliquer à développer les forces physiques chez l'enfant, de maintenir la santé chez l'adulte, de travailler à combattre la souffrance chez le malade.

Toutes les dépenses qui favorisent la santé sont nécessaires. — Puisque la santé est un bien si précieux, il est du devoir de toute ménagère de travailler à la procurer à sa famille. Les dépenses qui favorisent la santé se rattachent à la *nourriture*, au *vêtement*, au *milieu* où l'on se trouve.

La nourriture. — D'une manière générale, la nourriture doit être saine et abondante, savoureuse et reconstituante. Ces conditions dépendent de la nature des aliments employés et de leur mode de préparation, c'est pourquoi la ménagère doit posséder les notions d'hygiène et de sciences qui lui indiqueront les substances qui répondent le mieux à ces vues et la manière de les utiliser.

L'hygiène et les sciences ne peuvent que donner des notions générales; l'intelligence et la sollicitude de la femme sauront en faire une judicieuse application. Les principes généraux doivent subir des modifications qui varient avec les ressources et les tempéraments. Elle adaptera l'alimentation à l'état physiologique des personnes qui composent la famille, de manière que la nourriture produise les meilleurs effets. Ainsi, les dépenses faites pour procurer le nécessaire ne tourneront pas au détriment de l'organisme.

Connaissant les conditions les plus favorables à la santé, elle s'efforcera de les réaliser. *Les dépenses alimentaires n'admettent pas de parcimonie.* Il faut que chacun trouve à la table commune l'aliment qui doit réparer ses forces et fournir l'énergie propre à assurer l'exécution de nouveaux travaux. Pourvoir à l'alimentation n'implique pas de procurer des raffinements de gourmandise ; le premier est raisonnable, le deuxième est superflu, quelquefois même dangereux. La bonne ménagère optera sans restriction pour le précepte de la raison.

Le vêtement. — Le vêtement a pour rôle de préserver l'homme des intempéries et de contribuer à maintenir l'équilibre de température du corps. Il est rigoureusement nécessaire que cet équilibre soit maintenu. Il faut donc que le vêtement remplisse le but qui l'a fait adopler. Il doit toujours être souple, bien adapté au corps, chaud en hiver, léger et frais en été, perméable aux gaz, aux vapeurs, à l'eau.

Un vêtement trop léger en hiver peut provoquer des refroidissements dangereux. Un vêtement trop chaud en été peut donner lieu à des transpirations redoutables. La ménagère considérera comme une dépense nécessaire de fournir, en toute saison, à sa famille des vêtements conformes aux nécessités et aux règles de l'hygiène.

Le milieu. — Le soleil, la lumière, l'air pur sont les agents nécessaires à une bonne santé. Pour jouir de leurs bienfaits, il faut donc qu'ils arrivent librement dans la maison habitée et dans le milieu environnant : « Là où le soleil entre abondamment, le médecin n'y entre jamais », dit le proverbe. La ménagère qui veut donner la santé à sa famille aura soin de fuir les rues étroites, les lieux profonds, les maisons à petites ouvertures, le voisinage d'émanations insalubres.

Une maison à baies larges et nombreuses, située dans une rue dont la largeur égale la hauteur des édifices qui la bordent, et placée dans la partie élevée de la ville, coûte plus cher que celle qui se trouve enchevêtrée dans le fouillis des vieilles ruelles. Malgré l'excédent de dépense, la ménagère économe n'hésitera pas à opter pour celle qui présente les meilleures conditions hygiéniques. La santé procure la fortune ; elle veut la santé à tout prix, et s'impose courageusement la dépense qui permettra à la famille de respirer l'air pur qui lui donnera force et vigueur.

Une alimentation bien comprise, un vêtement adapté aux saisons, un logement hygiénique imposent des dépenses qui peuvent être considérées comme rigoureusement nécessaires.

Les dépenses imposées par la situation sociale sont nécessaires. — Les conditions sociales ont leurs exigences. Avec une égale fortune, certaine situation impose des dépenses inutiles dans une autre. Il faut donc tenir compte de la société avec laquelle on est en relations d'intérêt ou d'amitié. Au sujet des nécessités imposées par les diverses fonctions, on ne peut établir aucune règle fixe. La maîtresse de maison judicieuse saura discerner ce qu'elle doit faire et ce qu'elle doit éviter.

Les dépenses imposées par l'éducation des enfants sont nécessaires. — L'enfant qui se développe est le citoyen de l'avenir, le futur ouvrier, le futur père de famille. Il faut donc préparer à celui qui substituera à l'œuvre présente les conquêtes des temps prochains une destinée qui lui permette de remplir son rôle social avec dignité, et de contribuer aux progrès de la civilisation.

L'éducation et l'instruction fournissent les moyens d'accomplir avec conscience et intelligence le labeur que la société impose. L'œuvre d'éducation de la famille est grande et belle ; on ne saurait trop encourager le père et la mère à s'imposer, sans regret, les dépenses qui préparent un citoyen honnête et éclairé.

DÉPENSES UTILES

Il peut être utile et agréable d'avoir un logement fraîchement réparé, des pièces accessoires ; on est satisfait d'avoir un vêtement élégant ; on est heureux d'avoir de joli linge, un confortable mobilier ; on savoure le plaisir de consommer des primeurs, des mets exquis, etc. Ces satisfactions comportent des dépenses utiles ; la maîtresse de maison, avant de les inscrire dans son budget, comptera ses ressources : elle s'imposera toutes celles qu'elle peut légitimement accepter. Elle doit aimer à embellir judicieusement son intérieur, à lui donner du confort, à satisfaire les goûts particuliers de chacun : ainsi elle attache sa famille à son foyer. Doux plaisir, agréable récompense de ses sollicitudes !

DÉPENSES INUTILES

Toilettes dispendieuses, mobilier somptueux, fêtes, spectacles, tout le luxe, en un mot, voilà des dépenses superflues. Sans les proscrire, la maîtresse de maison les tiendra à l'écart : elle n'optera que pour celles qui sont autorisées par ses ressources budgétaires et par la nécessité de se créer un capital d'épargne qui sera la ressource de l'avenir.

Les dépenses superflues ne sont pas toujours inutiles. La vie a ses amertumes, le travail, ses rigueurs; l'esprit et le corps ne peuvent indéfiniment être satisfaits par le nécessaire et l'utile qui, malgré la joie intime qu'ils procurent à l'homme sérieux et rangé, finissent par laisser l'âme insensible à leurs douceurs. A celui qui a laborieusement peiné, à celui qui a courageusement souffert, il faut un délassement, une joie.

Une superfluité qui vient à propos fait oublier les fatigues et les tourments passés. La dépense occasionnée par l'acquisition de cet objet n'est pas inutile, puisqu'elle apporte joie, bonheur, ardeur renouvelée pour un nouveau travail ; il est donc raisonnable de la faire, si la somme nécessaire est prélevée sur les économies : l'épargne a pour but de préparer l'avenir, mais aussi d'adoucir le présent.

Il ne s'ensuit pas qu'on doive constamment s'appliquer à satisfaire un esprit envieux qui désire ce qu'il ne peut avoir. D'un rigorisme outré, il ne faut pas tomber dans l'excès contraire ; entre les deux, il y a une juste mesure.

Il faut sacrifier les vaines et ruineuses toilettes; mais à qui a bien travaillé il faut savoir accorder un colifichet, un costume convenable, lorsque les circonstances l'exigent. Il faut savoir se garder de l'entraînement qui porte à multiplier les objets d'art dans sa maison ; mais une belle statue, un joli meuble causent un plaisir infini et durable, s'ils sont dus à l'économie précédente. Une représentation artistique émeut l'âme, lui apporte mille douceurs et repose l'esprit que le travail a lassé ; l'abus du spectacle est onéreux pour la bourse et blase l'intellect sur les véritables beautés.

Dans le superflu, l'excès seul est blâmable et dangereux. Il y a dépense inutile à rechercher le faste dans les habits, dans l'ameublement, dans les réceptions. Il y a dépense inutile à multiplier le personnel de service au lieu de maintenir dans le devoir celui que l'on emploie. Il y a dépense inutile à abuser des fêtes, des spectacles, des bals, du jeu, des plaisirs, de la bonne chère. Il y a dépense inutile à réunir des collections dispendieuses, si une fortune imposante ne l'autorise. Il y a dépense inutile toutes les fois que, faute de soin, on laisse gaspiller les denrées, le combustible, on laisse détériorer le linge, les vêtements, les meubles, les ustensiles.

Il y a avantage à savoir acquérir le superflu à propos et avec modération, mais c'est un défaut condamnable de sacrifier la sécurité de l'avenir au luxe qui engloutit la prévoyante économie : celle-ci a pour règles la circonspection, la simplicité, la discrétion et le sentiment de ce qu'on doit à soi-même et aux autres.

Les achats en général

Moyens propres à obtenir le maximum de satisfactions avec le minimum de dépenses. — Ayant déterminé les ressources budgétaires, la ménagère doit prendre des dispositions pour utiliser son argent de la manière la plus profitable à la famille. Voici les moyens à employer : 1° *payer comptant;* 2° *éviter d'acheter au détail;* 3° *ap-*

précier les qualités des marchandises; 4° choisir les époques des achats.

Payer comptant. — C'est une louable habitude de payer comptant les marchandises achetées; ainsi on bénéficie d'une remise, bien faible sans doute, mais ces remises répétées souvent procurent de nouvelles ressources. L'achat au comptant permet à l'acheteur de choisir son fournisseur, d'opter pour celui qui offre les conditions les plus avantageuses et les meilleures qualités de marchandises. Il facilite aussi l'équilibre budgétaire, attendu que le porte-monnaie règle journellement la dépense. Il préserve encore de l'irrégularité des factures qui, lorsqu'elles sont établies par des gens de mauvaise foi, peuvent exagérer la dette.

Si la maîtresse de maison ne fait pas elle-même ses achats, elle peut avoir un débit chez l'épicier, le boulanger, le boucher, et envoyer sa domestique faire ses provisions, en faisant inscrire copie du débit sur un carnet spécial. Dans ce cas, elle doit, à chaque fois, vérifier l'inscription et acquitter la facture régulièrement tous les quinze jours ou une fois par mois.

Eviter d'acheter au détail. — En principe, il est bon d'acheter les marchandises en stock proportionné à ses dépenses; dans ce cas, le vendeur consent, sur le prix de détail, à une réduction dont bénéficie l'acheteur. Il y a donc économie d'argent à procéder ainsi; il y a aussi économie de temps : on n'est pas obligé de sortir souvent pour se procurer le nécessaire, ce qui avance la besogne.

Malgré ces avantages, on ne saurait recommander les provisions importantes pour toutes sortes de denrées. Il en est qui s'altèrent à la longue; celles-ci ne doivent être achetées qu'au fur et à mesure des besoins. On ne fera de provisions que des produits qui ne se dégradent pas à attendre leur emploi.

Il serait imprudent encore d'emmagasiner des étoffes pour vêtements : d'abord, les lainages courent les risques d'être dévorés par les teignes ; puis les coloris, les dispositions des dessins varient avec les saisons ; les confections se démodent avec le temps. Pour toutes ces raisons, les étoffes ne doivent être acquises qu'au moment où on juge opportun de remplacer les vieux vêtements par les nouveaux.

Les toiles pour lingeries, draps, serviettes, etc., ne présentent pas les mêmes inconvénients, on peut les acheter à l'avance. Il n'est pourtant pas bon d'en entasser de trop grandes quantités, d'abord parce que ces toiles inutilisées représentent un capital improductif, puis la fibre s'altère en vieillissant et résiste moins à l'usage.

Apprécier les qualités des marchandises. — On ne doit pas seulement rechercher le bon marché dans les marchandises que l'on acquiert, il faut surtout s'enquérir des qualités qu'elles présentent. Tel objet acheté deux fois meilleur marché qu'un autre peut être payé quatre fois plus cher quant à la qualité. En général, il faut se défier de ce qui se vend trop bon marché ; le marchand rattrape sur la qualité ce qu'il donne en quantité. Avant d'acheter, on doit examiner soigneusement l'objet et ne se décider à l'acquisition qu'à bon escient. Pour éviter les surprises, il faut souvent comparer des objets de même nature, afin de s'habituer à reconnaître les qualités qui les recommandent à l'acheteur.

Choisir les époques des achats. — Il est des moments plus favorables que d'autres à l'acquisition de produits divers. Suivant la nature des denrées, suivant le pays où l'on se trouve, il faut savoir profiter des circonstances où les marchandises de même qualité sont vendues à plus bas prix. L'expérience sera le meilleur guide pour indiquer les occasions dont doit profiter la ménagère, afin de réaliser des économies judicieuses qui ne portent que sur le prix d'acquisition et non sur la qualité de l'objet.

Il est aussi des occasions qui permettent quelques bénéfices, si on sait se réserver un peu d'argent. Certaines liquidations de lingerie, de toiles, de mobilier et autres objets qui ne se dégradent pas en demeurant sans usage offrent des conditions avantageuses, si on peut disposer de quelques sommes sans négliger le nécessaire. Ainsi on peut avoir à bon marché des objets qu'on utilisera à plus ou moins longue échéance.

Le goût de la femme doit suppléer à la rigidité du budget. — Un budget trop modeste ne peut satisfaire les goûts même légitimes des divers membres de la famille. La femme intelligente, éclairée par les lumières d'un esprit ingénieux et d'un cœur dévoué, saura trouver le moyen de remplacer sans frais le meuble utile ou le vêtement convoité. Une armoire qui manque sera remplacée par quelques étagères placées dans un coin obscur, et masquées par des tentures légères, drapées avec art. Une table de toilette sera organisée sur une table sans usage, embellie par des ornements peu coûteux. Un vieux vêtement sera défait, retourné, retaillé et confectionné avec soin ; il remplacera le modèle désiré que le budget refuse. Ainsi, même dans la médiocrité, la famille jouira d'une discrète élégance qui chassera l'envie, triste compagne et détestable conseillère.

L'épargne

Les sommes économisées ne doivent pas demeurer sans emploi. — Les spéculations habiles de la maîtresse de maison, ses habitudes d'ordre et d'activité, lui permettront de réaliser des économies sur son budget annuel. Les sommes mises en réserve ne doivent pas demeurer entassées dans le coffre-fort ; elles doivent, par leur rapport, augmenter les revenus et le bien-être de la famille.

Dès qu'elle aura réalisé une somme suffisante, elle devra s'empresser de l'utiliser en achetant, soit des fonds d'Etat, soit des titres d'industrie, soit des immeubles productifs d'intérêt. Les fonds d'Etat offrent toute la sécurité désirable, attendu qu'ils sont garantis par la nation elle-même.

Les titres industriels comprennent des actions et des obligations. Les actionnaires ont part aux bénéfices et aux pertes de la société proportionnellement à leurs mises. Les porteurs d'obligations ont droit à un intérêt annuel constant, sans participer aux bénéfices ni aux pertes des actionnaires.

Les actions industrielles sont quelquefois susceptibles d'une plus-value considérable; exemple : les actions de la Compagnie du Canal de Suez, émises à 500 francs, valent actuellement environ 4,600 francs ; par contre, les actionnaires de la Compagnie du Canal de Panama ont eu d'amères déceptions, les capitaux engagés ayant sombré dans une ruineuse entreprise. Les actions font courir aux porteurs des chances plus ou moins heureuses; ainsi, en quelques cas rares, une action peut réaliser une modeste aisance, telle l'action *Assurances générales (vie)*, émise à 500 francs, vaut actuellement plus de 28,000 francs. Considérant les aléas que présentent les sociétés industrielles, il est important de n'acheter des actions qu'après avoir pris conseil d'hommes expérimentés, et de ne s'engager qu'à l'égard de compagnies qui offrent des garanties sérieuses.

Outre les fonds d'Etat, on peut considérer comme

placements de tout repos les obligations émises par les grandes villes, celles des grandes compagnies de chemins de fer, celles de la Banque de France, du Crédit Foncier, celles des grandes compagnies minières, etc. Les titres ci-dessus énumérés offrent une grande sécurité, mais donnent généralement un faible revenu. Ils doivent néanmoins être préférés à ceux qui offrent des rendements supérieurs et qui font courir des chances beaucoup plus aléatoires.

Les Caisses d'Épargne n'acceptent en dépôt que de petites sommes ; aussi ne peut-on y placer que le mince capital qu'on veut tenir à sa disposition pour le moment de la nécessité.

Enfin, lorsqu'on possède une somme assez importante, on peut acquérir une maison susceptible d'être louée à un taux convenable, une terre capable d'un rapport rémunérateur.

En utilisant ainsi ses réserves, on évite les dangers que courent les trésors entassés chez des particuliers et on se procure de nouvelles ressources annuelles. Une modeste somme de 1,000 francs, placée au taux de 4 0/0, donne un rendement de 40 francs par an ; ces 40 francs viennent grossir le budget de la ménagère, et permettent d'ajouter quelque douceur à son régime, quelque décor à son intérieur.

La famille est sensible aux petites gâteries qui, les jours de fête, apparaissent sur la table ; elle prise à sa juste valeur le bibelot inutile mais décoratif. On aime les ornements qui embellissent la demeure, charment nos yeux et rendent plus intimes et plus forts les liens qui nous attachent au foyer.

CHAPITRE XIII

BUDGET DE LA MAITRESSE DE MAISON

La recette et la dépense. — Le rôle de la femme dans l'équilibre budgétaire. — Comptabilité du ménage. — Budget des recettes et des dépenses. — Livres à tenir.

Répartition générale des recettes et des dépenses. — Un budget, même avec une somme déterminée, ne peut être établi de manière à s'adapter à tous les ménages. Les nécessités varient avec les situations; ainsi, un revenu annuel de 6,000 francs peut être considéré comme une fortune pour un modeste ménage de trois personnes vivant simplement à la campagne, tandis que cette même somme, 6,000 francs, étant le revenu où doit puiser toutes ses dépenses une famille de trois personnes vivant à la ville et fréquentant la société élégante, cette même somme, dis-je, sert à couvrir « une misère dorée ».

Nous allons prendre 6,000 francs et 3,000 francs comme revenus et établir un budget dans les conditions ordinaires. Nous ferons observer que, pour la ménagère, la base de son administration doit être de réaliser tous les ans une petite économie, en rendant heureux et contents ceux qui l'entourent.

La distribution des divers crédits se fera, au début de l'année, sur une somme égale au montant total des revenus diminuée de l'économie à réaliser. Il est important que la jeune femme qui fonde un ménage effectue de fortes économies dans les premiers temps du mariage, alors que les charges sont légères. Les enfants qui peuvent survenir augmenteront la dépense dans l'avenir; il est juste de prévoir cette circonstance et d'établir son budget de manière que l'équilibre puisse toujours exister, même en présence des charges futures.

Un jeune ménage doit s'appliquer à réaliser au début

une économie de 30 0/0 environ sur le revenu brut; s'il vient un enfant, l'économie sera seulement de 20 0/0; mais, quelles que soient les charges, la maîtresse de maison doit régler sa dépense de manière à économiser annuellement 10 0/0 du revenu brut. En général, tout budget peut approximativement se répartir dans son ensemble de la manière suivante : loyer, environ 1/8 du revenu total; nourriture, 1/3 du revenu; entretien, vêtements, lingerie, 2/10; chauffage et éclairage, 1/30; service, 1/20; dépenses diverses, 2/30 environ.

Il faut cependant admettre que la somme consacrée à la nourriture absorbe une part relative de plus en plus grande à mesure que le revenu général s'abaisse; elle peut s'élever à moitié du revenu total.

MÉNAGE DE 3 PERSONNES		MÉNAGE DE 3 PERSONNES	
Revenu total..........	6.000f	Revenu total..........	3.000f
Économie............	1.200	Économie............	600
Somme annuelle à dépenser............	4.800f	Somme annuelle à dépenser............	2.400f
Loyer et impôts.......	700f	Loyer et impôts.......	300f
Nourriture............	2.000	Nourriture............	1.300
Entretien mobilier, vêtements, linge.......	800	Entretien mobilier, vêtements, linge......	300
Chauffage et éclairage..	220	Chauffage, éclairage...	150
Service.............	300	Service.............	120
Voyages et plaisirs....	600	Plaisirs..............	100
Frais divers..........	180	Frais divers, médecine,	130
Total des dépenses.	4.800	Total des dépenses.	2.400
Économies...........	1.200	Économies...........	600
TOTAL........	6.000f	TOTAL........	3.000f

Si la famille est composée d'un grand nombre de personnes, l'économie sera réduite dans les proportions indiquées plus haut, les dépenses seront élevées de la même somme.

Avec de l'ordre, du savoir-faire et de l'économie, un

petit ménage de trois personnes peut quelquefois augmenter l'économie prévue dans le budget. En revanche, un ménage composé de huit ou neuf personnes se verra dans la nécessité de supprimer l'économie et d'augmenter la dépense.

Le travail de la femme peut établir l'équilibre budgétaire. — Dans un ménage où les charges sont trop lourdes pour de maigres revenus, on ne saurait assez encourager la femme à utiliser ses talents pour subvenir aux besoins de la famille. En présence de ce sujet palpitant et des préjugés qui empêchent une femme *du monde* de gagner un salaire, je laisse parler l'intelligente et judicieuse Mme Louise Rousseau :

« Dans certaines classes de la société les moins fortunées, mais non les moins intéressantes, il est parfaitement admis qu'une femme peut travailler. Mais dans d'autres, dans ce qu'on est convenu d'appeler *le monde*, aucune femme n'oserait le faire ; non par crainte de déchoir, mais simplement par peur du ridicule et du mépris..... Du mépris de qui, s'il vous plaît ?..... Des vaniteux, c'est-à-dire des sots !

« En quoi, je vous prie, la femme parfaitement distinguée de cœur, d'esprit et de manières, sera-t-elle méprisable parce que son intelligence, son talent ou son adresse lui auront permis de venir en aide à son mari, à ses enfants ? Hélas ! ces ridicules préjugés sont tellement ancrés dans la société que des institutrices, des artistes, des musiciennes de talent, ayant épousé, sans grande fortune, des hommes d'une position dite libérale : officiers, magistrats, médecins et avocats sans clientèle, sont obligées de supporter et de laisser supporter aux leurs une quasi-misère dorée, plus triste que la vraie misère, parce qu'il est presque défendu à ces femmes-là d'employer leur talent et leur courage à subvenir aux besoins de leurs enfants. Ce serait une déchéance. Ah! comme je l'aime et comme je la vénère cette déchéance, et comme je trouve méprisables tous les êtres « pseudo-distingués » qui exercent leur stupide ironie contre les femmes qui travaillent !

« Beaucoup pensent comme moi, j'en suis certaine ; mais voilà, les femmes, ces êtres de toute bonté, sont souvent braves dans le malheur et devant le danger, mais lâches en face de l'opinion d'une vaniteuse ou d'un sot..... C'est dommage ! » (*Journal de l'Université*).

Il est désirable que les idées sensées exprimées par Mme Louise Rousseau pénètrent toutes les classes de la société. Le jour où, dans toutes les castes, hommes et femmes seront persuadés que le travail et l'initiative personnelle constituent la vraie noblesse, la vraie grandeur, la ménagère n'aura plus la désespérance de constater que, malgré les plus austères privations, son budget est en constant déficit. Dans les cas de nécessité, l'apport de la femme établira l'équilibre budgétaire.

Comptabilité du ménage. Livres à tenir. — Le tableau des recettes et la répartition des dépenses que nous venons d'indiquer peut s'appeler les prévisions budgétaires. Pour se conformer au projet établi, on doit se rendre compte chaque jour des dépenses faites dans la journée ; chaque mois, des dépenses mensuelles, et en fin d'année, dresser l'état récapitulatif des entrées et des sorties de la caisse.

Il n'est cependant point nécessaire de compliquer les écritures ni d'établir une véritable comptabilité commerciale ; il faut que la maîtresse voie clair dans la situation financière : voilà l'important. Les états comparatifs des dépenses mensuelles lui permettront de réduire la dépense dans les articles où les crédits auront été dépassés ; ainsi elle établira un système de compensations.

Par exemple, si, au crédit *Entretien des vêtements*,

il y a, au mois de janvier, excédent de dépense, les mois de février et mars devront avoir un minimum qui permettra d'établir l'équilibre trimestriel. De même pour tous les autres crédits ; l'important est que les dépenses annuelles ne dépassent pas les recettes prévues.

Les livres de comptabilité seront la *main-courante*, le *journal*, le *grand-livre*.

La *main-courante* sera un carnet où la ménagère inscrira exactement toutes ses dépenses journalières. Elle choisira une heure dans la journée, le soir à la veillée par exemple, pour inscrire tous les objets achetés et leur prix de revient, toutes les recettes opérées.

Le *journal* représentera en détail les opérations du mois, quant aux divers articles séparément.

En tête de la comptabilité mensuelle, on établira un compte spécial où figureront toutes les recettes prévues ou imprévues, ces dernières étant inscrites au fur et à mesure de leur entrée dans la caisse. Comme dans le modèle ci-dessous, au haut de la page on inscrit la somme attribuée à chaque crédit ; à la suite, les dépenses faites.

Soit, par exemple, l'article du budget *Entretien du mobilier*. Une feuille sera attribuée aux inscriptions des articles se rattachant au titre.

Entretien du mobilier, linge, vêtements. — Crédit affecté : 800 francs.				
MOIS	JOURS			TOTAL DU MOIS
JANVIER	1	5 mètres d'étoffe p. robe à 8 fr.	40 »	
	2	Mercerie..........................	2 »	
	10	Blanchissage du linge.........	20 »	
	18	1 paire gants.....................	3 »	
	24	7 mètres zéphyr à 0 fr. 50....	3 50	
	30	10 mètres cretonne à 0 fr. 80	8 »	76 50
FÉVRIER	6	1 pantalon homme..............	25 »	
	13	3 douzaines linge cuisine....	20 »	
	19	1 descente de lit................	15 »	
	25	2 fers à repasser à 0 fr. 75....	1 50	61 50
MARS				

On continue les inscriptions jusqu'à la fin de l'année.

Les totaux mensuels permettent de voir, d'un coup d'œil, les dépenses faites et le crédit restant.

Chaque article du budget a son débit spécial.

Le *grand-livre* servira à faire le relevé total des recettes et des dépenses mensuelles :

DÉPENSES GÉNÉRALES

			TOTAL DU MOIS
JANVIER	Blanchissage	10 »	
	Boucherie	60 »	
	Vêtements	200 »	
	Volailles	50 »	
	Pâtisserie	10 »	
	Pain	30 »	
	Chauffage et éclairage	50 »	400 »
FÉVRIER	Epicerie	20 »	
	Vin	100 »	
	Boucherie	30 »	
	Mobilier	200 »	350 »

Un tableau analogue sera fait pour les recettes.

D'après les totaux des relevés mensuels, la maîtresse de maison pourra facilement établir ses balances de fin d'année, connaître l'état de sa caisse, et les articles dont les prévisions doivent être modifiées.

En cas de contestation juridique, elle aura dans sa comptabilité un témoin qui attestera en faveur de sa probité.

ENSEIGNEMENT MÉNAGER

Sa nature. Son utilité. — Le soin d'entretenir les meubles, le linge, les vêtements, et la préparation des aliments, sont des occupations essentiellement pratiques ; aussi nous passerons rapidement sur ces questions, dont la science est toute maternelle et qui sont surtout apprises dans la famille, ou dans des exercices spéciaux que toutes les maisons d'éducation devraient organiser en vue d'y appliquer les jeunes filles.

Il serait excellent, en effet, que, durant des périodes déterminées, les élèves pussent se rendre les unes à la lingerie, les autres à la buanderie, celles-ci à la cuisine, celles-là aux provisions ; ces groupes alterneraient leurs fonctions, et, à la sortie de l'école, les jeunes filles connaîtraient la science pratique du ménage. Ainsi, les établissements d'éducation prépareraient de vraies maîtresses de maison qui joindraient aux connaissances littéraires et scientifiques l'art vrai de tenir un intérieur et de préparer de bons repas, talent autrement précieux à l'ouvrier que celui qu'étalerait sa fille en dissertant sur les Capétiens ou en commentant Balzac et Montaigne.

Cet enseignement pratique a fait ses preuves. Dans plusieurs écoles, dites écoles ménagères, les élèves sont habituées aux soins du ménage. Il est à désirer que cette méthode se généralise dans la mesure compatible avec les études, et que les jeunes filles qui quittent l'école emportent avec elles le précieux talent de savoir faire les provisions, de savoir confectionner lingerie et vêtements, de savoir donner un cachet d'élégance à leur mobilier et de savoir organiser de confortables repas.

Il manquera sans doute encore à leur science ménagère l'habileté que donne un long exercice, mais cet enseignement aura préparé leur esprit à faire fructifier rapidement les leçons dues à l'expérience personnelle, acquise en dirigeant soi-même les travaux du ménage.

CHAPITRE XIV

DE L'AMEUBLEMENT ET DU VÊTEMENT

Entretien du mobilier, des étoffes et du linge. — Vêtements, raccommodage. — Machine à coudre. — Lessive et repassage.

Choix du mobilier. — Avoir une maison saine et agréable, l'orner d'un mobilier élégant et confortable, tel est le rêve de la maîtresse de maison.

On ne saurait établir des règles fixes relativement au mobilier. Suivant les sommes qu'on y consacre, on peut avoir un mobilier somptueux, élégant ou simple ; quel qu'il soit, il peut toujours être de bon goût. L'hygiène prescrit de ne pas exagérer le nombre des meubles et bibelots à placer dans un appartement. Il faut que l'air puisse circuler facilement partout, et que la multiplicité des objets à entretenir ne soit pas un obstacle à la propreté journalière.

Un appartement complet comprend une cuisine, une salle à manger, un salon et une ou plusieurs chambres à coucher. Les meubles usités dans ces pièces respectives n'ont pas à être énumérés pour être connus.

La plus grande circonspection doit être apportée dans le choix des meubles. Avant de se déterminer à l'acquisition, il faut apprendre à connaître la valeur du mobilier relativement à la nature du bois, au mode de fabrication, au style auquel il se rattache. Avec ces connaissances, on peut évaluer plus sûrement la valeur réelle de celui qui plaît au goût et choisir celui qui répond le mieux au sacrifice pécuniaire qu'il impose. Les meubles ont une longue durée; aussi devra-t-on préférer un bois dur, une exécution soignée à l'apparat de ces meubles coquets et fragiles. Il est préférable d'acheter peu d'objets, mais de les choisir solides, gracieux, confortables. Il n'est pas nécessaire d'encombrer un appartement de meubles plus ou moins hétéroclites; le goût artistique aura bien plus d'agrément à voir peu d'objets, et à retrouver en eux les règles de l'esthétique et de la discrète élégance, qu'à promener le regard sur nombre de bahuts et décors vulgaires et sans valeur.

Possédant ces principes généraux, que chaque maîtresse de maison choisisse son mobilier suivant les indications de ses connaissances, de l'art, de la raison et les ordres de sa bourse.

Quant aux tentures, ornements charmants et agréables, l'hygiène les condamne, les considérant comme l'habitat de poussières et germes dangereux. Si on passe outre aux prescriptions de l'hygiène, on doit choisir des tentures de couleurs claires, d'étoffes lavables, et les soumettre à de fréquents nettoyages.

L'ameublement doit s'harmoniser avec la maison, les ressources personnelles et le milieu où l'on vit. Dans un petit et modeste appartement, on ne peut installer un somptueux mobilier; dans une élégante maison, un mobilier trop rustique ferait mauvaise figure. Que le mobilier soit simple ou riche, il peut toujours posséder une élégance qui appartient à tous les milieux : la propreté, le lustre dû aux soins journaliers, la bonne disposition résultant du goût personnel.

Si l'on ne peut remplacer les meubles décrépits, il

faut posséder l'art de dissimuler ce qu'ils ont de défectueux, au moyen de décors dus à l'ingéniosité de l'esprit : ici, une légère draperie cachera une dégradation, là, un vase masquera une fêlure, ailleurs, une tapisserie couvrira un dommage. Inspirée par son bon goût, la maîtresse de maison saura exécuter des travaux artistiques qui remplaceront heureusement les ornements dispendieux : la peinture, la broderie, la pyrogravure, l'art de travailler le carton, le cuir, lui viendront en aide et lui permettront d'exécuter ces mille petits objets qui témoignent de son intelligente initiative, embellissent et égaient son intérieur. Et la modeste fleur des champs, avec ses riches coloris, ses suaves aromes, sa tige délicate et flexible, ne viendra-t-elle pas lancer la note harmonieuse dans cette muette et attachante symphonie?

Indépendamment de ces combinaisons heureuses qui parent le logis et ravissent l'œil, il faut savoir conserver aux meubles le brillant qui leur convient. Les meubles sont cirés ou vernis ; aux uns et aux autres, il faut donner l'éclat du neuf.

Entretien du mobilier. Meubles cirés ou vernis. — Quoique vieux, les meubles cirés peuvent avoir un aspect agréable si on a soin de les épousseter avec soin, de les frotter avec une étoffe de laine et de les brosser fréquemment. Il faut aussi, à longs intervalles, y passer de l'encaustique qui, sous l'action de la brosse, leur donne du brillant.

L'encaustique se prépare de la manière suivante : émincer de la cire avec le couteau, la dissoudre dans l'essence de térébenthine dans laquelle on la laisse macérer pendant vingt-quatre heures. La cire étant bien dissoute, on répand le mélange très étendu d'essence de térébenthine et très liquide sur les meubles avec une étoffe de laine ; on laisse sécher et on brosse. On ne doit jamais placer ce mélange sur le feu ; l'essence, étant très inflammable, pourrait causer des accidents.

Si les meubles sont vernis, on peut les mettre en bon état en y passant une couche de vernis au moyen d'un pinceau, après les avoir frottés fortement pour enlever la poussière. On fait disparaître les taches qui peuvent accidentellement se produire en les imbibant d'un mélange de vernis et d'essence de térébenthine.

Parquet. — Le parquet est un décor, s'il est en bon état. L'hygiène et le bon goût recommandent les parquets cirés.

Le frottement quotidien de la brosse fait disparaître les poussières qui pénètrent dans les fissures et empêche les microbes d'y séjourner. On cire le parquet avec un encaustique analogue à celui qu'on emploie pour le mobilier.

Si le parquet n'est pas ciré, il faut avoir soin de le laver fréquemment avec une légère lessive de cristaux de potasse qui nettoie le bois et détruit les microbes.

Il faut proscrire le balayage à sec, et n'enlever la poussière qu'avec un balai mouillé.

Les bois. — Les larves des vrillettes creusent des galeries dans les bois et les criblent de petits trous. On protège les boiseries en les lavant fréquemment à l'essence de térébenthine, et les recouvrant ensuite d'une couche de vernis ou d'encaustique, suivant que le meuble est ciré ou verni.

Glaces. — On nettoie les glaces avec une étoffe fine mouillée d'eau vinaigrée ou imprégnée d'alcool dénaturé.

Cuivres. — Frottés avec du tripoli, ils acquièrent le brillant qui leur est propre. On peut aussi utiliser le *brillant belge* et quelques autres préparations. L'eau de cuivre produit un bon décapage.

Argenterie. — Frotter avec un linge fin recouvert d'une fine poussière de blanc d'Espagne.

Les vêtements

Le vêtement et la mode. — Le vêtement doit avoir un rôle hygiénique. La vanité et l'irréflexion ont dénaturé ce rôle primitif. Le vêtement est souvent : 1° *un instrument de torture;* 2° *un dispensateur de maladies;* 3° *un ennemi de la beauté naturelle;* 4° *une cause de ruine.*

Il est un instrument de torture. — Que penser de ce corset qui déforme la taille, comprime l'estomac, le foie et exerce une pression sur les organes de l'abdomen ? Que penser de ces petits souliers qui emprisonnent de grands pieds ? ou de ces talons qui ne permettent aux pieds d'appuyer sur le sol que par l'extrémité ?

Il est un dispensateur de maladies. — Ne voyez-vous pas cette gorge découverte pendant une fraîche brise d'automne? La pneumonie et la bronchite peuvent frapper les voies respiratoires qui s'offrent sans obstacle à leurs coups. Nombre de fins prématurées n'ont d'autre cause qu'une imprudente coquetterie satisfaite.

Hélas ! que j'en ai vu mourir de jeunes filles !....
Que j'en ai vu mourir ! L'une était rose et blanche.....
L'autre, faible, appuyait d'un bras son front qui penche...
Une surtout : un ange, une jeune Espagnole !.... .
Un œil noir, où luisaient des regards de créole.....
Elle est morte à quinze ans, belle, heureuse, adorée. ...
Elle aimait trop le bal, c'est ce qui l'a tuée.....
Mais, hélas ! il fallait, quand l'aube était venue,
Partir, attendre au seuil le manteau de satin.
C'est alors que souvent la danseuse ingénue
Sentit en frissonnant sur son épaule nue
Glisser le souffle du matin.....
Elle est morte à quinze ans, belle, heureuse, adorée.....
Vous toutes qu'à ses jeux le bal riant convie,
Pensez à l'Espagnole éteinte sans retour.....

(Victor Hugo.)

Le souffle du matin et le souffle du soir ont souvent apporté la maladie qui a moissonné tant de jeunes existences dont l'avenir eût été heureux et riant.

On doit faire taire la coquetterie et abriter le corps contre l'insulte des frimas.

Afin d'étaler une taille de sylphide, la jeune étourdie revêt la large ceinture et l'étroit corset qui compriment les organes, les vaisseaux sanguins et peuvent provoquer de graves désordres. Supprimons le corset trop étroit et laissons à la taille son développement normal.

Il est un ennemi de la beauté naturelle. — Comparons les formes d'une gravure de modes à l'éternelle beauté de la Vénus de Milo. L'admiration de celle-ci a survécu à tous les siècles ; le ridicule de celle-là est de tous les temps.

Il est une cause de ruine. — Peut-on calculer le nombre de femmes qui, pour sacrifier à leur idole favorite, oublient tous leurs devoirs ? Ces toilettes tapageuses, ce luxe dispendieux sont le bien-être qui s'éteint peu à peu dans les miroitements de la soie, dans la finesse des dentelles, dans l'éclat des coloris, dans les feux des brillants. Bagatelles vaines et oiseuses ! Elles captivent un esprit léger et coupable ! Bientôt elles s'effritent et s'effacent laissant la porte ouverte à la ruine, à la misère et aux poignantes douleurs qui voyagent de compagnie.

La femme sérieuse sait accommoder une toilette d'une discrète élégance aux exigences de l'hygiène, du goût et de la bourse. Elle sait se garer des entraînements irréfléchis causés par les nuances nouvelles, les confections à la mode, les tissus vaporeux, les froufrous des satins. Avec un sens exquis de ce qu'elle doit à sa dignité et à sa famille, elle a toujours un vêtement approprié aux circonstances. La simplicité de l'habit d'intérieur sera relevée par une propreté délicate et une disposition gracieuse. Les habits destinés à être portés au dehors n'attireront pas les regards par l'éclat des couleurs, la prétention des ornements, ils auront une coupe élégante, des décors sans recherche exagérée.

Ce n'est point dans les mailles d'un tissu que la femme sensée emprisonne son bonheur. L'étoffe et les parures sont pour elle les serviteurs obligés des situations sociales ; elle sait les disposer avec grâce et talent pour les contraindre à remplir heureusement leur rôle, mais elle sait aussi les sacrifier de bon cœur lorsque le bonheur de sa famille comporte d'autres soins.

Se contentant alors du nécessaire, elle aura toujours pour elle et pour les siens un habit d'intérieur, un habit pour les sorties ordinaires, un habit pour les fêtes et les cérémonies. La volonté et l'ordre de la ménagère leur permettront d'avoir une longue durée ; le bon goût y saura pratiquer, d'une manière opportune, les retouches nécessaires au moment où ils seront utilisés. Au reste, elle ne fait point ses délices des caprices de la mode ; noble cœur, elle place plus haut ses aspirations !

En présence de la frivole qui n'admire que les parures nouvelles, les chatoyantes nuances des étoffes, la beauté de ses perles, l'éclat de ses saphirs, la femme sérieuse, dans une toilette simple et digne, est vraiment heureuse et belle lorsqu'elle peut dire, comme la fière Romaine, fille de Scipion, en montrant ses beaux et vigoureux enfants : *Voilà mes trésors ! voilà mes ornements !* Et, désignant son gracieux foyer, elle ajoute : *Voilà ma joie !*

Ainsi, avec une dépense très réduite, la femme habile, la mère dévouée saura satisfaire aux exigences de sa condition sociale, aux besoins de sa famille et de son ménage.

Entretien des étoffes et du linge

Tentures. — Les tentures doivent être l'objet de soins imposés par l'hygiène et l'économie. L'hygiène recommande de n'y point laisser séjourner les poussières qui peuvent faciliter l'évolution des microbes ; il faut donc battre et brosser fréquemment les tentures. Les rideaux, les baldaquins doivent être démontés deux fois l'an ; ils doivent être battus et brossés fortement au grand air et loin de l'habitation.

Les étoffes des fauteuils, des chaises, des canapés doivent aussi être battues et brossées souvent.

L'obscurité facilite l'éclosion des parasites et des micro-organismes; aussi doit-on laisser pénétrer l'air et la lumière pour éviter la multiplication des espèces nuisibles.

Les fourrures. Les lainages. — Les lainages et les fourrures peuvent nourrir des parasites qui les mettent hors d'usage; ces parasites sont les dermestes et les teignes. Il faut les préserver de leurs ravages en faisant périr les œufs qu'ils déposent sur les étoffes. On parvient à garantir les tissus des déprédations dues aux insectes en visitant fréquemment les lainages et les fourrures, particulièrement pendant l'été, époque privilégiée pour leurs déprédations. Les étoffes doivent être fréquemment brossées, aérées. On peut aussi les enfouir avec les fourrures dans des caisses hermétiquement closes, avant que l'insecte ailé y ait déposé ses œufs. La poudre de pyrèthre, la naphtaline contribuent à la destruction des larves.

Les matelas, les couvertures, les édredons. — Les dermestes et les teignes attaquent encore la laine des matelas, des couvertures, les duvets des édredons, les plumes de la literie; il est nécessaire d'aérer et de battre fréquemment ceux de ces objets qui ne sont pas d'un usage constant.

Taches. — Lorsqu'un accident a produit une tache sur une étoffe, celle-ci perd de son agrément ; il faut s'appliquer à la faire disparaître. Les procédés à employer son différents suivant la nature de la tache. On peut distinguer : 1° les *taches ordinaires ;* 2° les *taches graisseuses;* 3° les *taches albumineuses ;* 4° les *taches de couleurs à l'huile ;* 5° les *taches de matières colorantes ;* 6° les *taches de rouille ;* 7° les *taches des acides.*

Taches ordinaires. — Ces taches de poussières humides plus ou moins colorées disparaissent facilement sous l'action de l'eau pure.

Taches graisseuses. — On humecte l'étoffe avec un morceau de flanelle imbibée de benzine, d'alcool, d'ammoniaque ou d'essence de pétrole ; on imprègne fortement le tissu de liquide et on frotte légèrement jusqu'à la disparition de la tache. Si l'étoffe peut être lavée, l'eau et le savon la font disparaître.

Taches albumineuses. — Dans ce groupe, on range les taches de sang, d'œufs, de gélatine, d'albumine. L'eau pure suffit pour les faire disparaître.

Taches de couleurs à l'huile. — Ces taches sont solubles dans l'essence de térébenthine, mais il faut avoir soin de se servir d'essence épurée. Le nettoyage peut être terminé à l'eau et au savon si l'étoffe a une couleur bon teint.

Matières colorantes. — Les taches de vin, de fruits qui colorent les étoffes peuvent disparaître sous l'action de l'eau chlorée (dissolution de chlorure de chaux), ou du gaz sulfureux si le tissu est blanc ; s'il est coloré, le chlore et le gaz sulfureux font disparaître à la fois la tache et la couleur propre au tissu. Après le lavage à l'eau chlorée et l'action du gaz sulfureux, il faut laver abondamment dans l'eau propre; sans cette précaution, le chlore ou l'acide détruirait la fibre de l'étoffe.

Les étoffes de couleur peuvent être immergées dans une dissolution ammoniacale; l'ammoniaque a la propriété de dissoudre les corps gras sans altérer la couleur.

Taches de rouille. — Le linge taché doit être plongé dans une dissolution chaude d'acide oxalique; on rince rapidement pour éviter la destruction de la fibre. Les lainages et les étoffes colorées se nettoient difficilement.

Taches acides. — Les taches dues aux acides se dissolvent dans les alcalis (dissolution de potasse, soude, ammoniaque). Laver ensuite abondamment dans l'eau pure.

Procédés généraux de nettoyage. — Le linge blanc exige moins de précautions que les lainages, attendu qu'il peut toujours être lavé à grande eau. Les étoffes colorées et les tissus de laine doivent être détachés de la manière suivante: étendre un linge sec et fin, placer au-dessus la partie tachée de l'étoffe; humecter avec le liquide convenable; frotter avec un tampon humide jusqu'à disparition complète de la tache; faire sécher au dehors. S'il s'agit d'un nettoyage au gaz sulfureux, on mouille l'étoffe, on la place au-dessus d'un cornet de papier ou d'un petit entonnoir sous lequel on fait brûler du soufre; quand la tache a disparu, on lave à grande eau.

Raccommodage du linge et des vêtements

Nécessité du raccommodage. — Les vêtements et le linge se dégradent par l'usage qu'on en fait. Indépendamment de l'usage, ils subissent encore les déchirures accidentelles. L'ordre impose l'obligation de ne point mettre en service une étoffe déchirée; l'économie ordonne de réparer le linge ou l'habit détérioré pour éviter de le remplacer. Autrefois, le raccommodage était l'occupation habituelle de nos arrière-grand'mères. Le linge était cher et le tissage exigeait un long travail. L'envahissement de nos marchés par les étoffes de coton et la rapidité de la fabrication industrielle ont considérablement abaissé le prix de revient du linge. On peut estimer encore aujourd'hui que le raccommodage est nécessaire, mais il y aurait une économie mal comprise à pousser le reprisage à cet excès qui fait qu'un linge n'a guère d'autre tissu que celui des innombrables reprises qui le décorent. Le linge ordinaire en coton ou en gros chanvre s'obtient à des prix modiques ; il y a donc économie, lorsqu'il est très usé, à le remplacer par du neuf : le temps consacré à d'interminables reprises peut avantageusement être employé ailleurs, et rapporter plus grand profit.

Raccommoder est une occupation pénible et ingrate : pénible, parce qu'elle oblige à une application et à une attention soutenues ; ingrate, parce que le raccommodage exige beaucoup de travail pour produire peu de résultats apparents. Malgré ces inconvénients, le raccommodage est une obligation pour la maîtresse de maison qui veut équilibrer son budget et faire quelques économies. Une journée passée à raccommoder une robe dispense d'en acheter une autre, d'où économie appréciable. Les reprises délicates, rappelant la texture du tissu, faites à une serviette, à une nappe, à une chemise, les maintiennent longtemps encore à l'usage. Il faut donc que, de bonne heure, la jeune fille s'exerce à faire des reprises, à poser des pièces, afin de ménager les ressources budgétaires.

Le raccommodage est un art essentiellement pratique qui, dans les établissements d'éducation, doit faire partie de l'enseignement. L'art de bien raccommoder est encore assez complexe, il dépend du goût et de l'activité de la ménagère. Nous nous contenterons donc d'en énoncer ici le principe, et d'examiner à ce sujet les prescriptions hygiéniques.

Principes du raccommodage. — Pour qu'une reprise soit convenable, il faut que les points soient réguliers; il faut encore que la trame et la chaîne qu'on établit avec l'aiguille soient conformes à la disposition du tissu. En assujettissant l'étoffe à repriser sur une toile cirée, on obtient généralement un travail plus perfectionné.

Les pièces sur étoffe doivent être du même tissu que l'objet à réparer, les dessins de la pièce et ceux de l'étoffe doivent former des raccords parfaits. Quant à la forme de la pièce, elle doit être à angles droits ou à bords arrondis suivant l'objet que l'on répare.

Prescriptions hygiéniques. — On ne doit raccommoder que des objets qui ont été préalablement nettoyés et lavés. Les fibres des tissus s'imprègnent de poussières, d'exhalaisons organiques qui peuvent être nocives. Il arrive souvent que l'aiguille vient piquer le doigt qui tient l'étoffe; si elle apporte avec elle un germe nuisible, celui-ci inoculé dans les chairs provoquera des affections plus ou moins dangereuses. On cite des cas nombreux où l'inflammation douloureuse du doigt, et quelquefois même l'amputation de la phalange, n'ont d'autre origine que la piqûre d'une aiguille qui avait traversé un tissu malpropre. Donc il faut laver d'abord, réparer ensuite.

Confection du linge et des vêtements. Machine à coudre.

La bonne ménagère sait confectionner linge et vêtements usuels; elle évite ainsi des façons dispendieuses pour les étoffes simples qui forment les vêtements journaliers ou le linge ordinaire. Les confections exigent un long travail si la couture doit être faite à la main. Heureusement, l'industrie contemporaine sait ménager les forces et les loisirs de la ménagère au moyen de la machine à coudre. Les préventions anciennes ont sans doute disparu : on ne croit plus aujourd'hui que les coutures faites à la machine soient moins solides que celles faites à la main, que la machine déchire l'étoffe, etc. La machine a fait ses preuves ; elle agit très rapidement, fait un point plus régulier que la main et évite de longs travaux.

Toute ménagère aura donc une machine à coudre. Cette acquisition impose une dépense; mais l'objet dure bien longtemps et le capital rapporte un gros intérêt. La machine à coudre permettra de confectionner sans frais, tabliers, corsages, robes d'intérieur, lingerie.

Il faut donc habituer de bonne heure la jeune fille à la couture, à la coupe, à l'usage de la machine, afin que, devenue mère de famille, elle puisse trouver dans les économies dues à sa main habile et courageuse, à son goût délicat, les moyens de donner à sa famille élégance et confort.

Lessive et repassage

Lessivage du linge. — Le lessivage et le repassage du linge sont des connaissances pratiques que la jeune fille acquiert dans sa famille, ou, à défaut, elle devrait les acquérir dans les cours d'enseignement ménager organisés à l'école. L'expérience en ces matières vaut mieux que les longues théories; aussi nous renvoyons la jeune fille aux sources indiquées, nous bornant à signaler ici les conditions que la science, l'hygiène et le goût imposent en ces matières.

Le rôle du lessivage est de faire disparaître du linge les souillures dues à l'usage. Pour activer l'action de l'eau, on y ajoute des cristaux de soude ou de potasse, qui ont la propriété de décomposer les corps gras qui imprègnent le linge, et font disparaître les taches. Les savons et les cendres agissent de la même manière par la soude et la potasse qu'ils renferment. La lessive se fait au cuvier ou à la lessiveuse ; les deux modes présentent des avantages et des inconvénients. La lessiveuse est moins encombrante que le cuvier, permet une opération plus rapide et donne au linge un blanc plus parfait. La lessive au cuvier use moins le linge que le blanchissage à la lessiveuse, exige une longue opération et un assez vaste appartement. Le local dont on dispose, la quantité de linge à blanchir influent souvent sur le procédé employé.

Le mode d'après lequel on entasse le linge, on conduit l'opération est facilement appris dans une leçon pratique, avec de la bonne volonté et l'observation attentive du travail accompli dans un lessivage par une ménagère expérimentée.

Les taches qui résistent au lessivage et au rinçage qui le suit peuvent disparaître sous l'action du chlore : c'est pourquoi on emploie, largement étendus d'eau, le chlorure de chaux et l'eau de javelle. Quand la tache a disparu, on lave abondamment à l'eau pure; sans cette précaution, le chlore attaque et détruit la fibre textile. Les taches albumineuses, œuf, sang, etc., doivent être enlevées dans un savonnage à l'eau tiède, pratiqué avant le lessivage. Vers 75°, l'albumine se coagule et forme une tache qui ne disparaît pas au lessivage, de là, la nécessité d'essanger le linge à l'eau tiède avant de l'entasser dans le cuvier.

Le linge doit être de préférence séché au grand air et au soleil ; les rayons solaires détruisent les microbes et blanchissent l'étoffe.

Prescriptions hygiéniques. — L'hygiène proscrit le lessivage du linge aux cristaux de soude, parce que l'action de ces cristaux suffisamment prolongée détruit les taches grasses et les germes pathogènes ; aussi le linge ayant servi à l'usage de personnes atteintes de maladies infectieuses doit être maintenu une heure en ébullition dans une lessive de potasse ou de soude.

Linge non lessivé. — Il est des étoffes qui ne supportent pas le lessivage, telles les lainages, les flanelles, les étoffes de couleur. Ces tissus seraient dégradés et même quelquefois détruits par l'action du lessivage. Pour les blanchir, il faut donc user de procédés différents.

Les cotonnades en couleur, les étoffes de laine seront seulement lavées à l'eau tiède avec un abondant savonnage, puis rincées et séchées à l'ombre, afin de préserver les couleurs de l'action du soleil.

Les étoffes de laine qui ne supportent pas le savonnage pourront êtres trempées dans l'eau provenant d'une décoction de bois de Panama.

Les flanelles et les tricots de laine doivent être blanchis dans l'eau fortement savonneuse, à la température de 30 à 40 degrés.

Les nettoyages à sec des étoffes ne sont faits avec avantage que par les dégraisseurs. Cependant les lainages et flanelles blanches se nettoient bien avec l'argile smectique.

Repassage. — Après la lessive et l'étendage, le linge est plus ou moins plissé, par conséquent d'un aspect plus ou moins agréable. Le repassage a pour rôle de faire disparaître les plis et de donner au linge lessivé un bon aspect.

On distingue :

1° Le repassage simple du linge humide qui consiste à promener lentement un fer chaud sur le linge étendu ;

2° Le repassage à l'amidon cru;

3° Le repassage à l'amidon cuit.

Ces divers modes de repassage seront rapidement appris dans les leçons pratiques de l'enseignement ménager, ou dans celles données par une bonne ouvrière durant deux journées de travail. L'expérience de la ménagère et son bon goût lui donneront l'habileté nécessaire qu'elle ne saurait trouver dans un cours théorique.

CHAPITRE XV

DE L'ALIMENTATION

Principes généraux applicables à la préparation et à la conservation des aliments et des boissons. — Durée, ordre et composition d'un repas, — Repas principal.

Importance de l'alimentation. — L'alimentation joue un rôle important dans l'entretien de la santé; elle fournit au corps les matériaux propres à réparer les pertes subies et à produire le développement des tissus; elle fournit en outre les substances nécessaires aux combustions organiques. Il est de haute importance de choisir convenablement les aliments et de les préparer suivant les règles de l'hygiène.

La préparation doit être déterminée par la sollicitude et le goût de la ménagère. Il est d'abord nécessaire de connaître les règles pratiques qui permettent d'assurer aux aliments la cuisson qui les rend agréables et réparateurs. La saveur qu'ils possèdent dépend du mode de préparation et du soin apporté à en surveiller la cuisson.

La préparation doit développer dans les aliments ces

aromes, ces saveurs, ces osmazômes qui les font apprécier. Les qualités essentielles d'un aliment dépendent : 1° de sa *nature;* 2° du *mode de cuisson;* 3° des *condiments employés;* 4° de la *température;* 5° de la *régularité de l'action calorifique.*

Mode de cuisson. Viande. — Le même mode de cuisson ne peut s'adapter à tous les mets, ni même à toutes les parties d'un même animal : ainsi, le collier de bœuf ne saurait être rôti comme le filet. Il faut savoir distinguer ce qui convient à chaque partie. Les divers modes de préparation se réduisent à quatre : 1° préparation des rôts; 2° préparation des fritures; 3° préparation des grillades; 4° préparation des viandes cuites à l'eau bouillante.

Pour être préparées en *rôts*, en *fritures*, en *grillades*, les substances employées doivent être tendres. C'est ainsi qu'on peut faire cuire les jeunes animaux et certaines parties du bœuf : filet, faux-filet, aloyau, etc. On ramollit par une cuisson préalable certains aliments préparés en fritures (légumes), ou en grillades (pieds de porc, etc.). L'expérience apprend rapidement à la ménagère la disposition qui convient aux parties qu'elle prépare.

Les viandes *rôties*, *grillées* ou en *fritures* ont une saveur agréable, grâce à l'arome qui se développe pendant la cuisson; elles sont nutritives, attendu que les matières albuminoïdes qu'elles renferment demeurent emprisonnées dans les tissus; elles sont saines si la cuisson est complète, si les parties internes ont été portées à la température de 70°. Au-dessous de cette température, les viandes qui renferment des parasites présentent des dangers, puisque ces micro-organismes ne sont pas détruits à des températures inférieures. Cependant, si la viande est saine, il est souvent préférable qu'elle demeure saignante au centre; elle est ainsi plus tendre, plus succulente, plus savoureuse et plus nutritive.

Dans les viandes *cuites à l'eau bouillante*, on peut ranger la viande qui sert à la préparation du bouillon, les viandes en sauces diverses.

Bouillon. — La viande qui sert à préparer le bouillon perd une partie des substances nutritives qu'elle renferme, elle est peu savoureuse, mais elle donne au bouillon des qualités qui le font apprécier.

Immergée dans l'eau froide, la viande abandonne des sucs qui, à chaud, se coaguleraient dans les mailles des tissus. Si l'on veut obtenir de bon bouillon, il faut donc plonger la viande dans l'eau froide et non dans l'eau chaude. Il faut enlever les flocons d'écume, formés par l'albumine coagulée, qui montent à la surface au commencement de l'ébullition ; cette albumine non assimilable dispersée dans le bouillon lui donne un aspect désagréable. La durée de cuisson est environ cinq heures. Les légumes aromatiques qu'on y ajoute rehaussent la saveur du bouillon.

Le bouillon est apéritif, peptogène, agréable au goût par l'osmazôme qu'il renferme, par les aromes dus aux légumes et aux condiments qui l'assaisonnent, mais il est peu nutritif : il contient à peine 1 p. °/ₒ de matières azotées. L'action du bouillon est cependant bienfaisante, attendu qu'il excite puissamment les sécrétions salivaires et gastriques.

La viande qui a servi à cette préparation a perdu une partie de ses propriétés nutritives ; néanmoins, elle conserve encore une assez grande valeur alimentaire. On rehausse la saveur de la viande bouillie au moyen de condiments et de sauces piquantes.

Les parties qui constituent les viandes de deuxième et de troisième qualité peuvent être employées à préparer le bouillon : collier, talon de collier, poitrine, crosse. Le bouillon sert à la préparation de la soupe et des potages divers.

Sauces. — Dorée préalablement dans le beurre, l'huile ou la graisse, la viande est additionnée de farine qu'on fait roussir, d'eau, de poivre et de sel. La viande cuit dans ce mélange auquel on ajoute des légumes qui l'aromatisent; on laisse bouillir lentement plus ou mois longtemps suivant la quantité de viande préparée et sa nature. On achève quelquefois d'épaissir la sauce en ajoutant des jaunes d'œufs au moment de la servir.

Rôle des condiments. — Toutes les sauces se font à peu près de la même manière; on en varie la saveur par les condiments et aromates employés : carottes, ail, oignon, salsifis, champignons, truffes, tomates, muscade, piments, câpres, etc. Dans certaines sauces, l'eau est remplacée par le vin : vin blanc, vin rouge, madère, champagne, ou par du bouillon. Ainsi on établit la variété des saveurs.

Les sauces excitent l'appétit, car elles sont très savoureuses; elles sont digestibles pourvu qu'elles ne soient pas trop grasses; elles renferment des matières albuminoïdes qui proviennent de la viande, ce qui les rend nutritives.

On utilise aussi les *sauces froides* avec les viandes froides, les crustacés, les œufs durs, l'asperge, etc. Ces sauces sont la vinaigrette, la ravigote, la mayonnaise, la rémoulade. Elles sont apéritives par les excitants employés : vinaigre, ail, échalotte, citron, thym, sarriette, pimprenelle. Elles sont moins digestives que les sauces chaudes, et, bien qu'elles forment une émulsion, elles sont moins nutritives, parce que les premières sont enrichies des sucs abandonnés par la viande.

Température et régularité de l'action calorifique. — La température et la régularité de l'action calorifique influent sur la saveur des aliments. Certains exigent dans la cuisson un feu vif et intense; d'autres, un feu doux et continu. On réalise la première condition au moyen des foyers à houille, à bois, à charbon ; on réalise la seconde au moyen d'une rampe à gaz ou d'un fourneau à pétrole.

La flamme étant réglée, dans ces derniers, elle peut produire pendant plusieurs heures la même intensité calorifique. Le bouillon, les ragoûts, les sauces exigent un feu doux et continu ; les viandes grillées ou rôties demandent un feu vif et une action rapide.

Préparation des œufs. — Les œufs sont très nutritifs ; ils peuvent être employés de plusieurs manières. La meilleure est celle qui consiste à empêcher la coagulation de l'albumine. L'albumine est un aliment réparateur et très digestible quand elle est liquide, mais qui devient lourde et indigeste quand elle est coagulée. Les œufs à la coque mous constituent un excellent aliment ; il faut avoir soin de ne pas les laisser infuser plus de cinq minutes dans l'eau bouillante.

Accommodés en omelette, en sauce, aux anchois, etc., ils forment des mets à saveur variée.

Préparation des légumes. Légumes cuits. — La cuisson rend les légumes plus tendres, plus digestibles et plus sapides ; ils doivent donc de préférence être mangés cuits, surtout en temps d'épidémie. Les œufs de tœnia, les microbes de la fièvre typhoïde et du choléra peuvent séjourner sur les feuilles ; si la cuisson ne détruit pas leur nocivité, ils peuvent inoculer la maladie. Les légumes cuits sont plus nutritifs que les légumes crus, parce que les substances qu'ils renferment (hydrates de carbone) sont plus facilement assimilables par l'effet de la cuisson subie.

Les pommes de terre se prêtent à des préparations variées, mais renferment peu de substance azotée et beaucoup de fécule.

Les graines de légumineuses, pois, fèves, lentilles, renferment beaucoup de substance azotée. Les purées et préparations diverses constituent des mets agréables et nourrissants qui peuvent souvent remplacer la viande.

Légumes verts. — Les légumes verts contiennent de faibles proportions de matières nutritives; ils possèdent beaucoup de cellulose $(C^{12} H^{20} O^{10})^n$, substance non assimilable par les sucs digestifs. Moins nourrissants que la viande, ils présentent des qualités qui complètent son action. Ils sont utiles par le rôle mécanique qu'ils jouent dans le tube digestif; ils excitent les mouvements péristaltiques de l'intestin et ils activent l'expulsion des résidus alimentaires : aussi doivent-ils être utilisés par les personnes dont la digestion est difficile et dont le tempérament est sanguin.

Les *choux*, les *asperges*, les *artichauts*, les *salsifis*, les *épinards*, les *cardons*, les *champignons*, renferment surtout de l'eau; accommodés de diverses manières, ils fournissent des mets variés et salubres. Cette diversité préserve du dégoût causé par une alimentation trop monotone.

Les légumes doivent être mangés frais; vieillis, ils peuvent être le siège de fermentations qui ont transformé leurs tissus et les rendent capables d'être nuisibles à l'organisme. A leur couleur, à leur rigidité, la ménagère sait distinguer les légumes frais de ceux qui ne le sont point.

Fruits. — Les fruits doivent être mangés mûrs; ils renferment alors du sucre utile aux organes. Les fruits verts renferment surtout de l'eau et des acides; ils sont donc moins bons que les fruits mûrs. Le sucre fourni par les fruits sert à entretenir les combustions internes; ils excitent la sécrétion salivaire et maintiennent l'acidité de l'estomac nécessaire aux fonctions digestives; ils facilitent l'expulsion des matières ingérées.

Conservation des aliments et des boissons. — Les aliments peuvent être conservés frais, cuits ou desséchés. Pour être conservés frais, les aliments doivent être maintenus à basse température. Les ferments qui produisent la désorganisation des tissus trouvent des conditions favorables dans un milieu humide, à une température variant de 10° à 37° : voilà pourquoi, pendant les chaleurs estivales, les viandes s'altèrent rapidement. Afin de les préserver de la putréfaction, on doit les maintenir dans un milieu frais et sec ; une température voisine de 0° permet de conserver aux viandes leur saveur et leur fraîcheur durant plusieurs jours. Dans les glacières, où la fusion de la glace produit un abaissement de température, le développement des germes est arrêté.

On maintient les légumes en bon état en les plaçant dans un endroit frais et humide ou en les soustrayant à l'action de l'air qui active leur dessiccation.

Si les viandes et les légumes doivent être conservés plusieurs mois, on emploie alors les procédés de préparation des conserves alimentaires indiqués dans le cours d'hygiène (conserves ; préparation, etc.).

L'eau potable est rafraîchie au moyen de vases en terre poreuse, nommés alcarazas, dans lesquels on l'introduit. On peut aussi lui donner de la fraîcheur en entourant la carafe qui la renferme d'un linge qu'on tient constamment humide. L'alcarazas et la carafe ainsi entourée sont placés dans un courant d'air ; l'évaporation active qui se produit à la surface extérieure du récipient détermine un abaissement de température qui rafraîchit le liquide intérieur.

Durée des repas. — Le repas doit avoir une durée suffisante. Il ne faut manger ni trop vite ni trop lentement. La trituration des substances alimentaires est nécessaire afin de permettre aux sucs digestifs de les pénétrer plus facilement, et de produire les transformations qui les rendent assimilables. La durée dépend de l'appétit des personnes et de l'activité de la mastication.

En vue de l'hygiène, la durée du repas ne doit être ni trop longue ni trop courte. Trop longue, elle fatigue les organes et peut causer des troubles dans la digestion des aliments; trop courte, elle ne permet pas une mastication suffisante des matières solides. Sans pouvoir établir une limite exacte, on peut dire que 3/4 d'heure environ paraissent une durée raisonnable.

Ordre et composition d'un repas. — La méthode générale adoptée dans le service d'un repas est la suivante :

1° Bouillon, potage; 2° hors-d'œuvre, entrées; 3° rôtis; 4° desserts.

Cet ordre de succession des aliments répond aux besoins physiologiques de l'homme.

Les sucs digestifs sont la salive, le suc gastrique, le suc pancréatique, la bile, le suc entérique. Chacun de ces sucs agit sur une catégorie spéciale d'aliments. La salive agit sur les féculents; le suc gastrique, sur les albuminoïdes; le suc pancréatique exerce à la fois son action sur les féculents, les albuminoïdes et les corps gras; la bile, sur les substances grasses; le suc entérique, sur les substances sucrées.

La sécrétion de ces sucs se produit en abondance sous l'influence d'excitants propres à chacune des glandes sécrétrices. La sécrétion salivaire a pour stimulant la vue seule des aliments; elle est activée encore par leur action sur les parois de la bouche. La salive doit être abondante afin de faciliter la déglutition, et de transformer les matières amylacées en glucoses. Il importe donc d'absorber au début des repas des aliments qui excitent la sécrétion salivaire par l'acte réflexe qu'ils provoquent sur les glandes sécrétrices.

Les sensations produites par les aliments sur la muqueuse buccale peuvent provoquer la sécrétion du suc gastrique; mais elle est surtout déterminée par l'impression causée par les aliments eux-mêmes sur la muqueuse stomacale. Cette excitation produit aussi l'écoulement du suc pancréatique dans le duodenum : d'où la nécessité d'absorber, au début du repas, des substances capables d'agir sur les glandes à pepsine et de provoquer la sécrétion active du suc gastrique.

Les sécrétions salivaires et gastriques sont favorisées par l'usage du bouillon, des hors-d'œuvre, des savoureuses entrées servis au commencement du repas.

L'absorption des matières nutritives se produit principalement dans l'intestin. L'excitation causée par le passage des aliments dans l'intestin grêle provoque d'abondantes sécrétions de suc pancréatique, de bile, de suc entérique. Les aliments azotés, féculents, gras, sucrés arrivent en masse dans le duodenum, s'imprègnent des sucs qu'ils y rencontrent et sont transformés en matières assimilables.

Il faut donc au repas :

1° Des excitants des glandes digestives, pour que les produits glandulaires arrivent en quantité suffisante dans l'intérieur du tube digestif,

2° Il faut faire succéder aux premiers des substances alimentaires qui fournissent les matériaux de combustion et de réparation,

3° Il faut, à la fin du repas, des aliments légers et succulents qui réveillent par leur saveur l'activité des glandes digestives qui s'est ralentie, et facilitent ainsi la digestion des substances ingérées. Il faut encore que ces aliments entretiennent l'acidité de l'estomac pour faciliter l'action de la pepsine; il faut qu'ils maintiennent l'activité des phénomènes digestifs, et qu'ils favorisent, par leurs déchets, l'expulsion des résidus alimentaires.

L'ordre général adopté dans le service d'un repas est donc conforme aux règles de l'hygiène.

1° Substances sapides qui favorisent les sécrétions glandulaires : potages, hors-d'œuvre (bouillon, soupe, potage, radis, beurre, saucisson, melon, anchois, crevettes, etc.).

2° Substances nutritives qui servent aux combustions et à la réparation des tissus : entrées, rôtis (tranche de veau aux champignons — à la fois peptogène et alimentaire, — bifteck au cresson, gigot de mouton, volaille rôtie, etc.).

3° Substances accessoires qui maintiennent l'activité de la digestion : desserts (gâteaux, fromages, fruits, etc.).

Il n'est pourtant pas nécessaire d'avoir plusieurs plats à chaque repas ; un seul peut être suffisant, à la condition qu'il soit assez abondant, et qu'il réunisse les qualités attribuées aux diverses catégories d'aliments. Ainsi, une entrée qui est peptogène, excitante, nutritive, peut remplacer le bouillon, les hors-d'œuvre, les rôtis.

Un repas composé de plusieurs plats a l'avantage de favoriser l'alimentation, en excitant l'appétit par la variété des saveurs. La dépense n'est pas plus grande, puisque chaque mets doit être moins abondant.

Nombre de repas. Repas principal. — Exception faite des enfants et des convalescents, l'adulte prend ordinairement trois repas dans la journée : un léger déjeuner le matin, un repas à midi, le troisième le soir. Cette disposition paraît répondre aux besoins physiologiques. Des repas trop fréquents pourraient produire, dans bien des cas, des désordres organiques qui conduisent à la neurasthénie, à la dyspepsie. Les recherches des physiologistes ont montré que les repas sont toujours suivis d'une élévation de température et d'une surexcitation des organes de la digestion, surexcitation qui devient nuisible lorsqu'elle se répète trop souvent. Il faut cependant admettre que les ouvriers qui exécutent un travail pénible et qui dépensent beaucoup de force doivent prendre de légers repas intermédiaires entre les repas principaux.

Les personnes à occupations sédentaires dont les dépenses organiques sont faibles, les vieillards dont la digestion est plus lente, doivent se contenter de deux repas.

Le déjeuner du matin doit être léger : une soupe, du lait, du café, du chocolat.

Le repas de midi doit être abondant et substantiel ; le repas du soir doit, en général, être moins copieux.

Il est hygiénique de placer le repas principal au milieu de la journée. Cette mesure paraît répondre à la nécessité la plus générale. Les travaux du matin ont aiguisé l'appétit, les occupations de l'après-midi maintiendront l'activité des combustions et des dépenses organiques : ainsi la digestion des aliments s'accomplira normalement.

Beaucoup de gens ont l'habitude de placer le repas principal le soir. Ce procédé peut être bon pour les personnes qui travaillent tard dans la nuit, mais il est mauvais pour celles qui prennent le repos bientôt après le repas du soir. Il est bon de placer un intervalle de deux heures entre le dîner du soir et le repos de la nuit. L'Ecole de Salerne a dit depuis longtemps : « Pour que ton sommeil soit léger et réparateur, ne fais qu'un court repas. »

Le sommeil ralentit l'activité des combustions et des fonctions organiques ; les dépenses et le travail physiologiques sont faibles dans la période de repos. Le tube digestif chargé d'aliments non digérés est fatigué; bientôt des troubles graves peuvent être la conséquence d'une habitude fâcheuse. Si les travaux ne se prolongent pas dans la veillée, il est donc prudent de prendre, le soir, un léger repas.

On ne doit pas perdre de vue que l'alimentation doit réparer les pertes des tissus, et non satisfaire à satiété le plaisir d'absorber des mets savoureux. Les excès de table préparent des désordres organiques qui peuvent compromettre la santé et la vie. Une judicieuse sobriété doit être la règle de l'alimentation.

On peut d'une manière approximative indiquer la part de nourriture qui doit être attribuée à chaque repas. Si on représente par 10 la totalité des aliments nécessaires dans la journée, on peut les distribuer ainsi aux divers repas : 2/10 au repas du matin; 5/10 au repas de midi; 3/10 au troisième repas. Aux personnes qui travaillent la nuit et se lèvent tard, le repas principal ne sera pas nuisible le soir. Les travailleurs qui se lèvent de bonne heure et se couchent de bonne heure doivent faire le repas principal à midi.

HYGIÈNE

INTRODUCTION

Importance de l'hygiène en général

L'hygiène est la science qui apprend à conserver sa santé et à l'améliorer. Elle fait aussi connaître les causes qui peuvent l'altérer; elle apprend à les éviter ou à en atténuer les effets.

Cette science est donc bien importante et bien précieuse, puisqu'elle enseigne à combattre les causes qui produisent les maladies; elle éloigne ainsi de la vie humaine le terrible ennemi qui menace le bonheur et l'existence.

Sans la santé, il n'est pas de bonheur possible; la souffrance répand toujours l'amertume dans la coupe où la lèvre altérée voudrait trouver le calme et la joie. Pour le malade et le souffreteux, le plaisir est un vain mot, le bien-être une chimère; ils ne connaissent de la vie que le tourment et la douleur.

Non seulement le mal empoisonne les jouissances matérielles, mais il traîne encore après lui le chômage, la misère et la mort. Bien portant, tel homme aurait accompli des travaux qui l'eussent fait arriver à la fortune; malade, il languit et gémit sur la triste couche qu'entourent le dénûment, la tristesse et le désespoir, sombres fantômes qui précèdent la mort trop lente à saisir l'infortuné.

Le malheur ne le frappe pas isolément : les enfants sont abandonnés à l'indigence, les vieux parents s'éteignent dans la misère qui sera leur linceul.

La maladie impitoyable n'affaiblit pas seulement le corps, elle paralyse aussi les facultés de l'esprit : imagination, perspicacité, mémoire s'émoussent et s'effacent; l'intelligence amoindrie perd ses conceptions élevées; les facultés les plus nobles de l'âme disparaissent pour faire place à la rage impuissante, à l'obsession constante de la douleur qui torture et qui brise.

Morne tableau des scènes désolantes qui se jouent autour du valétudinaire, et dont il est le malheureux acteur!

Remplacer ces épisodes moroses par la gaieté et la vie qui accompagnent la santé est l'œuvre de l'hygiène. Sans doute, elle ne saurait prévenir la destruction de l'être et l'apport fatal de maladies inhérentes à la nature humaine; non, tout ce qui est né doit mourir, tout ce qui est né sensible a ses heures de souffrances.

L'hygiène a seulement pour rôle de préserver de maladies que l'ignorance et l'imprévoyance laissent se développer sans lutte et sans obstacle; elle enseigne aussi à combattre et à vaincre les causes qui les produisent.

Ses efforts n'ont pas été vains : les statistiques nous apprennent qu'à la fin du dix-huitième siècle, époque où les ténèbres de l'obscurantisme faisaient partout voir à la masse du peuple les *fléaux de Dieu*, les *coups de la fatalité*, la durée moyenne de la vie humaine n'était que de 28 ans; aujourd'hui, elle est d'environ 40 ans.

Aux milieux sordides et malsains où croupissaient *les spectres hâves et décharnés* que voyait La Bruyère, ont succédé les habitations contemporaines, plus hygiéniques; les terres cultivées et assainies ont remplacé les sols marécageux, humides et ombreux d'où s'exhalaient des germes morbides.

Les populations éclairées ont combattu les microbes, agents actifs des maladies infectieuses ; dans leurs demeures, elles ont installé honorablement la propreté inconnue aux siècles précédents ; les tapis de verdure ont remplacé les eaux croupissantes, les rayons du soleil ont pénétré partout abondamment, les conseils des hygiénistes ont été généralisés. Conséquences : la vie s'est montrée moins tourmentée et la mort moins pressante.

Si, dans l'hygiène sociale, de grands progrès ont été faits, dans l'hygiène privée, il reste encore à parcourir de longues étapes. Le peuple fataliste et inconscient laisse trop souvent agir la chance heureuse ou malheureuse, et s'assujettit insuffisamment aux règles de l'hygiène. L'importance pratique de cet enseignement étant prouvée, il faut donc répandre partout les connaissances qui éclairent sur les causes de certaines maladies ; il faut faire retenir et observer rigoureusement les règles, les prescriptions qu'elles imposent ; il faut aussi faire comprendre que la bonne santé dépend bien souvent des sollicitudes journalières qui maintiennent la propreté rigoureuse en tous lieux et favorisent l'exercice des fonctions organiques.

L'hygiène, simple en apparence, est donc une science complexe, ayant d'étroits rapports avec les sciences physiques et naturelles ; aussi cette science pratique de l'hygiène sera-t-elle d'autant mieux comprise et retenue que les connaissances scientifiques seront plus précises et plus étendues : voilà pourquoi le cours d'hygiène est intimement lié au cours d'anatomie et de physiologie animales.

L'hygiène comprend deux parties : *l'hygiène publique* et *l'hygiène privée*.

L'hygiène publique est l'ensemble des connaissances

propres à assurer la santé aux individus réunis dans des agglomérations plus ou moins importantes ; elle réglemente la voirie, les égouts, etc. Elle s'occupe aussi des lois et arrêtés sanitaires relatifs aux habitations et aux subsistances ; elle détermine les meilleures conditions de construction d'écoles, d'hospices, etc.

L'hygiène privée indique à chaque individu et à chaque famille les règles à suivre pour conserver la santé et se préserver des contaminations dangereuses.

C'est de l'hygiène privée que nous allons d'abord nous occuper.

On ne saurait terminer cette introduction sans adresser un souvenir ému et reconnaissant aux savants dont les noms immortels sont connus de tous et qui, par leurs courageux et persévérants travaux, ont découvert les secrets qui leur ont permis de sauver tant d'existences humaines.

Honneur à Pasteur ! Grâce à ses travaux mémorables, il est l'initiateur de la science bactériologique.

Dans les fragiles ballons où il a favorisé le développement de ses cultures microbiennes, il a fait germer la semence précieuse qui a prévenu ou combattu le mal qui devait décimer les populations contemporaines. Pour ses intéressants travaux, pour son génie humanitaire, pour le bien qu'il a fait aux hommes, pour la gloire méritée qui a couronné son grand œuvre, son nom vénéré sera immortel.

Honneur à ses disciples et émules, MM. Roux et Yersin ! Devant eux, la diphtérie a reculé et a lâché ses victimes ; grâce à eux, la membrane asphyxiante n'est plus arrosée par les torrents de larmes qu'elle a fait couler des yeux maternels.

Honneur à Koch ! S'il n'a pu indiquer les moyens de combattre la tuberculose, il en a révélé la cause.

D'autres travailleurs infatigables et déjà célèbres sont entrés dans la lice où se disputent les palmes attribuées aux sauveurs de l'humanité. Honneur à M. Behring! Honneur à M. Lannelongue! L'illustre savant français dispute au savant allemand la gloire de préserver de la mort les cent mille jeunes existences que la terrible tuberculose, chaque année, en France, étend dans le froid cercueil. Lequel des deux vaillants pionniers va arracher à la nature le dernier mot de l'angoissante énigme?

Grand et généreux compatriote, les vœux de tous les Français vous accompagnent. Puissiez-vous bientôt lancer à travers les espaces le cri de triomphe répondant aux espérances des tuberculeux! Tous les Français, admirant vos œuvres humanitaires et exaltant votre génie, s'écrieront : Honneur, trois fois honneur à M. Lannelongue!

HYGIÈNE INDIVIDUELLE

I. — HYGIÈNE ALIMENTAIRE

CHAPITRE XVI

ALIMENTS

Pertes subies par l'organisme. — Ration alimentaire. — *Ce qu'on doit ou ce qu'on peut manger. — Aliments. — Aliments partiels ; complets. — Dangers d'une alimentation trop azotée. — Nécessité d'un régime mixte.*

Rôle de l'alimentation. — Chez l'adulte, l'alimentation a pour rôle de réparer les pertes subies par l'effet du travail et des fonctions physiologiques.

Pertes subies. Ration alimentaire. — Après avoir déterminé les pertes subies, on peut fixer la réparation nécessaire, et par conséquent la nature et la quantité d'aliments qui doivent être absorbés. Voici le tableau qui indique les pertes approximatives de l'organisme en 24 heures :

Eau	2.820	grammes.
Carbone	280	—
Hydrogène	40	—
Azote	20	—
Oxygène	950	—
Sels	32	—
	4.142	grammes.

Pour que l'organisme soit maintenu en bon état, il est nécessaire que les aliments fournissent, en eau, carbone, hydrogène, azote, oxygène et sels, des quantités équivalentes à celles qui ont été perdues.

Les aliments étant complexes, le carbone, l'azote, l'oxygène, l'hydrogène ne sont pas absorbés isolément. Les matières alimentaires doivent être choisies de manière à fournir dans leur ensemble un poids égal de chacun de ces éléments à celui qui a été perdu. En conséquence, on admet que la *ration alimentaire* en 24 heures doit être établie ainsi :

Eau	2.820	grammes
Albumine	120	—
Graisse	80	—
Hydrates de carbone	350	—
Oxygène	950	—
Sels minéraux	32	—
	4.352	grammes

Considérant les aliments ordinaires et leur composition chimique, on peut fixer ainsi la ration journalière :

Eau..................	2.820	grammes
Oxygène (respiration).	950	—
Pain.................	1.000	—
Viande...............	300	—
Légumes.............	150	—
	5.220	grammes

La ration alimentaire doit être plus abondante chez le travailleur que chez l'oisif, chez l'ouvrier qui exécute un travail pénible que chez celui qui a une vie sédentaire. Les déchets inutilisés doivent porter le poids total des matières absorbées à un nombre plus élevé que celui qui indique le total des pertes subies.

Pour simplifier ces calculs, on peut admettre que, si l'on représente par 1 le poids des substances azotées absorbées, on trouve approximativement les rapports suivants :

Substances azotées.......	1
Hydrates de carbone.....	3,5
Graisses ou légumes.....	0,5

Eau et sels, poids égaux à ceux qui ont été éliminés.

Voici un tableau indiquant la valeur nutritive de quelques substances usuelles, d'après A. Gauthier.

Sur 1,000 grammes de chacune des matières suivantes on a :

	BŒUF GRAS	BŒUF ROTI	VEAU	PORC FRAIS	ŒUFS	LAIT de VACHE	PAIN	POIS	HARICOTS	LENTILLES	POULE GRASSE	POMMES DE TERRE	CERISES RAISINS	FROMAGE GRUYÈRE	POISSON	BEURRE
	gr.	gr.	gr.	gr.	gr.	gr.	gr.	gr.	gr.	gr.	gr.	gr.	gr.	gr.	gr.	gr.
Eau..........	640	699	720	783	756	865	330	145	160	115	701	760	780	346	740	119
Albuminoïdes.	183	229	198	200	122	36	88	225	225	265	195	15	7	335	135	7
Hydrates de carbone	»	»	»	»	5	55	550	575	540	580	»	200	150	»	»	7
Graisses......	166	51,9	82	17	107	40	10	20	20	25	93	2	»	250	45	850
Sels.........	11	10,5	13	»	10	4	17	23	24	16	11	10	5	38,5	15	15

Le tableau ci-contre indique qu'une ration alimentaire quotidienne peut être établie avec des substances diverses, et être conforme aux prescriptions de l'hygiène, à la condition d'absorber en matières azotées, graisses et hydrates de carbone, des quantités qui correspondent aux nombres indiqués plus haut pour chacune de ces substances.

On remarque aussi que l'œuf et le lait sont des aliments complets, c'est-à-dire renfermant des proportions *rationnelles* de matières azotées, de composés ternaires, d'eau et de sels.

Ce qu'on doit ou ce qu'on peut manger

On doit manger des féculents (pain, pommes de terre, riz, maïs, etc.), des substances azotées (viande, œufs, légumes, lait, haricots, fèves, etc.), des corps gras (beurre, huile, graisses); on doit absorber de l'eau et des sels. Toutes ces substances sont des aliments qui contribuent à la réparation des tissus vivants, ou à entretenir les combustions internes qui produisent la chaleur animale.

Aliments

En vue de leur composition chimique, on peut diviser ainsi les aliments : 1° *aliments azotés* ou quaternaires; — 2° *hydrates de carbone* : féculents, sucres; — 3° *corps gras*; — 4° *aliments minéraux*; — 5° *aliments accessoires* (thé, café, alcool).

Aliments azotés. — Les aliments azotés renferment une forte proportion d'azote; le type de ces substances est l'albumine; on la trouve presque pure, étendue d'eau, dans le blanc d'œuf.

Parmi les substances azotées, on peut encore citer la fibrine et la globuline du sang, la myosine des muscles, la caséine du lait, la légumine des graines des légumineuses. Les substances azotées sont indispensables dans la nutrition; elles servent à la réparation des organes et sont transformées en tissus vivants.

Hydrates de carbone. — Les hydrates de carbone comprennent les féculents et les sucres.

Les *féculents*, dont l'amidon est le type, entretiennent les combustions organiques, contribuent à la production de la chaleur animale et à la réparation des tissus. Parmi les féculents on peut ranger : la pomme de terre, le pain, les haricots, les fèves, les pois, les lentilles. Indépendamment de la fécule, ces substances renferment aussi de l'azote; s'il y en a peu dans la pomme de terre et le pain, dans les graines des pois, des haricots, des fèves, des lentilles, il y en a une plus forte proportion que dans la plupart des viandes. Si on les range parmi les hydrates de carbone, cela est dû à ce qu'ils possèdent encore une plus grande quantité de fécule que de substances albuminoïdes.

Les graines de pois, fèves, haricots, lentilles, sont à la fois des aliments réparateurs et combustibles. Elles peuvent remplacer la viande; mais, moins digestibles que celle-ci, elles fatiguent les organes de la digestion lorsqu'on en fait un usage trop fréquent. Par les albuminoïdes que ces graines renferment, elles peuvent donc aussi être rangées parmi les aliments azotés.

Les *sucres* comprennent les saccharoses ($C^{12}H^{22}O^{11}$) et les glucoses ($C^{6}H^{12}O^{6}$). C'est sous cette dernière forme qu'ils sont assimilables. Comme les féculents, ils contribuent par leur combustion à la production de chaleur. On trouve des sucres dans les fruits, la betterave, la carotte, etc., et les graines en voie de formation.

Corps gras. — Les graisses, beurres, huiles sont aussi des composés ternaires très complexes qui peuvent être rangés parmi les aliments combustibles. Les principes immédiats sont la stéarine, la margarine, l'oléine, la butyrine qui résultent de la combinaison de la glycérine avec un acide gras. Certains sont d'origine animale (beurre, graisse) ; d'autres sont d'origine végétale (huiles, beurre de cacao). Composés ternaires, ils alimentent les combustions internes et contribuent à la production de chaleur.

Aliments minéraux. — Dans les tissus du corps humain, on trouve du chlorure de sodium, des phosphates et carbonates de calcium. Les minéraux utilisés, sel de cuisine, et les sels qui existent dans les aliments fournissent aux tissus les matières minérales nécessaires à leur accroissement et à leur réparation.

Aliments accessoires. — On range parmi les aliments accessoires l'alcool, le café, le thé, le maté, les condiments. Ces substances agissent sur le système nerveux et y produisent une excitation qui favorise les sécrétions des sucs digestifs et les mouvements péristaltiques des organes de la digestion. Absorbés en excès, le thé, le café, le maté deviennent dangereux; quant à l'alcool, l'abus conduit à la maladie, à la dégradation morale, à la folie.

Condiments. — Les condiments ont une faible valeur nutritive; ils plaisent au goût, donnent de la saveur aux aliments, excitent l'appétit, et, par leur présence, favorisent les fonctions physiologiques du tube digestif. Parmi les condiments, on range : le sel, le poivre, la canelle, le vinaigre, le piment, le cornichon, la vanille, la moutarde, etc. Le sucre joue le rôle de condiment et d'aliment.

Pris à dose très modérée, les condiments sont utiles ; mais, absorbés en excès, ils irritent les voies digestives et provoquent des maladies d'estomac.

Aliments partiels, complets.

Un aliment *partiel* est celui qui ne renferme qu'une partie des substances nécessaires à la réparation des pertes organiques. Pour l'adulte, tous les aliments sont dans ce cas. Un seul ne peut donc suffire à maintenir l'équilibre entre les pertes et les gains dans la vie normale. La viande ne renferme pas assez d'aliments ternaires ; les graines de légumineuses ne renferment pas les féculents et les matières azotées dans les proportions convenables ; les légumes renferment trop peu de matières azotées. Pour absorber des matières azotées en quantité suffisante dans une alimentation composée exclusivement de légumes, il faudrait en introduire dans le tube digestif une trop grande masse : de là la nécessité d'une alimentation variée.

Un aliment *complet* est celui qui renferme des substances azotées, des hydrocarbures, des corps gras, des minéraux dans des proportions telles qu'il peut, à lui seul, réparer toutes les pertes organiques. Un tel aliment n'existe pas pour l'adulte qui travaille et jouit d'une bonne santé.

Le lait et l'œuf forment seuls des *aliments complets*, le premier pour le jeune mammifère, le second pour le jeune oiseau.

L'œuf et le lait forment donc des aliments complets pour l'enfant qui entre dans la vie et pour le vieillard débilité qui approche de la mort, mais ils constituent un aliment incomplet pour le travailleur.

Une *alimentation rationnelle* doit être formée d'un mélange d'aliments divers, de manière que l'ensemble réponde aux besoins de l'organisme.

Dangers d'une alimentation trop azotée

La suralimentation azotée produit des désordres organiques : obésité, rhumatisme, arthrite, goutte.

Les albuminoïdes qui se trouvent trop abondamment dans les aliments sont absorbés par les tissus; de cet excès d'absorption de matières azotées résulte une économie de composés ternaires (hydrocarbures, graisses) qui s'accumulent dans les organes, après transformation et assimilation, sous forme de graisse : de là naît l'obésité qui, indépendamment de la gêne qu'elle cause à l'obèse, prédispose à certaines maladies. La graisse entoure le cœur et ralentit ses mouvements : de là l'oppression des obèses; les réserves graisseuses pénètrent les tissus et affaiblissent l'énergie musculaire; de là l'impossibilité de travailler et la lenteur des diverses fonctions.

L'obésité peut aussi être causée par la suralimentation au moyen d'hydrates de carbone; ceux-ci, n'étant pas complètement détruits dans les combustions diverses, deviennent, après élaboration physiologique, la graisse qui constitue le tissu adipeux.

Enfin, une alimentation trop azotée prédispose aux rhumatismes, à la goutte, par la formation de produits azotés anormaux, acide urique, urée, urates de soude, etc. Ces produits anormaux s'accumulent dans les tissus ou dans les articulations (goutte).

Nécessité d'un régime mixte

Puisque l'alimentation ne doit renfermer en excès ni substances azotées ni hydrocarbures, il faut avoir soin d'unir en proportion rationnelle dans un même repas le pain, la viande, les légumes et les fruits.

Une alimentation qui ne comporterait que de la viande manquerait d'hydrocarbures, irriterait le tube digestif et provoquerait des maladies (gravelle, goutte).

Un régime purement végétarien porterait à absorber une trop grande quantité d'aliments, ce qui dilaterait l'estomac et fatiguerait l'appareil digestif par la somme de travail qu'exigerait la digestion des substances végétales.

Voilà pourquoi on doit unir la viande et les œufs aux légumes dans les divers repas. L'homme, par sa conformation, n'est exclusivement ni herbivore ni carnivore : un régime mixte est celui qui convient le mieux à sa nature.

Rappelons qu'une bonne alimentation mixte renferme les divers aliments à peu près dans les proportions suivantes :

Substances azotées. .	1
Hydrates de carbone	3,50
Graisses.	0,50

CHAPITRE XVII

ALIMENTS

(suite)

Viandes : parasites de la viande. — *Poissons.* — *Mollusques :* empoisonnements et soins immédiats. — *Lait :* falsification; stérilisation; conservation. — *Œufs.* — *Beurres :* falsifications. — *Farines :* leurs altérations; pains. — *Légumes.* — *Champignons et plantes vénéneuses :* empoisonnements et soins immédiats.

Viandes : parasites de la viande

Suivant leur origine, les viandes présentent des qualités différentes. En général, les viandes sont riches en matières albuminoïdes, en matières grasses et pauvres en hydrates de carbone; elles renferment des sels inorganiques, chlorure de sodium et phosphate de calcium.

On peut les diviser en *viandes rouges*, en *viandes*

rosées ou blanches, en *viandes noires*. Dans les viandes rouges, on peut ranger celles du bœuf, du mouton, du cheval. Dans les viandes blanches, on place le veau, les volailles. Dans les viandes noires, le gibier à poils et le gibier à plumes.

Viandes rouges. — Il faut entendre par viande le tissu musculaire des animaux.

Bœuf. — Le bœuf a une chair très nourrissante; elle constitue un aliment réparateur. La saveur et la valeur nutritive de la viande dépendent de l'âge et de la qualité de l'animal; c'est de quatre à huit ans que la viande de bœuf est de première qualité. Agé de plus de huit ans, il a la chair moins tendre et moins digestible. Toutes les parties de l'animal ne sont pas également riches en principes alimentaires et en saveurs agréables. On recherche de préférence le filet, le gîte à la noix, l'aloyau, etc.

La vache fournit une viande de deuxième qualité.

Mouton. — Les moutons des Pyrénées, du Berry, du Limousin, de l'Auvergne sont très estimés. La viande de mouton est tendre, savoureuse, digestible et nutritive. De deux à trois ans, elle forme un aliment de première qualité.

Cheval. — Le cheval entre aujourd'hui, pour une large part, dans la nourriture des ouvriers de la ville. Sa chair est tendre, savoureuse et nourrissante; elle présente l'avantage d'être meilleur marché que celle de bœuf, à laquelle elle peut être comparée sans paraître inférieure, si l'animal abattu est sain et de bonne qualité.

Viandes rosées ou blanches. — *Veau.* — Blanche ou légèrement rosée, la viande de veau est savoureuse et appétissante; moins nutritive que celle de bœuf, elle est plus facilement digérée. Chez un animal âgé de deux à quatre mois, la chair a son maximum de qualités.

Porc. — Le porc a une chair légèrement rosée, riche en matières albuminoïdes mais fade et indigeste ; les estomacs délicats la supportent difficilement. Elle doit être mangée fortement épicée.

Salée et desséchée, elle est encore digérée avec plus de difficultés.

Viscères. — En général, les viscères des animaux (foie, rognons, etc.) constituent des aliments riches en graisses et en substances azotées, mais indigestes. Les foies des oies engraissées dans le Midi de la France sont néanmoins très estimés.

Volaille. — La chair de la volaille, ou oiseaux de basse-cour, a à peu près la même composition que celle des mammifères ; aussi est-elle un aliment sain et nutritif.

Le *poulet* a une chair blanche, tendre, savoureuse et nutritive ; elle se digère facilement ; aussi convient-elle aux estomacs délicats.

La *poule* fournit une viande blanche, plus nutritive que celle du poulet ; elle est plus digestible et moins riche en azote que celle du bœuf. Si la poule est vieille, la chair est coriace et nécessite une cuisson prolongée à l'eau bouillante.

La chair du *dindon* est nutritive ; elle a un fumet agréable ; elle est tendre lorsque l'animal est jeune et gras, mais devient dure et coriace chez le dindon âgé de plus d'un an.

Le *pigeon*, la *pintade*, le *canard*, l'*oie* ont une chair qui a un fumet agréable ; elle est nourrissante et plus ou moins indigeste.

Viandes noires. — Les animaux sauvages ont, en général, une chair noire, riche en principes azotés, douée d'un fumet agréable, mais la digestion en est difficile.

La viande de ces animaux ne doit pas être absorbée par les estomacs faibles ou paresseux.

Le *gibier faisandé* est malsain ; il est encore plus indigeste que le gibier non faisandé ; de plus, il est souvent dangereux à cause des ptomaïnes, poisons organiques, qui ont pu se former dans la décomposition produite pendant le faisandage. Il faut donc s'abstenir de gibier faisandé.

Gibier à poils. — Le *lièvre*, le *lapin de garenne*, le *chamois*, le *daim*, le *chevreuil*, le *cerf* sont compris dans ce groupe. La chair de ces animaux a un fumet très agréable, mais elle se digère difficilement.

Gibier à plumes. — *Perdrix* et *caille*, *grive* et *merle*, *bécasse* et *bécassine*, *canard sauvage*, *râle* et *poule d'eau* donnent des viandes à saveur très forte, appréciées des gourmets, très riches en principes nutritifs, mais difficilement digérées.

Parasites de la viande. — Les parasites de la viande sont : les microbes dus aux *fermentations putrides*, le *ténia*, la *trichine*.

Fermentation putride. — La décomposition des viandes est due à des fermentations qui se produisent sous l'action de micro-organismes. Toute viande qui a subi un commencement de décomposition doit être rejetée, car elle est malsaine, attendu qu'elle renferme des ptomaïnes. Ces ptomaïnes peuvent perdre leur nocivité par la cuisson, si celle-ci est complète ; néanmoins, comme certaines parties peuvent conserver les principes actifs dans toute leur virulence, il est prudent de ne manger que des viandes parfaitement saines. Il faut rejeter celles qui sont douteuses ou qui proviennent d'animaux malades. La décomposition se produit rapidement en été si les viandes ne sont pas tenues dans des lieux frais.

Le ténia. — Le ténia vit dans l'intestin de l'homme; on le désigne quelquefois sous le nom de ver solitaire.

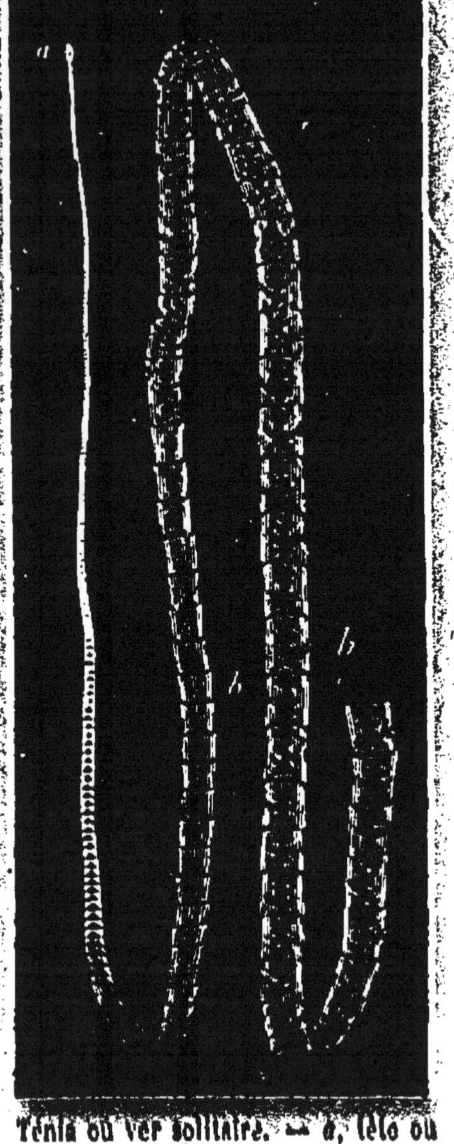

Ténia ou ver solitaire. — *a*, tête ou scolex. — *b*, anneaux.

Le ténia est communiqué à l'homme par la viande provenant du porc, du bœuf ou par les légumes (laitue, chicorée, etc.) mangés crus. Les animaux ont les cysticerques du ténia enkystés dans leurs muscles, ce qui produit la ladrerie. L'ingestion d'une viande ladre communique le ténia si cette viande n'est pas suffisamment cuite. Pour être inoffensive, il faut que, dans toutes ses parties, elle ait été portée à la température de 75 degrés, afin de détruire tous les cysticerques.

Pour éviter la contamination, il est prudent de rejeter toute chair ladre, et de ne jamais manger de la viande de porc ou de bœuf crue ou insuffisamment cuite.

Ni la salaison ni le fumage ne détruisent les cysticerques.

La trichinose. — La trichine qui cause cette maladie est un petit ver de trois ou quatre millimètres de long qui s'enkyste dans la chair de rat et de souris. Le porc qui dévore les cadavres de ces animaux absorbe la trichine qui s'enkyste dans ses muscles. La viande de porc atteint de trichinose étant absorbée par l'homme, la trichine termine son évolution dans l'intestin de celui-ci et passe dans les muscles où elle s'enkyste. La trichinose est dangereuse et même mortelle si les kystes sont nombreux. Elle est rare en France, où l'on mange peu de viande de porc crue; elle est fréquente en Allemagne, où l'on fait grand usage de salaisons.

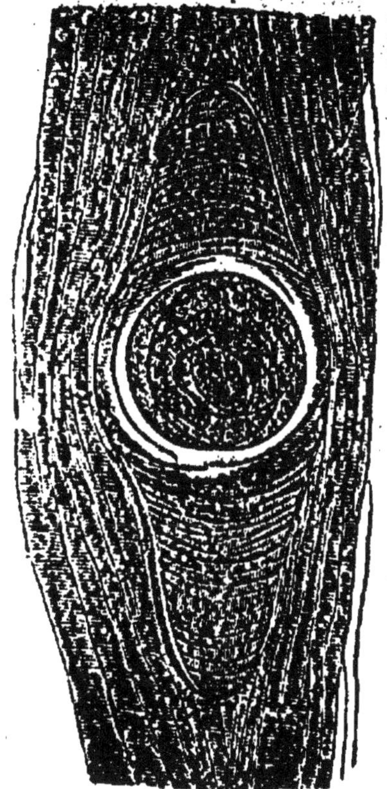
Trichine enroulée dans un muscle de porc (0m01 environ).

Tuberculose; charbon. — Les viandes des animaux atteints de tuberculose ou de charbon peuvent communiquer la maladie. Il faut donc sacrifier impitoyablement tous les animaux charbonneux ou tuberculeux. Le lait des vaches tuberculeuses peut être dangereux; il est prudent de ne faire usage que de lait appartenant à des vaches saines.

Poissons

Les poissons ont une chair moins nourrissante que celle des mammifères; en vue du pouvoir nutritif, elle tient généralement le milieu entre celle des vertébrés et les légumes.

Les poissons à chair rouge sont difficilement digérés (saumon, truite); ceux à chair blanche (sole, merlan, etc.) sont plus digestibles; ceux qui ont la chair grasse (anguille, tanche, lamproie, etc.) sont d'une digestion difficile.

Le poisson doit être consommé frais pour être agréable au goût, et la cuisson doit être complète. Les poissons fumés, salés, sont très indigestes.

Crustacés. — Mollusques.

Crustacés. — Les crustacés ont une chair nourrissante, blanche, stimulante; par sa composition, elle se rapproche de la chair de poulet. Les crustacés les plus estimés sont l'écrevisse, la langouste, le homard, le crabe. Leur chair est peu digestible.

Mollusques. — L'huître a une chair savoureuse, excitante, qui est facilement digérée lorsqu'elle est mangée crue. Les huîtres peuvent déterminer divers accidents lorsqu'elles se développent dans des eaux contaminées. Durant l'hiver 1906-1907, de nombreux cas de fièvre typhoïde ont été attribués à ces mollusques. Elevées dans des parcs contaminés par le bacille typhique, les huîtres importaient ce microbe dans les organes qui les absorbaient.

Pour des causes mal expliquées, les huîtres ont aussi produit de nombreux empoisonnements.

Empoisonnements et soins immédiats. — Lorsqu'un cas d'intoxication vient à se manifester, il faut provoquer immédiatement l'expulsion de l'aliment nocif. On excite le vomissement au moyen de l'eau tiède ou en faisant prendre de l'émétique ou de l'ipécacuanha. On administre ensuite un purgatif, sulfate de magnésie ou huile de ricin ; on met le malade au repos et à la diète pendant quelques jours. On réconforte le patient affaibli par des stimulants, café, thé, armagnac.

Dès les premiers symptômes du mal, on doit faire appeler le médecin.

La *moule* est très répandue ; sa chair, absorbée cuite ou crue, est agréable au goût et assez nourrissante. La moule est souvent vénéneuse. Si elle provoque un empoisonnement, il faut agir comme il a été dit pour l'huître.

L'*escargot*, fréquemment utilisé dans l'alimentation, est riche en azote, mais peu digestible.

Lait : falsification, stérilisation, conservation

Lait. — La composition du lait varie avec la nature de l'animal qui le produit. Quelle que soit son origine, on peut le considérer comme formé d'eau, de sucre, de matières albuminoïdes dont l'une est la caséine, de matières grasses et de sels minéraux. Sa densité est 1,032. La composition du lait de vache est la suivante :

Eau	865	grammes.
Caséine	32	—
Albumine	5	—
Graisse	39	—
Sucre de lait......	55	—
Sels minéraux.....	4	—
	1.000	grammes.

Aliment complet pour le nouveau-né, le lait exige un complément d'alimentation chez l'adulte ; il constitue néanmoins pour l'homme un aliment sain et nutritif. Chez un même animal, le lait n'a pas une composition constante : celle-ci dépend de la qualité de la nourriture ; l'herbe fraîche est celle qui donne au lait le maximum de qualités.

Abandonné à lui-même, le lait se sépare en deux parties : les globules graisseux qui montent à la surface et forment la crème ; le liquide inférieur qui renferme les autres éléments. Sous l'action d'un ferment, le sucre de lait est décomposé : il forme de l'acide lactique qui provoque la coagulation de la caséine ; le lait se prend en masse. Le liquide restant ne renferme plus ni sucre, ni caséine, ni beurre ; on l'appelle petit-lait.

Falsifications du lait. — Le lait est trop souvent falsifié. Les falsifications sont les suivantes : écrémage, mouillage, addition de substances diverses.

Par l'*écrémage*, on enlève le beurre, et le lait ne renferme plus de substance grasse ; il n'est plus un aliment complet.

Par le *mouillage*, on ajoute de l'eau et les propriétés essentielles du lait se trouvent affaiblies ; de plus, l'eau ajoutée peut renfermer des germes pathogènes. Le lait mouillé « tourne » facilement, se prend en grumeaux sous l'action de la chaleur.

On peut ajouter diverses substances dans le lait mouillé pour le blanchir ; on y a trouvé : amidon, craie pulvérisée, plâtre.

Le microscope révèle la présence de ces corps. Le plâtre est dangereux pour l'organisme ; la craie (carbonate de calcium) est un produit inerte qui fatigue l'estomac ; l'amidon peut être digéré.

En été, le lait « tourne » facilement. Pour éviter cet accident, on emploie quelquefois des *antiseptiques*, procédé dangereux qui peut introduire dans le tube digestif des substances nocives. Le lait doit être conservé en le mettant au frais ; il faut proscrire toutes les substances qui altèrent la qualité du lait. La loi permet d'ajouter, en été, un gramme de bicarbonate de soude par litre ; le lait conservé ainsi a un goût alcalin fort désagréable. Le meilleur moyen de conserver le lait pendant quelques heures est de le porter à l'ébullition et de l'y maintenir durant quelques minutes.

Moyens pour reconnaître les falsifications. — On reconnait les falsifications du lait au moyen du pèse-lait. Pour la ménagère, le meilleur moyen de vérification est de s'habituer à reconnaître par l'examen le lait pur et le lait falsifié. Elle devra rejeter le lait acide et bleuâtre ; une goutte de lait pur versée doucement dans l'eau s'enfonce ; si elle surnage, le lait n'est pas pur. Le lait qui laisse un dépôt au fond du vase doit être proscrit. Le lait qui renferme de l'amidon épaissit par l'ébullition. On doit s'habituer à reconnaître les qualités du lait en le goûtant.

Stérilisation. — Les plus graves dangers que présente le lait sont dus aux germes nocifs qu'il peut renfermer. Ces microbes peuvent quelquefois être apportés par l'air, mais c'est à la propreté des vases et des personnes qui traient l'animal qu'on doit attribuer le plus souvent la présence des micro-organismes. Ainsi, la tuberculose, la diphtérie, la fièvre typhoïde, la diarrhée infantile peuvent être propagées par le lait ; des mains malpropres, des vases insuffisamment nettoyés, des habits chargés de germes infectieux peuvent y laisser arriver des principes morbides. De là la nécessité de stériliser le lait avant de le consommer.

Vingt minutes d'ébullition suffisent pour rendre au lait son innocuité. Ainsi stérilisé, il peut être absorbé sans danger et conservé pendant vingt-quatre heures en vase clos et dans un lieu frais.

Si le lait doit être conservé plus longtemps, il est nécessaire de le placer, après l'ébullition, dans des bouteilles préalablement stérilisées. Pleines de lait, les bouteilles doivent être portées à l'ébullition au bain-marie pendant une heure ; après l'ébullition, le goulot doit être fermé hermétiquement.

Il faut jeter le contenu de toute bouteille incomplètement fermée au moment de l'utiliser.

Conservation du lait. — Le lait rigoureusement stérilisé, concentré et placé en vase clos, à l'abri de l'air, peut être conservé de longs mois. Ce procédé est essentiellement industriel ; dans les familles, il suffit, en général, de le conserver vingt-quatre heures.

Le lait stérilisé est celui qui, dans les villes, offre le plus de sécurité. Le lait pur et frais est cependant plus digestible et plus agréable au goût que le lait stérilisé et conservé longuement.

Œufs

Les œufs de poule sont fort employés dans l'alimentation. L'œuf est un aliment complet, sain, digestible si l'albumine n'est pas coagulée.

Pour que l'œuf présente le maximum de qualités nutritives, il doit être consommé frais. L'œuf frais est plus dense que l'eau ; plongé dans ce liquide, il tombe au fond : voilà un moyen de le reconnaître. En vieillissant, les liquides de l'œuf s'évaporent à travers les pores de la coquille ; aussi l'œuf vieilli présente un vide à l'une de ses extrémités ; plongé dans l'eau, il surnage.

L'air qui traverse la coquille poreuse apporte avec lui des germes qui produisent des fermentations : d'où formation d'acide sulfhydrique qui donne aux œufs gâtés leur mauvaise odeur.

On conserve les œufs en rendant la coquille imperméable au moyen d'un vernis à la paraffine, ou en les recouvrant d'une épaisse couche de matière pulvérulente, sciure de bois, par exemple.

Les œufs conviennent aux estomacs fatigués, aux personnes qui absorbent peu de nourriture.

Le blanc d'œuf délayé dans l'eau est l'antidote du sublimé corrosif.

Beurres : falsifications

Beurre. — Le beurre est obtenu au moyen de la crème du lait. Placée dans des baratles où elle est fortement battue, la crème est transformée en beurre, dont voici la composition approximative :

Eau	119	grammes.
Albuminoïdes	9	—
Hydrates de carbone	7	—
Graisses	850	—
Sels	15	—
	1.000	grammes.

Les meilleurs beurres sont ceux de Normandie et de Bretagne. Dans l'organisme, le beurre agit surtout par la forte proportion de graisse qu'il renferme. Le beurre a une saveur agréable, il est digestible ; mais si le lait d'où il provient est contaminé, il devient dangereux. Préparé à froid, les microbes pathogènes ne sont pas détruits ; ce n'est qu'après cuisson qu'il peut être absorbé sans danger.

Le beurre mal préparé rancit rapidement ; la lumière, l'oxygène, les ferments agissent sur la matière grasse, qui s'oxyde ; cette oxydation enlève au beurre ses qualités essentielles et doit le faire rejeter. On conserve plus longtemps le beurre en bon état au moyen de la salaison.

Falsifications. — Le beurre est souvent falsifié. On ajoute au beurre de la margarine, de la graisse de veau. Il est difficile de constater la présence de ces substances, mais le beurre qui en contient est moins savoureux.

Le beurre est souvent coloré en jaune ; quelquefois, les substances employées à lui donner sa coloration sont dangereuses ; c'est pourquoi il est préférable de n'utiliser que des beurres incolores.

Graisses. — Toutes les graisses animales renferment les mêmes principes, stéarine, margarine, oléine, mais en proportions différentes suivant qu'elles sont fournies par le porc, le bœuf, le mouton.

Les huiles contiennent aussi les mêmes principes; l'oléine, substance liquide, y domine; c'est pourquoi les huiles sont liquides à la température ordinaire.

Les graisses sont d'autant plus digestibles qu'elles renferment moins de stéarine; c'est pourquoi les graisses de bœuf et de mouton, qui en renferment d'assez fortes proportions, sont peu employées dans l'alimentation.

On falsifie la graisse de porc en y ajoutant du suif : la fraude est difficile à reconnaître.

Si elle est unie à des poudres blanches, qu'on y ajoute pour en augmenter le poids, on constate leur présence en faisant dissoudre la graisse dans la benzine : les substances pulvérulentes se déposent.

Farines : leurs altérations. — Pains.

Farines. — Les farines sont extraites des graines des céréales : blé, seigle, orge, avoine, maïs, etc. La plus usitée dans l'alimentation de l'homme et la plus estimée est la farine de froment. La farine contient de l'amidon, du gluten, de l'albumine. L'analyse de A. Gauthier donne les résultats suivants :

Eau..................	140	grammes.
Albuminoïdes........	153	—
Hydrates de carbone.	679	—
Graisses..............	12	—
Sels.................	16	—
	1,000	grammes.

La farine de blé doit être douce au toucher; comprimée fortement, elle demeure en masse momentanément. Elle forme avec l'eau une pâte plastique. La farine de blé est surtout riche en amidon, 680/1,000^{es} environ. Le gluten et les matières albuminoïdes forment environ les 15/100es.

Falsifications. — La fraude diminue le prix de revient de la farine de blé en y ajoutant des farines de qualité inférieure, seigle, maïs, etc. Ces substances lui enlèvent de ses propriétés, mais ne sont pas nuisibles ; cependant, l'usage habituel de la farine de maïs peut produire une dangereuse maladie connue sous le nom de pellagre, fréquente en Italie parmi les populations qui se nourrissent de polenta. D'autres falsifications sont plus dangereuses, ce sont celles qui consistent à ajouter à la farine des substances minérales pulvérisées, craie, talc, etc.

Le microscope permet de reconnaître la présence de farines étrangères ; la structure des grains de fécule et d'amidon varie avec la nature de la céréale ; l'observation microscopique révèle l'origine des amidons examinés.

Fécule

Le microscope permet aussi de distinguer les poussières qui s'y trouvent mêlées ; l'analyse chimique en indique la nature.

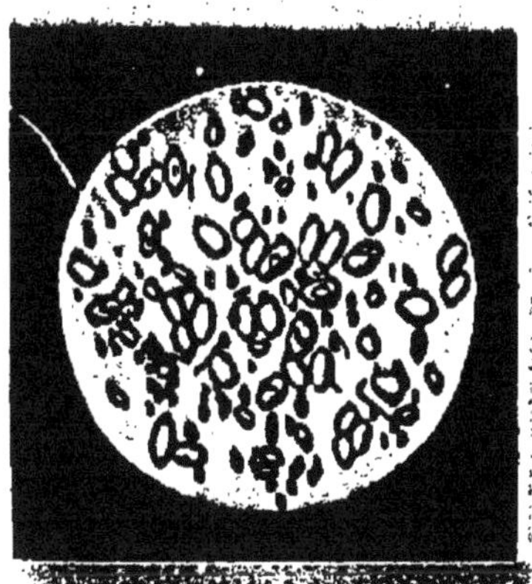
Amidon du blé

D'autres causes peuvent rendre la farine impropre à l'alimentation. Pour augmenter le rendement, les fabricants peuvent négliger le nettoyage ; aux grains de blé s'ajoutent, dans la mouture, les graines de nielle qui donnent à la farine une saveur âcre, les graines de vesces, qui sont amères. L'ergot, fréquent sur les grains de seigle, se trouve aussi sur les grains de blé ; il renferme l'ergotine, alcaloïde toxique. Pulvérisé et mêlé à la farine, l'ergot rend celle-ci dangereuse.

Il est important de veiller à ce que la farine ne renferme aucune des substances qui peuvent la rendre nuisible.

La farine de blé débarrassée par le tamisage de la partie extérieure du grain et du germe (son) est employée à la fabrication du pain, des pâtes alimentaires, des pâtisseries.

Pain. — Le pain est l'aliment le plus répandu en France; le meilleur pain est celui qui est fabriqué avec la farine de blé de bonne qualité. Un bon pain doit présenter les conditions suivantes : être blanc, léger, très cuit, bien fermenté, avoir une odeur agréable. On reconnaît que le pain est bien cuit lorsqu'il ne s'écrase pas sous la pression de la main, et que la croûte est bien dorée; la fermentation est suffisante, lorsqu'il présente des yeux nombreux et rapprochés, qui rendent la pâte légère; il ne doit pas présenter de vastes cavités qui sont dues à une fermentation trop prolongée. Le pain frais est indigeste à cause de la trop grande quantité d'eau qu'il renferme; le pain rassis a perdu de son eau et se digère plus facilement. Le pain trop hydraté conserve mal, se couvre de moisissures; il est d'une digestion difficile.

Les microbes que peuvent renfermer l'eau et la farine sont détruits par la cuisson du pain.

Pour rendre le pain plus blanc et masquer l'adjonction de farines de mauvaise qualité, les boulangers y ajoutent quelquefois des substances nuisibles à la santé.

Les falsifications du pain sont généralement dues à l'emploi de farines fraudées; il importe donc de s'assurer de la bonne composition des matières premières.

Pain complet. — Le pain complet est fait avec la farine de froment non tamisée, et renfermant par conséquent le son ou enveloppe du grain. Ce pain contient plus d'albuminoïdes et de substances grasses que le pain ordinaire; il doit donc être plus nourrissant. Malheureusement, il est indigeste et s'assimile moins bien que le pain ordinaire. Il peut donc fatiguer les estomacs délicats sans avantage réel, attendu qu'une partie des matières qui le composent n'est pas utilisée par l'organisme.

Ce pain, qu'on a d'abord préconisé pour ses qualités, ne mérite pas les éloges qu'on en a faits.

Pâtes alimentaires. — Les pâtes alimentaires peuvent être rendues dangereuses par l'emploi de farines avariées et de matières colorantes. Il est préférable de ne consommer que celles qui sont incolores, et encore celles-ci peuvent quelquefois être rendues plus blanches au moyen de substances plus ou moins toxiques.

De bonne qualité, les pâtes alimentaires sont un aliment sain et nutritif.

Pâtisseries. — Les pâtisseries sont faites avec la farine de froment. Il faut préférer les pâtisseries légères et sèches à celles qui sont lourdes et trop grasses.

Elles peuvent être falsifiées par la margarine, qui remplace le beurre, par les oxydes métalliques, toxiques qui colorent les sucres, par la saccharine, qui remplace le sucre. Ces falsifications étant difficiles à reconnaître, il est prudent de se pourvoir de pâtisserie chez les fabricants renommés pour leur probité.

Le *maïs*, l'*orge* et le *seigle* donnent des farines qui, en certains pays, servent à fabriquer du pain de qualité inférieure ou des bouillies estimées (polenta en Italie).

Légumes

Dans les légumes, on range des substances végétales qui peuvent être mangées vertes ou desséchées : de là, la division en légumes verts et légumes secs.

Légumes verts. — Un grand nombre de plantes nous fournissent des légumes verts. Dans certaines, on utilise les jeunes pousses (asperge); dans d'autres, les racines (salsifis) ; dans certaines, on emploie l'inflorescence (artichaut); dans d'autres, les feuilles (céleri, oseille, persil, cerfeuil, épinards, cresson, chicorée, etc.).

Tous ces légumes contiennent beaucoup d'eau, sont peu nourrissants, parce qu'ils renferment peu de substances azotées; néanmoins, ils sont très utiles dans l'alimentation, parce qu'ils fournissent beaucoup de déchets qui excitent les muqueuses de l'intestin, et agissent mécaniquement sur les résidus de la digestion, dont ils facilitent l'expulsion ; ils sont laxatifs.

La digestion des légumes crus est toujours difficile : la cuisson les ramollit et les rend digestibles.

Les *légumes acides*, comme l'oseille et l'épinard, ont des propriétés stimulantes et laxatives.

Les *légumes aromatiques ou sucrés*, comme la carotte, le salsifis, le céleri, la betterave, excitent l'appétit, favorisent la sécrétion des sucs digestifs. Le sucre qu'ils renferment sert à entretenir les combustions organiques.

L'artichaut, le *navet*, l'*asperge*, le *chou-fleur*, le *chou* forment des mets agréables, apéritifs, savoureux, plus ou moins nourrissants.

La *tomate* bien mûre a une saveur légèrement acide; c'est un aliment peu nutritif, mais rafraîchissant et excitant.

Le *cresson* est à la fois excitant par sa saveur, dépuratif et tonique par le soufre, l'iode et le phosphore qu'il renferme. Il faut se garder d'adopter l'opinion erronée qui considérait autrefois les diverses variétés de cresson comme antiscorbutiques.

Le *persil*, *l'estragon*, le *cerfeuil*, la *sarriette* sont employés comme condiments.

La *chicorée*, le *céleri*, le *cresson*, la *laitue*, *l'endive*, la *scarole*, sont souvent mangés en salades ; leur saveur excite l'appétit et favorise la sécrétion des sucs digestifs.

Les feuilles des végétaux mangées crues peuvent transmettre certaines maladies si des lavages abondants ne les séparent des germes nocifs. L'usage d'employer des excrétions humaines pour hâter le développement de ces plantes permet de retrouver quelquefois sur les feuilles des œufs de ténia, le bacille de la fièvre typhoïde. On ne saurait prendre des précautions trop rigoureuses pour éviter la contamination que ces végétaux mangés crus peuvent produire.

Le fruit du *haricot*, la graine du *pois*, utilisés avant leur maturité, forment un mets savoureux et agréable ; ils sont alors peu nutritifs et constituent plutôt un excitant qu'un aliment réparateur.

Légumes secs. — Les légumes secs, qu'on peut trouver en toute saison, sont la pomme de terre et les graines des légumineuses.

La *pomme de terre* renferme abondamment de la fécule et peu de substance azotée ; elle exige, dans l'alimentation, l'addition de substances riches en azote : viande, œufs, graines de légumineuses.

En France, elle se développe dans toutes les régions, et se prête à des préparations si variées qu'elle est un facteur important de l'art culinaire.

Le tableau suivant établit la valeur alimentaire relative de la pomme de terre et des graines de lentilles :

	Pomme de terre	Lentille
Eau	763 grammes	115 grammes.
Albuminoïdes	15 —	265 —
Hydrates de carbone	200 —	580 —
Graisses	12 —	25 —
Sels	10 —	15 —
	1.000 grammes	1.000 grammes.

Graines de légumineuses : fèves, pois, haricots, lentilles. — Ces graines sont riches en azote (légumine) et en hydrates de carbone ; elles sont avantageusement employées dans les régimes qui ne comportent pas de viande. Aussi azotées que les muscles des animaux, elles renferment une forte proportion d'hydrates de carbone ; mais toutes les substances nutritives qu'elles contiennent ne sont pas utilisées : une notable proportion forme des détritus. Elles sont difficiles à digérer ; il faut en faire un usage modéré.

On fait avec ces graines des purées très nourrissantes, qu'on digère facilement parce que les graines sont débarrassées de leurs enveloppes, qui sont indigestes.

Champignons et plantes vénéneuses : Empoisonnements et soins immédiats

Champignons. — Les champignons sont recherchés pour leur arome agréable et les principes savoureux qu'ils renferment. Ils sont riches en eau, pauvres en matières nutritives ; ils peuvent être considérés comme des condiments ; ils renferment environ 90 0/0 d'eau et 6 0/0 de matières azotées, encore celles-ci ne sont-elles pas complètement assimilables. Leur valeur nutritive est presque nulle ; ils excitent l'appétit et se digèrent facilement.

Parmi les champignons, il y a peu d'espèces qui puissent servir d'aliments ; encore celles-ci peuvent-elles devenir nocives si le champignon est vieux et flétri. On cite comme champignons comestibles : le mousseron, le champignon de couche, le bolet comestible, la chanterelle, l'amanite oronge, la morille. Il faut toujours rejeter comme dangereux les champignons à couleurs vives (fausse girolle), ou ceux qui changent de couleur par le contact (bolet satan), ceux qui ont une odeur désagréable, une saveur âcre ou brûlante.

Le meilleur moyen d'éviter les dangers qu'ils présentent est de ne manger que ceux qui offrent une sécurité complète : tel le champignon de couche.

Les champignons vénéneux renferment des alcaloïdes très actifs qui peuvent causer la mort. On cite de nombreux cas d'empoisonnement par les champignons.

Empoisonnements par les champignons ; soins immédiats. — En cas d'empoisonnement par les champignons, il faut prévenir immédiatement le médecin. En attendant son arrivée, il faut provoquer le vomissement en prenant de l'émétique ou de l'ipécacuanha, et en buvant beaucoup d'eau tiède. Après le vomissement, on fait prendre un purgatif, huile de ricin de préférence; à défaut, on administre du sulfate de magnésie ou du sulfate de soude. L'effet des médicaments étant produit, on réconforte le malade au moyen du café, du thé, d'un vin chaud, d'un peu de cognac. En cas de collapsus, le malade doit être soigné comme un asphyxié : on pratique des massages et d'énergiques frictions à l'alcool.

Truffes. — La truffe est douée d'un arome très agréable qui la fait rechercher. Sa valeur nutritive est très faible; elle joue le rôle de condiment en rehaussant la saveur des aliments auxquels on l'unit.

Son prix élevé a quelquefois poussé les fraudeurs à donner à la pomme de terre desséchée la couleur de la truffe, en lui faisant absorber une substance colorante. Cette falsification est grossière et facile à reconnaître à l'odeur et à la saveur.

Plantes vénéneuses. — Beaucoup de plantes renferment des principes vénéneux. Celle qui présente le plus de danger en vue de l'alimentation est la ciguë, que l'on peut confondre avec le persil. La petite ciguë ressemble au persil par ses feuilles; mais elle en diffère par sa fleur, qui est blanche, et par son odeur, qui est nauséabonde.

On cite encore comme plantes vénéneuses : la belladone (fruits noirs), la douce-amère (fruits rouges), qui par la couleur de leurs baies peuvent attirer les enfants. La jusquiame, le datura, le tabac, l'aconit, l'hellébore, le pavot, la renoncule, l'euphorbe, le colchique d'automne, etc., plantes qu'on rencontre fréquemment dans les champs et les jardins, sont toutes très vénéneuses.

Ces plantes doivent leurs propriétés vireuses aux alcaloïdes qu'elles renferment.

Empoisonnements ; soins immédiats. — Si un empoisonnement est dû à ces plantes, on doit prévenir le médecin sans retard. Pour arrêter les progrès du mal, on doit immédiatement provoquer le vomissement et suivre les prescriptions données à propos des empoisonnements par les champignons.

CHAPITRE XVIII

ALIMENTS
(suite)

Fruits : fruits verts. — Conserves : préparation ; leurs dangers.

Fruits

Les fruits sont des substances qui jouent un rôle important dans l'alimentation. Ils peuvent être divisés ainsi : 1° *fruits secs ;* 2° *fruits pulpeux.*

Fruits secs. — On range dans ce groupe la noix,

l'amande, la châtaigne, la noisette, la noix de coco, l'amande du theobroma (cacaoyer). Tous ces fruits renferment une forte proportion de substances azotées, de substances grasses et d'hydrocabures, qui leur donnent une grande valeur nutritive. Les fruits huileux, noix, noisette, ont l'inconvénient de rancir, c'est-à-dire que la substance grasse s'oxyde en vieillissant

Les fruits secs, après dessication, placés dans un lieu privé d'humidité, peuvent conserver durant plusieurs mois leur valeur alimentaire.

Fruits pulpeux. — Les fruits pulpeux ne présentent le maximum de leurs qualités que lorsqu'ils ont atteint une complète maturité. Les fruits mûrs renferment de l'eau, du sucre, des acides organiques, de l'amidon, des produits pectiques et des essences auxquelles ils doivent leur saveur aromatique. Ils renferment très peu d'azote, 7/1,000es environ ; point de corps gras, 150/1,000es d'hydrates de carbone : aussi sont-ils très peu nutritifs. Ils agissent comme excitants des glandes sécrétrices et favorisent la digestion ; il est bon d'en absorber à la fin de chaque repas.

Il est certains fruits qui, à leur maturité, doivent être consommés rapidement, car ils deviennent bientôt le siège de fermentations qui les rendent nocifs. Ces fermentations sont dues à des microbes apportés par l'air ; sous leur action, le fruit se décompose, perd sa valeur alimentaire et prend des propriétés plus ou moins toxiques. C'est pour cette raison que la fraise et la framboise, qui s'altèrent promptement à leur maturité, peuvent provoquer des indigestions dangereuses.

L'altération des fruits est plus ou moins rapide suivant leur nature. La fraise, la framboise commencent à se décomposer quelques heures après leur complète maturité. L'abricot, la cerise, la pêche, la groseille résistent un peu plus de temps à l'action des ferments. La prune peut être conservée longtemps par la dessication, elle est utilisée plus tard sous le nom de pruneau.

La poire, la pomme, le coing, l'orange, le citron peuvent résister de longs mois aux causes d'altération.

Tous ces fruits sont rafraîchissants, excitants et plus ou moins laxatifs.

Le raisin est un fruit sain et très laxatif; aussi est-il employé avec avantage pour combattre certaines affections du tube digestif. La cure aux raisins est assez fréquemment usitée. Par sa composition, le raisin ne diffère pas sensiblement de la cerise :

Eau	828	grammes.
Albuminoïdes	7	—
Hydrates de carbone	160	—
Graisse	»	—
Sels	5	—
	1.000	grammes.

Le *melon*, la *courge*, la *citrouille*, la *pastèque*, le *concombre* sont rafraîchissants, laxatifs et peu nourrissants.

Fruits gâtés. — Il faut s'abstenir de manger des fruits gâtés, de quelque nature qu'ils soient ; les principes plus ou moins toxiques qui résultent des fermentations produites dans leurs tissus peuvent provoquer des indispositions.

Confitures, gelées. — Tous les fruits peuvent servir à la fabrication de confitures et gelées agréables au goût et utiles dans l'alimentation. Le sucre employé dans ces préparations leur donne une certaine valeur nutritive ; les aromes qu'on y ajoute excitent l'appétit et favorisent les fonctions digestives.

Le *mode général de préparation* est d'éplucher les fruits, de les placer dans un vase que l'on soumet à l'action d'un feu vif, à sec, si le fruit est aqueux : raisin, cerise, groseille, etc., plongé dans l'eau, si le fruit est dur : pomme, poire, coing. On recueille le jus, que l'on tamise, on sucre en mettant poids égal de jus et de sucre, on aromatise, on fait cuire jusqu'à ce que la confiture ait une consistance suffisante.

Les *compotes sucrées*, agréables au goût, laxatives et excitantes, préparées avec des fruits cuits à l'eau, additionnés de sucre, forment un aliment sain qui devrait souvent être employé dans l'alimentation.

Fruits verts. — Les fruits verts sont acides et indigestes. Par leurs acides, ils attaquent l'émail dentaire et fatiguent l'estomac.

La pulpe dure qui les forme est difficile à digérer. Il faut donc s'abstenir de manger des fruits verts.

Conserves alimentaires

Causes d'altération des substances organisées. Procédés de conservation. — Les progrès des sciences ont permis de connaître et appris à combattre les causes qui produisent l'altération des substances alimentaires.

Certains procédés de conservation nous viennent des anciens, qui les appliquaient par un effet de l'expérience acquise, sans s'inquiéter des micro-organismes qu'ils détruisaient.

Les physiologistes modernes nous ont appris que toutes les substances organisées, privées de la vie, doivent la putréfaction de leurs tissus à l'action de bactéries qui se développent et se multiplient en produisant la décomposition des substances qui ont vécu. Les chimistes nous ont fait savoir que les matières en voie de putréfaction contiennent des toxines, poisons qui ont leur origine dans les êtres qui s'en multipliant leurs espèces, produisent des principes capables de donner la mort à l'imprudent qui s'aventure à se nourrir d'aliments altérés.

Les causes de putréfaction étant connues, les procédés de conservation ont pour rôle :

I. *De détruire les micro-organismes;*

II. *De soustraire les aliments à l'action des germes destructeurs;*

III. *D'arrêter le développement des germes existants en plaçant les substances alimentaires dans des milieux convenables.*

Préparation des conserves

I. — Destruction des germes de putréfaction

On détruit les germes par deux procédés : 1° par stérilisation; 2° par les antiseptiques.

1° Destruction des germes par stérilisation.

On stérilise une substance en la soumettant à une température élevée qui détruit les germes. Le procédé Appert, perfectionné par Pastier, permet de conserver longtemps les viandes, les légumes.

Conservation des viandes. — On fait cuire la viande qu'on veut conserver dans un bouillon convenable. Après la cuisson, on l'introduit dans des boîtes en fer-blanc que l'on soude; on ménage une petite ouverture au couvercle, on fait pénétrer le bouillon par cette ouverture jusqu'à ce que l'intérieur de la boîte soit rigoureusement plein ; on soumet ensuite ces boîtes à l'action de la chaleur dans une marmite autoclave, dans l'intérieur de laquelle on élève la température jusqu'à 120° environ ; on maintient les boîtes à cette température pendant deux heures ; on les retire, on ferme la petite ouverture au moyen d'une goutte d'étain. La préparation est terminée. Ces conserves offrent une très grande sécurité en vue de leur conservation.

Dans les ménages où on n'a pas d'autoclave, on prépare les viandes comme il a été dit plus haut. Après avoir introduit le bouillon, on ferme l'ouverture. On place les boites dans un bain-marie ; on les maintient trois heures dans l'eau bouillante. On les retire.

Si la boite ne présente pas de fissure qui laisse pénétrer l'air, la viande peut garder ses propriétés alimentaires durant une longue période. C'est ainsi que l'on conserve les pâtés de foie gras, les civets de lièvre, etc.

Les germes putrides que peut renfermer la viande sont détruits par la cuisson ; mais, en transvasant les matières alimentaires, l'air a pu leur en communiquer de nouveaux ; il peut y en avoir aussi dans la boite où on les enferme pour les préserver du contact de l'air. La cuisson prolongée au bain-marie ou à l'autoclave détruit tous ceux qui sont renfermés dans le récipient.

Conservation des légumes. — Après les avoir soigneusement lavés et épluchés, les légumes sont blanchis. Après cuisson à l'eau, on les introduit dans des boites en fer-blanc que l'on remplit d'une solution d'eau salée. Les boites une fois fermées sont portées pendant deux heures à une température de 120° à l'autoclave ou maintenues trois heures au bain-marie. C'est ainsi que l'on prépare les conserves de champignons, de truffes, d'asperges, de haricots verts, de petits pois, etc.

Emploi de sels de cuivre ; dangers. — Dans la cuisson, ces derniers légumes perdent leur couleur verte ; certains préparateurs y ajoutent un peu de sels de cuivre pour les verdir. En très petite quantité, cette substance est inoffensive.

Il est cependant préférable de manger des légumes moins verts et de renoncer aux sels de cuivre, qui, à dose trop forte, sont toxiques. Si, par inadvertance, la dose autorisée était dépassée, on courrait le risque d'un empoisonnement.

Procédé pratique. — Dans les ménages, et particulièrement à la campagne, où l'on peut quelquefois difficilement pratiquer la soudure, on peut remplacer la boîte en fer-blanc par des bouteilles en verre solide et à large goulot, dans lesquelles on introduit les légumes et l'eau salée. On a soin de laisser un espace libre entre le liquide et le bouchon, qu'on assujettit fortement au moyen d'une ficelle qu'on fixe autour du goulot. On pratique la coction comme avec les boîtes en fer-blanc.

Dangers de ces préparations. — Malgré les précautions prises, un accident peut déterminer une fissure dans la boîte, ou bien la soudure peut être mal faite. Les microbes s'introduisent par la fissure et provoquent des fermentations qui produisent des toxines. Si on s'aperçoit, au moment de consommer le contenu de la boîte, que la conservation de la substance est douteuse, on doit la rejeter sans hésitation. De nombreux cas d'empoisonnement sont dus à l'action des conserves altérées.

Moyen de reconnaître si la conserve est en bon état. — La conserve est en bon état, si le couvercle est légèrement affaissé ; s'il est soulevé, il faut s'en défier, car les fermentations produites ont pu donner naissance à des gaz qui distendent les parois.

La boîte étant ouverte, il faut consommer le contenu immédiatement, l'altération des substances conservées étant très rapide.

2° *Destruction des germes par les antiseptiques*

Certaines substances ont la propriété de détruire les microbes ; ce sont les antiseptiques, tels que : vinaigre, alcool, sel marin, créosote, acide phénique.

Le *vinaigre* est utilisé pour la conservation de certains fruits : câpres (bourgeons du câprier), cornichons, piments. Plongés dans le vinaigre, ils conservent longtemps. Une légère cuisson préalable détruit les germes existants.

L'*alcool* sert à conserver les fruits : cerises, prunes, raisins, etc. Placés dans l'alcool, ils résistent à la décomposition. L'alcool concentré au-dessus de 50° tue les microbes et forme avec l'albumine un composé imputrescible.

Le *sel marin* employé à la conservation des viandes agit comme antiseptique faible et comme agent de dessiccation. Sous l'action du sel, la viande perd beaucoup d'eau ; cette saumure abondante qui entoure les viandes salées est due à l'eau dégorgée par la viande et à la fusion du sel.

On conserve par la salaison les haricots verts, les choux (choucroute), etc.

Les viandes salées peuvent conserver longtemps ; mais le sel a l'inconvénient de modifier leur saveur et de les rendre indigestes. C'est par salaison qu'on conserve les lards, les jambons, les sardines, les maquereaux, les harengs, etc.

La *créosote* agit comme antiseptique ; mais, si elle est en excès, elle communique à la viande une saveur désagréable.

L'*acide phénique* détruit les germes putrides et communique à la viande un très mauvais goût.

Fumage des viandes. — Soumises à l'action de la fumée, certaines viandes conservent longtemps, et présentent une saveur agréable, tels les jambons d'Yorck, les harengs saurs, etc.

La fumée à laquelle on soumet les viandes agit comme antiseptique et comme dessiccative. Elle agit comme antiseptique par le charbon et la créosote qu'elle renferme, et comme substance desséchante parce qu'elle fait perdre à la viande beaucoup d'eau.

La fumée forme une croûte superficielle qui préserve les parties internes de l'action de l'air et des microbes qu'il renferme.

Le fumage rend la viande difficile à digérer, et, comme son action est superficielle, il peut arriver, si l'intérieur devient accessible aux micro-organismes par quelque point non antiseptisé, que les parties internes soient altérées par les microbes anaérobies et deviennent le siège de toxines. Il faut donc s'assurer, avant de les consommer, que ces viandes sont en parfait état de conservation.

II. — Préservation des aliments du contact des germes destructeurs

On préserve les aliments du contact des germes putrides en les privant d'air par *enrobage*.

L'*enrobage* consiste à plonger les substances alimentaires dans un milieu qui empêche toute communication avec l'air extérieur. Ainsi, l'huile, la graisse, l'eau salée, le sucre servent à cet usage; le vinaigre et l'alcool agissent aussi comme antiseptiques.

En général, on commence par détruire par la cuisson les microbes existants dans l'aliment ; sans cette précaution, les germes anaérobies qui s'y trouvent pourraient poursuivre leur œuvre destructrice. Après cuisson, on l'introduit dans les graisses fondues. On prépare ainsi les confits d'oie, de dindon, de porc, les pâtés de foie gras.

On conserve dans l'huile les sardines, le thon, les tomates, etc.

Les olives sont conservées dans l'eau salée.

Les câpres sont plongées dans le vinaigre.

Les fruits (cerise, prune, etc.) sont introduits dans l'alcool ou les jus sucrés.

III. — ARRÊT DU DÉVELOPPEMENT DES GERMES

On peut conserver les viandes sans détruire les germes, en les plaçant dans un milieu qui s'oppose à leur développement.

Les germes ne se développent pas dans un milieu très sec ni à basse température. Pour conserver les aliments, on peut donc les dessécher ou les soumettre à l'action du froid.

La *dessiccation* conserve les aliments, parce qu'elle leur enlève l'humidité nécessaire au développement des microbes : un milieu humide favorise leur multiplication. On conserve par dessiccation les saucissons, les jambons, certains fruits (pruneaux de Tours, d'Agen), les raisins, les poires (poires tapées du Mans), les graines des légumes (pois, fèves, haricots, lentilles).

La dessiccation est le procédé de conservation des viandes le plus anciennement employé. Il a l'inconvénient de leur enlever leur saveur et de les rendre indigestes. Il est néanmoins encore employé en certains pays, particulièrement dans l'Amérique du Sud.

La *réfrigération* ne tue pas les microbes, mais arrête leur multiplication. Une viande saine placée à la température de 0° ou au-dessous ne se décompose point et garde toute sa saveur. Si elle doit être conservée longtemps, on la soumet à la température de —5° dans une chambre frigorifique. Enveloppée dans une couche de glace, on a pu la transporter d'Amérique en Europe, à la température de —5°, en parfait état de conservation et de sapidité.

Les glacières utilisées dans les boucheries maintiennent la viande à une température voisine de 0°, par suite de l'abaissement de température dû à la liquéfaction de la glace.

En été, on conserve et on transporte les poissons et les crustacés enveloppés dans la glace.

Dangers des conserves

Quel que soit le mode de préparation ou la nature de la conserve, il faut se rappeler que celles qui sont en parfait état de conservation présentent seules une innocuité absolue. Les aliments dont les tissus sont altérés par l'action des microbes renferment tous des toxines; ils offrent donc de sérieux dangers d'empoisonnement. Toute substance conservée qui inspire une sécurité douteuse doit rigoureusement être exclue de l'alimentation.

Pour combattre les empoisonnements produits par les conserves alimentaires, on emploie les procédés utilisés dans les empoisonnements par les champignons. (Voir page 173.)

CHAPITRE XIX

BOISSONS

Eau. — Eau contaminée. — Parasites introduits par l'eau. — Filtrage et ébullition. — Glace à rafraîchir. — *Café, thé, chocolat.*

Les liquides absorbés constituent les boissons. Pour réparer les pertes en eau faites par l'organisme, la boisson est nécessaire; la quantité d'eau renfermée dans les aliments solides est insuffisante pour compenser les éliminations constantes faites par les tissus vivants. Le liquide qui forme la véritable boisson naturelle est l'eau; elle agit par elle-même et par les sels minéraux qu'elle tient en dissolution.

Eau potable

Il est important que l'eau qui sert de boisson soit bonne et saine. Une bonne eau potable doit présenter les qualités suivantes : elle doit être claire, limpide, fraîche (4 à 10°), sans odeur ni saveur; elle doit contenir des gaz en dissolution (oxygène, azote, gaz carbonique); elle doit renfermer certains sels (chlorure de sodium, phosphate de calcium); évaporée à siccité, l'eau ne doit pas donner plus de 0gr 5 de résidu par litre. L'eau ne doit pas contenir de matières organiques ni de microbes pathogènes.

Avant d'adopter une eau dans l'alimentation, on doit s'assurer qu'elle possède les qualités ci-dessus énumérées.

Moyens pour reconnaître les propriétés de l'eau. — En l'examinant et en la goûtant, on connaît sa *couleur*, son *odeur*, sa *saveur*.

Elle renferme des gaz en dissolution lorsqu'elle est légère et digestible. Chauffée dans un ballon muni d'un tube à dégagement, l'eau qui tient des gaz en dissolution les laisse se dégager au commencement de l'opération; les gaz s'élèvent à la partie supérieure d'une éprouvette placée sur la cuve à mercure.

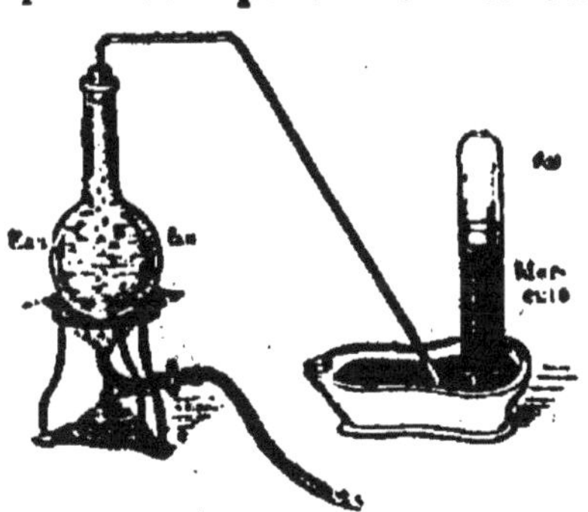

Extraction des gaz dissous dans l'eau.

On reconnaît qu'elle renferme une proportion convenable de *sels minéraux* en faisant évaporer un litre de liquide et en déterminant le poids du résidu, dont on indique la composition par l'analyse chimique.

On peut reconnaître que l'eau renferme du *sulfate de chaux* par le savonnage. L'eau qui dissout bien le savon ne contient pas trop de sels de calcium; celle qui, en présence du savon, forme des grumeaux, celle que les ménagères appellent une « eau crue », doit être rejetée de l'alimentation.

Au moyen du permanganate de potassium, on reconnaît si l'eau renferme *des matières organiques*. Ce produit forme avec l'eau une dissolution colorée qui devient incolore par l'ébullition en présence des matières organiques.

La nature des *microbes* ne peut être déterminée que par l'ensemencement de cultures propres au développement des germes. Cette opération est le travail du naturaliste et non de la ménagère.

Les eaux naturelles. — On trouve abondamment de l'eau à la surface de la terre ; mais toutes ces eaux sont loin d'être potables. L'eau de mer ne peut servir à l'alimentation. Examinons successivement les eaux de source, de puits, de fleuves, d'étangs, de pluie.

Eau de source. — L'eau qui sort du sol et arrive à sa surface est la meilleure des eaux potables, si sa composition chimique est convenable. Cette eau, qui vient de traverser les diverses couches de terrain, a subi une épuration; cette filtration la débarrasse des matières en suspension et des microbes pathogènes; par suite de son pouvoir dissolvant, elle renferme des sels minéraux. Pour lui conserver ses qualités, il faut la préserver de la contamination à son point d'émergence en éloignant les détritus, les poussières, les émanations qui pourraient altérer sa composition.

Captée à son origine et conduite dans des réservoirs bien compris, elle est une bonne eau potable.

Eau de puits. — L'eau de puits artésien qui vient à la surface de la terre d'une très grande profondeur peut être une excellente eau potable, si les matières minérales qu'elle renferme sont en proportion convenable.

L'eau des *puits ordinaires* qui est fournie par une nappe d'infiltration superficielle (8 à 12 mètres environ) peut être une bonne eau potable par suite des purifications qu'elle a subies dans les différentes couches du sol. Si des substances étrangères viennent la contaminer, elle est dangereuse.

Parmi les causes d'altération, on peut citer le voisinage des humus, des composts, des fosses d'aisances : les liquides émanant de ces lieux s'infiltrent dans le sol, et, si le puits est assez rapproché, ils peuvent corrompre l'eau. Une telle eau est non seulement malpropre, mais elle renferme souvent des germes pathogènes : la fièvre typhoïde a fréquemment pour origine l'usage imprudent d'une eau infectée du bacille d'Eberth.

Il faut donc pour que l'eau des puits soit saine que ces réservoirs soient situés à une distance d'au moins 30 mètres de toute cause de contamination. Il faut que les puits soient couverts, afin d'en éviter l'accès aux débris organiques qui peuvent y être entraînés et aux germes apportés par l'air. On puisera l'eau au moyen d'une pompe.

Eau des fleuves et rivières. — Les cours d'eau renferment, en général, une eau bien minéralisée et riche en oxygène ; les débris organiques provenant des plantes voisines ou aquatiques ne se décomposent pas sur place, ils sont entraînés par le courant. Ces eaux peuvent donc être potables si le voisinage des lieux habités ne vient les altérer. Les rivières qui traversent les villes renferment généralement une eau malsaine, parce que l'on envoie tous les détritus dans la rivière, fosses d'aisances, égouts qui charrient des eaux ayant balayé les rues malpropres.

Les études faites sur les eaux de la Seine à Paris ont montré les altérations dues aux agglomérations humaines. Heureusement, les eaux corrompues par tous ces débris organiques se purifient dans leur parcours et redeviennent potables à une certaine distance du siège d'insalubrité. C'est à 100 kilomètres en aval de Paris que les eaux de la Seine redeviennent potables. Les eaux des rivières qui traversent les villes ne sont potables qu'après purification.

Eau des mares et des étangs. — L'eau stagnante des mares et des étangs est très insalubre. Cette eau calme n'est pas suffisamment pénétrée par l'oxygène ; les matières organiques provenant des végétaux voisins ou des plantes aquatiques s'accumulent dans ces étangs, subissent des fermentations putrides qui donnent naissance à des germes infectieux. L'eau stagnante doit donc être proscrite de l'alimentation.

Eau des citernes ; eau de pluie. — L'eau de pluie accumulée dans des réservoirs n'est pas une bonne eau potable. On pourrait croire que l'eau de pluie est pure et constitue une boisson hygiénique. Il n'en est rien ; en traversant l'atmosphère, cette eau se charge des débris organiques et des poussières qu'elle rencontre. Recueillie directement dans des vases, elle a l'avantage d'être bien aérée, mais elle a l'inconvénient d'être pauvre en matières minérales et riche en poussières et germes divers ; de plus, elle a souvent balayé les toitures et entraîné toutes les impuretés qui les recouvrent ; quelquefois même, elle a coulé sur des dalles en plomb, ce qui peut la rendre toxique.

L'eau des citernes est de l'eau de pluie qui a lavé les rues et entraîné les déchets et poussières qui les recouvraient ; arrivée dans la citerne, elle devient stagnante et permet la tranquille putréfaction des matières organiques qu'elle renferme. Cette eau, par suite de la décomposition des substances organisées qu'elle contient, présente de graves dangers, et ne doit être employée dans l'alimentation qu'après épuration. Il faut éviter de faire circuler l'eau de pluie dans des tuyaux de plomb ; le gaz carbonique qu'elle renferme forme au contact du plomb des sels solubles qui sont vénéneux.

L'eau de pluie et l'eau des citernes ne peuvent être considérées comme de bonnes eaux potables. Elles sont propres au lavage et au lessivage du linge parce qu'elles renferment peu de matières minérales.

CONCLUSION. — Des considérations précédentes, il résulte que toutes les eaux naturelles ne constituent pas une eau potable. L'eau de source recueillie dans les conditions indiquées plus haut est celle qui offre le plus de sécurité.

Il est prudent de déterminer avec soin l'eau qui doit servir dans l'alimentation, surtout celle qui doit être employée comme boisson. Celle qui sert à la cuisson des aliments perd ses propriétés nocives dans l'ébullition prolongée.

L'eau de toilette doit aussi être potable, attendu que, si cette eau renferme des microbes pathogènes, elle peut les communiquer au moyen des lavages qui permettent aux germes de s'introduire dans l'organisme par la bouche, le nez.

Eau contaminée

Les apports faits par l'air, l'action détersive de l'eau qui lui permet de dissoudre des substances étrangères, les lavages imprudents, les infiltrations occultes, les noyades inconsidérées des substances organiques, font souvent des eaux naturelles des foyers d'infection. L'eau renfermant des microbes pathogènes a souvent produit des épidémies qui ont jeté la consternation dans des villes et des contrées entières.

Les germes infectieux que l'on trouve le plus souvent dans l'eau sont le bacille typhique et le bacille du choléra.

Des statistiques ont établi que 90 0/0 des cas de fièvre typhoïde sont dus à l'eau qu'on croit potable et qui est infectée de bacilles d'Eberth.

Goutte d'eau vue au microscope

Indépendamment de ces deux microbes pathogènes, l'eau renferme encore de nombreux micro-organismes; la plus pure même en contient des milliers. Les observations faites dans les eaux différentes ont donné les résultats suivants :

Eau du drain d'Asnières.	12	bactéries par centre cube.
Eau de la Seine à Bercy.	1.400 —	—
Eau de la Vanne à Montrouge..................	120 —	—
Eau d'égout à Clichy....	6.000.000	—
Eau de la Seine à Chaillot (aval de Paris)........	111.660	—
Eau desservant un groupe de maisons........	6.397 —	—

Tous ces microbes ne sont pas infectieux; certains sont inoffensifs. Ils peuvent vivre longtemps dans l'eau et souvent même y modifier leurs caractères. Le bacille coli, que l'on trouve habituellement dans l'intestin de l'homme, existe dans presque toutes les eaux naturelles. On dit qu'en certains cas, il peut perdre son innocuité et devenir virulent : on attribue à ce bacille la diarrhée infantile qui sévit souvent en été.

Cette contamination fréquente de l'eau par les microbes impose une purification hygiénique. C'est surtout par les chaleurs estivales et en temps d'épidémie qu'on doit veiller à la pureté de l'eau potable.

Parasites introduits par l'eau

L'eau peut encore renfermer des germes qui, introduits dans le tube digestif de l'homme, peuvent se développer et devenir des parasites, tels : l'ankylostome duodénal, l'oxyure vermiculaire, l'ascaride lombricoïde.

L'*ankylostome duodénal* est un parasite très fréquent dans l'intestin de l'homme, surtout dans les pays chauds (Inde, Afrique, Italie). Dans nos régions, on le trouve assez fréquemment chez les mineurs; ils le recueillent en portant à leur bouche des doigts chargés de terre renfermant des œufs provenant d'excréments humains. L'œuf introduit dans le tube digestif se développe, atteint environ 12 millimètres, perfore les vaisseaux sanguins, suce le sang, provoque des tumeurs intestinales et même des hémorragies dangereuses. Ses œufs expulsés peuvent être entraînés dans l'eau, où ils conservent un certain temps leur pouvoir germinatif.

L'*oxyure vermiculaire* habite l'intestin de l'homme et peut y produire des irritations.

L'*ascaride lombricoïde* peut atteindre 25 centimètres de longueur. Il vit dans l'intestin grêle de l'homme. Dans l'intestin il cause, en général, peu de dégâts; s'il pénètre dans le canal cholédoque, il l'obstrue et cause la jaunisse (ictère). Les œufs de ces parasites expulsés hors de l'intestin sont entraînés par l'eau qui ruisselle à la surface du sol et transportés dans les réservoirs. L'œuf et l'embryon vivent longtemps dans l'eau; on évite de les absorber en soumettant l'eau au filtrage ou à l'ébullition.

Filtrage et ébullition

Filtrage. — Pour rendre l'eau potable, il faut la débarrasser des matières qu'elle tient en suspension (poussières, débris organiques), des germes de parasites et des microbes. Au moyen de filtres bien compris, on retient les matières en suspension ; il est difficile de la débarrasser des microbes.

Filtrage par le sol et le sable. — Le sol est un filtre naturel qui retient les matières en suspension dans l'eau ; voilà pourquoi les eaux qui arrivent à l'air après un filtrage à travers les couches perméables sont ordinairement limpides et potables.

Les villes filtrent l'eau de leurs réservoirs en lui faisant traverser une épaisse couche de sable, convenablement disposée ; mais ce mode de filtration ne retient pas les microbes.

Filtre à charbon. — Dans les ménages, on clarifie l'eau au moyen des filtres à charbon. Un grand vase porte une cloison en terre poreuse au-dessus de laquelle on place une couche de gravier, une couche de sable fin, une couche de charbon pulvérisé, une couche de sable, une couche de gravier. On verse par l'ouverture supérieure l'eau que l'on veut filtrer et on recueille le liquide épuré qui s'écoule par le robinet.

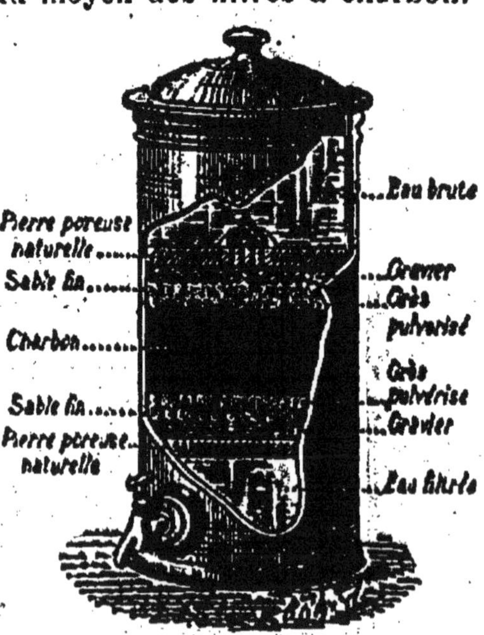

Filtre Buron.

Filtre Chamberland. — Les filtres précédents retiennent les matières en suspension mais laissent passer la plupart des microbes. Le filtre Chamberland en retient une notable proportion, s'il est tenu en bon état. Il se compose d'une bougie en terre poreuse que l'on introduit dans un cylindre qui communique à la partie supérieure avec une conduite d'eau. Le robinet étant ouvert, l'eau se répand dans l'espace intermédiaire, filtre à travers la bougie et s'écoule par l'orifice. Ce filtre retient presque tous les microbes, à la condition qu'il soit purifié souvent. Il est nécessaire de le laver, de le brosser et de le faire bouillir tous les deux ou trois jours pendant une heure. Sans cette précaution, il est plus nuisible qu'utile. L'observation a prouvé que, si l'on ne soumet pas la bougie à des nettoyages fréquents, l'eau qu'elle laisse passer contient plus de microbes que celle qui y entre.

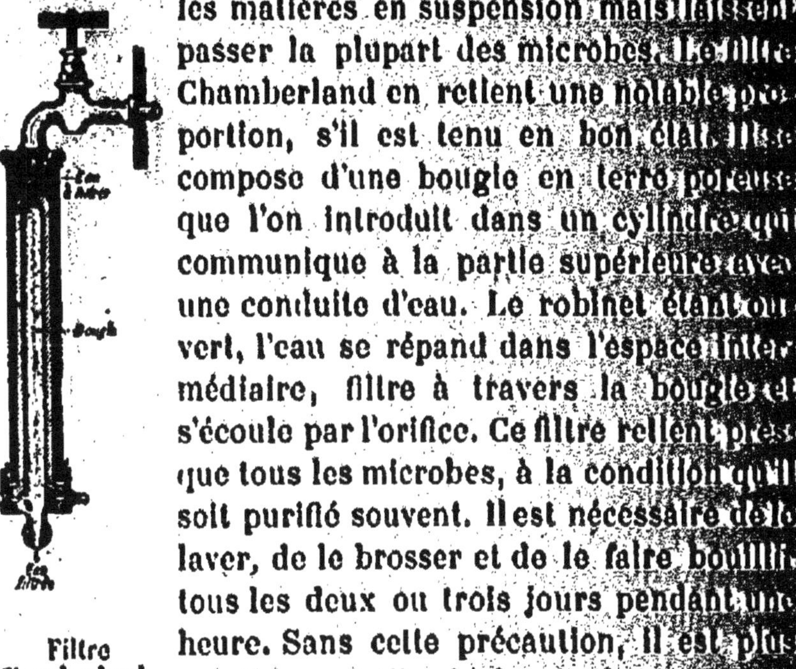

Filtre Chamberland.

Ebullition. — On voit, d'après ce qui précède, qu'aucun filtre ne présente une sécurité absolue en vue des microbes pathogènes. Une ébullition suffisante les détruit tous. L'ébullition est donc le meilleur procédé pour assainir l'eau, à la condition qu'elle dure 20 minutes. Les chiffres en font foi, d'après M. Miquel.

Eau contenant :

A la température ordinaire......... par centimètre cube,	400.000	microbes
Après 10 minutes à 50°, elle contient.	500	—
Après 20 — à 100° — .	0	—

L'eau portée à l'ébullition pendant 20 minutes est la seule qui soit exempte de micro-organismes.

Pendant l'été, et surtout durant les périodes d'épidémies, on ne doit boire que de l'eau ayant bouilli 20 minutes.

On détruit aussi tous les microbes en maintenant l'eau pendant 10 minutes à la température de 130°.

L'eau bouillie a l'inconvénient d'être lourde et indigeste, parce qu'elle a perdu les gaz qu'elle tenait en dissolution. On la fait aérer après l'ébullition en l'agitant quelque temps à l'air ; elle devient ainsi légère et digestible, elle dissout les gaz que l'air renferme.

Température. — On donne à l'eau une température convenable en la chauffant en hiver, de manière à la porter à la température d'environ 10°. On la refroidit en été, en la mettant dans des alcarazas, qu'il faut avoir soin de nettoyer fréquemment ; on la rafraîchit encore en entourant la carafe d'un linge mouillé et en l'exposant à l'air.

L'eau trop chaude est désagréable à boire ; l'eau trop froide, au-dessous de 4°, peut provoquer des indispositions.

Glace à rafraîchir

On emploie souvent, en été, de la glace pour rafraîchir les boissons ; cette pratique n'est pas sans présenter des dangers.

La glace dont on se sert est naturelle ou artificielle.

La *glace naturelle* provient des glaciers des régions froides ou des étangs dont on recueille la glace qui se forme à leur surface pendant l'hiver : cette dernière est conservée dans des réservoirs profonds creusés dans des caves fraîches.

La *glace artificielle* est produite par le refroidissement d'une eau plus ou moins bien filtrée et souvent très impure.

Les glaces naturelles ou artificielles sont loin de présenter une innocuité absolue. Pour tuer les microbes, il faut une température d'environ 20° au-dessous de zéro; rarement la glace possède une température aussi basse. Les germes pathogènes que possédait l'eau liquide qui a servi à la former continuent donc à vivre dans le bloc solide. Le froid empêche la multiplication des microbes, mais ne les tue qu'à très basse température.

La glace peut donc renfermer en parfait état de conservation les germes morbides qu'elle possédait à l'état liquide; de là, le danger que présentent les glaces employées à rafraîchir les boissons en été. On en a souvent trouvé qui contenaient le microbe typhique.

Il est prudent de s'abstenir d'absorber de la glace.

Café. — Thé. — Chocolat

Café. — Le café est l'infusion obtenue au moyen des graines torréfiées et pulvérisées du caféier. Le café est stimulant et peu nourrissant; 100 grammes de café torréfié abandonnent 5 à 6 grammes de substance azotée (caféine, albumine) à un litre d'eau bouillante. Le café est agréable à boire, plus excitant à chaud qu'à froid; il agit sur le système nerveux et peut quelquefois provoquer une surexcitation désagréable. Pris le soir, chez certaines personnes, il agit sur les centres nerveux qui sont le siège des fonctions intellectuelles, les excite et chasse le sommeil. Pris le matin à jeun, il agit sur la muqueuse de l'estomac qu'il fatigue; un long usage peut provoquer une gastralgie. C'est après le repas qu'il produit les meilleurs effets en favorisant l'action digestive.

L'abus du café peut produire une irritabilité nerveuse fort désagréable. Les personnes très excitables doivent s'abstenir de café ; la caféine qu'il renferme agit sur le système nerveux et sur le cœur.

Pour obtenir de bon café, il faut choisir des graines de bonne qualité sans altération, les faire torréfier jusqu'à la couleur rousse, les broyer. Pour que le café ait le maximum d'arome, il faut que la torréfaction y développe une essence volatile, la caféone, à laquelle il doit son arome agréable et ses propriétés stimulantes.

On évite plus facilement la fraude en achetant le café en grains ; l'expérience apprend à distinguer les bonnes qualités. Le café pulvérisé est quelquefois additionné de chicorée, de pois, de glands torréfiés et pulvérisés.

Le café convient surtout aux tempéraments lymphatiques et doit être repoussé par les tempéraments nerveux.

Thé. — Le thé est l'infusion obtenue au moyen des feuilles d'un arbre de la Chine nommé *thea sinensis*.

Le thé renferme la théine, substance azotée, et des matières diverses. Il est peu nourrissant ; il est excitant, agit sur le système nerveux ; pris en excès, il provoque une agitation fébrile, l'insomnie et la fatigue de l'estomac. Pris avec modération, il facilite la digestion.

On distingue deux sortes de thés : le thé noir et le thé vert, qui diffèrent par leur mode de préparation. Le thé vert est le plus actif.

Chocolat. — Le chocolat se fait avec la farine obtenue en broyant l'amande du cacaoyer *(theobroma cacao)*, à laquelle on ajoute du sucre et des principes aromatiques. Le chocolat est très nourrissant ; il renferme des principes azotés, du beurre, des hydrocarbures, des sels minéraux : il est presque aussi nutritif que la viande.

Le chocolat peut être absorbé à l'état solide ou dissous dans l'eau, le lait, le café. Le chocolat à l'eau est celui qui se digère le mieux ; dissous dans le lait, il forme un breuvage très nourrissant. Il convient aux estomacs fatigués, aux convalescents, aux vieillards ; il est un reconstituant très apprécié.

Le bon chocolat présente un grain fin et brillant, il a une saveur douce, il fond facilement dans la bouche. On fait souvent des chocolats sans cacao ; la farine et des poudres diverses le remplacent ; des corps gras (graisses de mouton et de veau) sont substitués au beurre de cacao. Ces chocolats ne présentent pas les qualités du chocolat de cacao. Il ne faut employer que celui qui a une marque connue et une composition garantie.

CHAPITRE XX

BOISSONS ALCOOLIQUES

Vin, cidre, bière : Falsifications. — Boissons distillées. Action de l'alcool sur la digestion.

I. — Boissons alcooliques non distillées

Vin : Falsifications

Vin. — Le vin est obtenu avec le jus de raisin soumis à la fermentation ; cette fermentation est due à un microbe connu sous le nom de *ferment alcoolique (saccharomices cerevisiæ)*.

Le jus de raisin renferme, avant la fermentation, de l'eau, des matières azotées, des matières grasses, des matières sucrées, des principes colorants, du tanin, des acides pectique, tartrique, malique, des sels minéraux, etc. Pendant la fermentation, il se produit des modifications qui font apparaître des composés nouveaux formés dans les réactions chimiques accomplies :

alcool éthylique et autres alcools, acide acétique, acide succinique, éthers œnanthique et acétique, glycérine, essences volatiles donnant au vin le *bouquet*.

Les proportions relatives des éléments divers qui entrent dans la composition du vin varient; les différences de composition distinguent les nombreuses variétés de vin.

Après l'eau, le vin est la meilleure boisson. Pris à dose modérée, il produit de bons effets; par les substances diverses qui le composent, il est à la fois excitant et un peu nutritif; mêlé à l'eau, il rend la boisson plus sapide et facilite la digestion. Malheureusement, le vin est souvent absorbé en excès; de là vient le rôle néfaste qu'on lui attribue.

Une bonne hygiène admet que l'homme peut avec avantage absorber 75 centilitres de vin par jour; celui qui exécute un travail actif peut arriver à 1 litre. Une femme ne doit jamais absorber plus d'un demi-litre de vin par jour. Ces proportions s'appliquent aux vins ordinaires, dont la richesse alcoolique est de 8 à 12°. Les propriétés des vins variant avec leur composition, ces prescriptions ne sauraient comprendre ceux dont la richesse alcoolique est trop forte.

Consommé avec modération, le vin est un aliment et un stimulant physique et physiologique. La boisson doit être formée, en général, de 1/3 vin et de 2/3 eau. Les propriétés des vins varient avec leur nature : les vins rouges sont plus nourrissants que les vins blancs; ceux-ci sont plus digestibles que les vins rouges. Le vin convient aux individus qui exécutent un travail pénible, aux anémiques, aux tempéraments lymphatiques; il est nuisible aux tempéraments sanguins et nerveux. La richesse alcoolique des vins varie de 25° (Madère) et 23° (Marsala) à 6° ou 8° (petits vins). Il est évident que des vins très riches en alcool doivent être consommés en petite quantité.

Les vins mousseux (Champagne, Saumur, Gaillac) doivent leurs propriétés au gaz carbonique qu'ils renferment; ils sont stimulants et diurétiques.

Il est mauvais pour la santé de boire du vin à jeun ou entre les repas; il produit sur l'estomac une excitation qui le fatigue.

Le vin naturel, à dose hygiénique, peut favoriser la santé; il n'en est pas de même des vins artificiels, dont certains renferment de véritables poisons.

Falsifications du vin. — Les falsifications les plus ordinaires sont : le vinage, le mouillage, la coloration, le sucrage, le plâtrage, le salicylage.

Le *vinage* consiste à ajouter de l'alcool aux vins trop faibles, afin de les rendre plus spiritueux et de les conserver plus longtemps. Cette pratique est dangereuse, parce qu'on ajoute des alcools impurs provenant de la fermentation du jus de la betterave, des graines des céréales : ces alcools renferment des principes qui sont des poisons énergiques (alcools propylique, butylique, furfurol, etc.).

Il faut se défier des vins très alcooliques qui arrivent d'Espagne, où l'Allemagne envoie ses alcools de grains; ils servent à alcooliser les vins que les Espagnols expédient en France.

Le *mouillage* consiste à ajouter de l'eau aux vins alcoolisés avec des alcools impurs. L'addition d'eau n'est pas toujours inoffensive, attendu qu'elle apporte avec elle les germes pathogènes qu'elle peut renfermer et que l'alcool fortement étendu ne tue pas toujours.

Ces deux fraudes, mouillage et alcoolisation, en imposent une troisième : le vin étendu d'eau est peu coloré; on renforce la coloration avec de la fuchsine, qui est un poison.

L'addition de *matières colorantes* est toujours une fraude dangereuse, car presque tous les colorants employés sont toxiques.

Le *sucrage* consiste à ajouter du sucre au moût avant la fermentation ; cette pratique rend le vin plus riche en alcool, mais ne présente aucun danger pour la santé.

Le *plâtrage*. — Pour clarifier les vins, leur donner du brillant et de la couleur, on emploie souvent le sulfate de calcium (plâtre), pratique condamnable et proscrite par la loi ; elle introduit dans le liquide un sel qui est nuisible à l'organisme.

Le *salicylage* consiste à employer l'acide salicylique, poison dangereux, dont l'usage est défendu par la loi. On ajoute l'acide salicylique pour empêcher les fermentations secondaires qui altèrent les vins.

Les commerçants emploient encore bien d'autres fraudes plus dangereuses les unes que les autres : on a cité les plus fréquentes. L'analyse chimique seule peut révéler, le plus souvent, la fraude pratiquée.

Cidre : Falsifications

Cidre. — Le cidre est employé surtout en Normandie, en Bretagne, en Anjou. Il est fait avec des pommes. On écrase les pommes, on recueille le jus ; on le laisse fermenter dans de grands tonneaux. Quand il est clarifié, on le met en bouteilles.

Le cidre renferme quelques matières azotées, de la glycérine, de l'acide malique, de l'acide acétique, du gaz carbonique, des mucilages, des phosphates, etc. Il est moins riche en alcool que le vin, il en renferme de 2 à 4 0/0 ; il possède moins de sels minéraux. Il a une saveur aigrelette agréable. Moins répandu que le vin, il s'altère plus facilement.

On fabrique avec les poires un liquide analogue au

cidre, le poiré; il est plus alcoolique, il renferme de 4 à 6 0/0 d'alcool.

Falsifications du cidre. — On falsifie les cidres en y ajoutant de l'alcool, de l'eau et des matières colorantes (caramel, cochenille, etc.). L'alcoolisation du cidre présente les mêmes dangers que l'alcoolisation du vin, l'alcool ajouté étant toujours de qualité inférieure.

La coloration peut être faite avec des principes inoffensifs, mais elle peut aussi avoir pour base la fuchsine, qui est un vrai poison.

Bière : Falsifications

Bière. — La bière est surtout consommée dans le nord et l'est de la France, en Allemagne, en Angleterre. Elle est une infusion d'orge germée et de houblon. Par l'effet des fermentations, l'amidon de l'orge est transformé en glucose et le glucose en alcool. La fleur du houblon qu'on ajoute à l'infusion lui donne un goût amer et agréable; elle renferme un principe qui favorise la conservation de la bière et l'empêche de subir la fermentation putride; le tanin qu'elle renferme coagule les matières albumineuses qui se précipitent, et la bière est plus limpide.

La bière renferme de 3 à 8 0/0 d'alcool, ce qui la rend excitante; elle renferme aussi des matières azotées, de la dextrine, des sels minéraux. Elle apaise la soif, stimule légèrement l'estomac; le gaz carbonique qu'elle renferme la rend digestible et excitante; les principes azotés qu'elle contient la rendent nourrissante; elle est tonique et diurétique. Comme boisson, elle est très estimée.

Falsifications de la bière. — On ajoute de l'alcool à la bière, ce qui lui permet de conserver plus longtemps; l'alcool ajouté présente les dangers signalés à propos des autres boissons.

On ajoute du glucose au moût, afin d'obtenir par la fermentation une bière plus riche en alcool. Le sucrage ne présente pas de danger.

Afin d'économiser le houblon qui est cher, on ajoute d'autres principes amers ; ainsi l'absinthe, l'aloès, la coloquinthe, l'acide picrique, la gentiane, le quassia amara sont employés. La gentiane et le quassia amara sont inoffensifs ; toutes les autres substances sont plus ou moins dangereuses. L'acide picrique est un poison violent.

II. — Boissons distillées.

L'alcool et ses dérivés sont les boissons distillées dont l'usage immodéré a une répercussion fatale sur l'organisme.

Alcools. — Eaux-de-vie

On peut distinguer les alcools d'industrie et les eaux-de-vie.

Alcools d'industrie. — On extrait ces alcools des matières végétales riches en amidon ou en sucre. Les graines de céréales (orge, seigle, maïs, etc.) qui contiennent de l'amidon, les tubercules de la pomme de terre, riches en fécule, le jus de la betterave qui renferme beaucoup de sucre, donnent les alcools d'industrie.

Après une épuration convenable, on commence à soumettre les matières amylacées à l'action de la chaleur et de l'acide sulfurique, qui transforme l'amidon en glucose. Le glucose obtenu est abandonné à l'action de la levûre de bière, qui transforme le glucose en alcool : $C^6 H^{12} O^6 = 2 (C^2 H^6 O) + 2 CO^2$. Ces alcools renferment de l'éther acétique, des essences, des alcools éthylique, propylique, butylique, amylique, etc. ; ce dernier est le plus dangereux. Il y a encore du furfurol ou aldéhyde pyromucique, très toxique. On élimine ces principes nuisibles par la rectification. Si cette opération est bien faite, on a l'alcool éthylique ou alcool bon goût, qui est l'alcool du vin, titrant 90 à 95 0/0 en alcool et renfermant de 5 à 10 0/0 d'eau.

Malheureusement, la rectification est une opération coûteuse; les fabricants, plus soucieux de leur fortune que de la santé publique, livrent souvent au commerce des alcools incomplètement rectifiés, renfermant encore des principes très toxiques.

Des expériences ont montré l'action exercée par les divers alcools sur l'organisme ; de ces essais, il résulte que l'alcool éthylique pur est le moins toxique : 90 grammes peuvent tuer rapidement un chien de 15 kilos, tandis que 45 grammes d'alcool propylique, 27 grammes d'alcool butylique, 23 grammes d'alcool amylique et 10 grammes de furfurol suffisent pour produire le même effet. Ces nombres comparés montrent la nécessité d'une rectification rigoureuse.

Mélangé à l'eau et à des essences, l'alcool est la base de tous les apéritifs et digestifs qui journellement empoisonnent l'organisme.

Eaux-de-vie. — On peut distinguer les eaux-de-vie *artificielles* et les eaux-de-vie *naturelles*.

Les eaux-de-vie *artificielles* sont un mélange d'alcool bon goût et d'eau, de manière que le liquide marque de 45° à 52° à l'aréomètre Baumé ; on y ajoute des matières colorantes et des essences qui présentent souvent de graves dangers. Ainsi, le *bouquet de cognac* est obtenu par l'action de l'acide nitrique sur des corps gras. Si l'on ajoute que les alcools d'industrie employés à la préparation de ces eaux-de-vie sont souvent imparfaitement rectifiés, on comprendra les dangers que ces eaux-de-vie présentent.

Les eaux-de-vie *naturelles* formées principalement

d'alcool et d'eau, mélange marquant de 45° à 50° Baumé, renferment des essences et d'autres produits. Ces eaux-de-vie ne sont jamais rectifiées, parce que l'opération leur enlèverait le bouquet qui les fait rechercher; aussi contiennent-elles des alcools supérieurs et des aldéhydes en proportions variables suivant leur origine. On peut citer :

Les *eaux-de-vie de Cognac et d'Armagnac*, obtenues par la distillation du vin, qui renferment seulement 3 centièmes environ d'alcools supérieurs et 65 dix millièmes de furfurol.

Toutes les autres eaux-de-vie sont plus riches en alcools supérieurs et furfurol, substances toxiques; aussi sont-elles plus dangereuses.

L'eau-de-vie de marc est extraite du marc de raisins.

L'eau-de-vie de cidre est obtenue par la distillation du cidre.

Le *kirsch*, produit de la distillation des cerises, doit son arome à un mélange d'aldéhyde benzoïque (essence d'amandes amères) et d'acide cyanhydrique, substances toxiques.

Le *rhum*, provenant de la distillation du jus de la canne à sucre.

Parmi les eaux-de-vie, les moins dangereuses seraient les eaux-de-vie artificielles, si elles étaient fabriquées avec des alcools parfaitement rectifiés et si on n'y ajoutait des matières colorantes et des essences. Sans l'addition de ces dernières substances, elles n'auraient qu'une saveur brûlante, sans bouquet ni couleur; elles seraient peu estimées.

Les eaux-de-vie naturelles, armagnac, cognac, sont les plus agréables à cause des essences qu'elles renferment; on doit les préférer aux eaux-de-vie du commerce; même sans être rectifiées, elles renferment peu d'alcools supérieurs et de furfurol.

La fraude faite sur les alcools, les dangers des colorants et des essences artificielles doivent porter à utiliser de préférence les eaux-de-vie naturelles. L'abus de celles-ci est toujours nuisible.

Apéritifs. — Liqueurs

Apéritifs. — Les liquides désignés sous les noms d'apéritifs, de liqueurs, ne sont autre chose que de l'alcool plus ou moins étendu, uni à des essences diverses. Tous sont plus ou moins dangereux, attendu qu'ils ajoutent à la nocivité de l'alcool impur celle d'essences toxiques. La plus dangereuse de toutes ces liqueurs est l'absinthe.

L'*absinthe* s'obtient en faisant macérer dans l'alcool des plantes odorantes : absinthe, fenouil, anis, badiane, etc. L'absinthe est donc un mélange de substances toxiques; son effet sur l'organisme ne peut être que désastreux. L'expérience le prouve : 1 gramme d'essence de *grande absinthe* injecté à un cheval lui donne des convulsions.

Les buveurs d'absinthe ne tardent pas à ressentir ses funestes effets : tremblements nerveux, ulcérations de l'estomac, crises épileptiformes, folie, etc.

L'absinthe, étant formée de toxiques énergiques, doit rigoureusement être proscrite comme boisson.

Le *bitter*, le *vermouth* et tous les apéritifs sont plus ou moins toxiques.

L'*essence de noyau*, que l'on trouve dans certaines liqueurs, est due à l'aldéhyde benzoïque et au benzonitrile, toxiques épileptisants qui ont l'odeur d'essence d'amandes amères.

Les *liqueurs de noyaux* préparées dans les ménages avec les noyaux de cerises, de mirabelles, de prunelles, doivent leur arome à ces mêmes principes; l'essence qui leur donne le bouquet est toxique.

Liqueurs. — On ne saurait énumérer tous les produits désignés sous le nom de *liqueurs*, qui sont répandus dans l'industrie et l'économie domestique.

Toutes ces liqueurs ont la même origine : eaux-de-vie artificielles ou eaux-de-vie naturelles aromatisées avec des essences plus ou moins nocives. Toutes sont dangereuses.

Conclusion. — Tous les alcools sont toxiques. L'alcool éthylique ou alcool du vin est le moins énergique ; nous avons vu néanmoins que 90 grammes de cet alcool pur tuent rapidement un chien. L'absorption exagérée d'alcool ou de liquides alcoolisés présente des dangers pour la santé. Les accidents causés par l'abus de l'alcool sont nombreux.

Pour éviter les dangers que présente l'alcool, il n'est cependant pas nécessaire de s'abstenir rigoureusement de toute boisson alcoolique. A dose très modérée, l'alcool éthylique peut produire de bons effets chez les tempéraments lymphatiques et chez les travailleurs.

M. le docteur Duclaux a prouvé récemment que l'alcool à très faible dose est un aliment qui entretient les combustions organiques, et que de petites quantités d'alcool sont transformées en gaz carbonique et eau. Il peut donc être utile pour entretenir la chaleur animale, à la condition de se souvenir que cette substance est un poison dont on ne doit pas abuser.

Dès que la quantité d'alcool absorbé dépasse une certaine mesure, qui peut varier avec les individus et la nature du travail, l'excédent traverse les tissus, les altère et est éliminé sans subir de modification, par les reins, par la peau, par les voies respiratoires. L'élimination de l'alcool par les poumons est constatée par l'odeur caractéristique de l'haleine des alcooliques après une absorption exagérée d'alcool.

Les excès dans l'absorption des liquides alcooliques sont très redoutables, attendu qu'ils conduisent à l'alcoolisme, véritable plaie sociale, que les pouvoirs publics et l'initiative privée s'efforcent de combattre.

III. — Action de l'alcool sur la digestion

La digestion des aliments est due aux divers sucs digestifs, et principalement aux diastases qu'ils renferment. Ces diastases sont la ptyaline, la pepsine, la trypsine, l'amylopsine, la stéapsine, l'invertine. Toutes ces diastases sont précipitées par l'alcool à 90° ; il est vrai que l'alcool n'est jamais aussi concentré dans le tube digestif. Serait-il ingéré en cet état, les sucs avec lesquels il se mélange l'étendent et en diminuent la concentration.

Dans l'alcool à 50°, les diastases y restent en dissolution, mais leur action est annulée par l'alcool.

Dans l'alcool à 12°, et même un peu au-dessus, la trypsine, la pepsine, l'amylopsine, etc., conservent leurs propriétés digestives.

Il n'est donc pas indifférent d'absorber une quantité déterminée d'alcool sous forme de vin ou sous forme d'eau-de-vie. Dans le vin, l'alcool est très étendu ; il ne fait pas perdre aux diastases leurs propriétés actives. Dans les eaux-de-vie, il est environ quatre fois plus concentré : voilà pourquoi celles-ci peuvent paralyser l'action des diastases sur les aliments.

Un petit verre de cognac ou d'armagnac pris à de rares intervalles ne peut avoir d'action nuisible, attendu que l'alcool est dilué dans les sucs digestifs et l'eau consommée pendant le repas. Absorbé journellement, l'alcool produit dans l'organisme des effets désastreux. Une quantité modérée de vin ne renferme pas assez d'alcool pour troubler la digestion.

IV. — Action de l'alcool sur l'appareil digestif

Introduit dans l'estomac, un liquide alcoolisé exerce son action stimulante : il active les contractions musculaires de l'organe ; il excite les glandes gastriques qui sécrètent plus abondamment les sucs digestifs ; bientôt, la muqueuse toute entière est congestionnée par l'afflux de sang attiré par l'excitation produite.

Ces premiers effets de l'alcool n'ont pas de conséquences s'ils sont accidentels, mais, répétés fréquemment, ils produisent l'inflammation de la muqueuse ; bientôt, des lésions se déclarent, et enfin le tissu stomacal modifié dans sa structure se prête mal aux mouvements digestifs et aux sécrétions glandulaires, qui sont insuffisantes. Alors se déclarent des gastrites, des dyspepsies ; le mal peut s'aggraver, et des ulcérations se produire (cancer de l'estomac). L'alcoolique éprouve alors, à l'estomac, une sensation de brûlure qui le porte à augmenter le mal par de nouvelles ingestions d'alcool.

L'action funeste des excès d'alcool se fait sentir dans la gorge : la pituite des buveurs est due à l'inflammation du pharynx qui porte l'alcoolique à boire pour rafraîchir la gorge desséchée. L'irritation gagne les cordes vocales qui fonctionnent mal. Voilà pourquoi le timbre de la voix s'altère ; le buveur ne fait plus entendre que des sons rauques et désagréables.

De l'estomac, une partie de l'alcool passe dans l'intestin, qu'il irrite à son tour.

Le mal grandit : la digestion des aliments devient de plus en plus difficile ; l'inflammation intérieure attise la soif ; le buveur sent ses douleurs augmenter, son appétit diminuer. L'épuisement des forces accélère la chute ;

des maladies nouvelles s'ajoutent aux affections anciennes, la mort peut survenir.

L'abus de l'alcool produit fatalement des désordres organiques qui ruinent la santé et provoquent des infirmités précoces.

CHAPITRE XXI

HYGIÈNE DU VÊTEMENT

Les vêtements selon les saisons et les climats. — Propreté. — Dangers de certaines couleurs. — Vêtements de dessous. — Corsets. — Vêtements de dessus. — Chaussures. — Coiffures. — Le lit et les vêtements de nuit.

Le vêtement hygiénique. — Le vêtement hygiénique doit favoriser les fonctions physiologiques et contribuer à maintenir la température normale.

Le vêtement doit favoriser les fonctions physiologiques. — Par un effet de la transpiration cutanée, le corps exhale, dans toutes ses parties, de la vapeur d'eau. Il faut donc que le vêtement ait une texture qui permette à ce fluide de le traverser ; son imperméabilité maintiendrait au contact du corps une couche de vapeur qui s'opposerait à l'exhalaison, circonstance très grave qui provoquerait fatalement des maladies sérieuses. Les physiologistes admettent que la quantité de vapeur d'eau rejetée journellement par la transpiration est d'environ 1,200 grammes ; il faut bien se garder de se vêtir d'étoffes imperméables qui entraveraient cette importante fonction.

On fait cependant usage de vêtements en caoutchouc, mais ces habits extérieurs sont flottants ; ils emprisonnent entre le corps et le tissu une couche d'air qui sert de véhicule à la vapeur d'eau ; ils ne doivent être portés qu'accidentellement et non habituellement. Le vêtement hygiénique doit être perméable aux gaz et à l'eau.

D'après leur nature et en vue de leurs propriétés hygrométriques, on peut ranger les tissus dans l'ordre suivant : laine, coton, fil. Si la laine tient le premier rang par sa faculté d'absorption, c'est la laine aussi qui s'oppose le plus à l'évaporation rapide du liquide qui l'imprègne. Cette propriété fait que les tissus de laine préservent les parties qu'ils recouvrent de brusques variations de température. La toile de lin se colle sur la peau lorsqu'elle est mouillée par la sueur, de telle sorte que la chaleur nécessaire pour évaporer cette sueur est directement empruntée au corps : d'où un refroidissement dangereux. La toile de coton est préférable au lin et au chanvre, parce qu'elle est plus perméable et qu'elle adhère moins au corps lorsqu'elle est mouillée.

Le vêtement, selon les saisons et les climats, doit contribuer à maintenir la température normale. — La température normale du corps humain est d'environ 37°. Il est nécessaire que cette température soit constante ; quelques degrés au-dessus ou au-dessous, c'est la mort. Par l'effet de sa puissance physiologique, le corps ne peut seul lutter contre le refroidissement extérieur lorsque la température est très basse.

L'observation prouve que, dans un milieu froid, la nature réagit contre le refroidissement en activant les combustions internes. Le travail organique est néanmoins insuffisant pour maintenir l'équilibre normal, on en a pour preuve la mort des malheureux qui périssent engourdis par le froid. Les foyers de chaleur et le vêtement doivent seconder la nature, afin d'éviter un refroidissement trop grand ou une élévation de température exagérée.

Propriétés calorifiques du vêtement. — Par sa nature, un tissu est plus ou moins bon conducteur de la chaleur. Par ordre de conductibilité décroissante, les étoffes peuvent être rangées ainsi : lin, coton, soie, laine, fourrures. La conductibilité peut dépendre aussi du mode de tissage : les toiles sont meilleures conductrices que les tricots ; les étoffes duveteuses conduisent moins bien la chaleur que les toiles lisses. La différence de conductibilité d'après le mode de tissage s'explique par la couche d'air emprisonnée dans les mailles des étoffes épaisses; l'air est mauvais conducteur de la chaleur. Les plis et les filaments du tissu emprisonnent une couche d'air d'autant plus grande que l'étoffe est plus épaisse et à texture plus lâche. De là, la supériorité des draps et des tricots au point de vue calorifique.

La forme influe aussi sur l'action conductrice. Si le vêtement est ample, serré au haut et au bas, il retient entre le corps et le tissu une épaisse couche d'air qui, par sa mauvaise conductibilité, s'oppose au rayonnement de la chaleur du corps vers l'extérieur. Ajusté à la partie supérieure et inférieure, il met obstacle à la formation de courants qui tendent à porter l'air chaud vers l'extérieur et à entraîner vers le corps l'air froid du dehors. L'usage de plusieurs vêtements superposés est opportun en hiver; la couche d'air qui les sépare forme une gaine mauvaise conductrice qui s'oppose au refroidissement du corps. Pour éviter l'abaissement de température, il faut donc se vêtir d'étoffes épaisses, duveteuses, à texture lâche, de couleur blanche et convenablement ajustées.

La *couleur* propre du tissu a aussi une influence calorifique. Le blanc, ayant un pouvoir réflecteur considérable, est préférable en hiver et en été : en hiver, il rayonne moins la chaleur du corps vers l'extérieur ; en été, il préserve le corps de la chaleur extérieure en réfléchissant les rayons solaires calorifiques.

Pour lutter contre l'élévation de température, il est bon de se vêtir de tissus bons conducteurs, légers, amples, de nuance claire. Le lin, le chanvre, le coton présentent ces qualités ; ils doivent être les tissus préférés dans les régions chaudes. Cependant, dans certaines régions asiatiques ou africaines, on voit les Arabes vêtus de lainages blancs qui forment un large vêtement serré près du pied : le rayonnement et le pouvoir réflecteur expliquent les avantages que présente ce mode d'habillement pour lutter contre la chaleur extérieure.

En été, les étoffes légères doivent être préférées aux vêtements lourds ; ceux-ci excitent des sudations abondantes qui peuvent être dangereuses.

Dans nos régions, il est nécessaire d'avoir au moins deux habits, l'un qui réunisse les conditions voulues pour lutter contre le froid, il sera porté en hiver ; l'autre qui évite au corps une élévation de température exagérée, il sera porté en été.

Propreté du vêtement

Pour que les vêtements soient perméables aux fluides, il est nécessaire qu'ils soient d'une propreté rigoureuse ; salis par l'usage, les matières étrangères s'introduisent entre les fibres et recouvrent les filaments du tissu, ce qui les rend moins perméables. Tous les habits doivent donc présenter constamment une propreté parfaite ; cette propreté est exigée non seulement par les convenances, qui s'accommodent mal d'un vêtement malpropre, mais par l'hygiène personnelle, qui réclame de minutieux nettoyages.

Dangers de certaines couleurs

Certaines couleurs présentent des dangers ; ce sont celles qui ont pour bases des sels métalliques vénéneux. Ainsi, par exemple, on peut citer certains verts à base d'*arsenic* ou de *chrome*, certains rouges et gris à bases d'oxydes ou de sels de *plomb* et de mercure ; les couleurs à base d'*aniline* ne sont pas toujours inoffensives. On doit éviter de se servir de vêtements et tentures confectionnés avec des tissus colorés par des substances nocives ; la décomposition lente de la couleur met en liberté les oxydes vénéneux qui, répandus dans l'air, peuvent être aspirés et produire de graves désordres organiques.

Vêtements de dessous

Rôle de ces vêtements. — Les sécrétions cutanées laissent dégager à l'extérieur de l'eau, des corps gras ou volatils qui imprègnent le vêtement au contact de la peau : le tissu va donc être souillé par ces émanations diverses. Il faut préserver le corps des conséquences qui peuvent résulter du contact immédiat d'un habit malpropre : *le linge de corps* adapté à son rôle et fréquemment renouvelé éloignera les dangers que présente un vêtement sali par l'usage.

Il est important de choisir convenablement les vêtements de dessous, qui comprennent : le gilet de flanelle, la chemise, le tricot, le pantalon, le jupon, les bas.

Gilet de flanelle. — La flanelle se laisse pénétrer par les gaz, absorbe l'eau et la laisse évaporer lentement : voilà pourquoi l'hygiène prescrit le gilet de flanelle qui facilite l'exhalation, retarde l'évaporation et préserve du refroidissement les parties qu'il recouvre. Il est surtout utile aux personnes prédisposées aux maladies de l'appareil respiratoire ; il active les fonctions physiologiques externes, par suite de l'excitation qu'il produit sur la peau ; il porte ainsi au maximum les sécrétions cutanées et réduit d'autant l'exhalation pulmonaire.

Le gilet de flanelle est rapidement imprégné des produits de sécrétions qu'il retient ; il faut donc le renouveler fréquemment afin d'éviter l'irritation de la peau (démangeaisons, éruptions) provoquée par les fermentations qui se produisent dans les matières organiques expulsées et recueillies par la flanelle.

Chemise, pantalon, jupon. — Ces vêtements sont faits en toile de lin ou de coton. Le coton est préférable au fil, parce qu'il est moins conducteur et qu'il se laisse plus facilement pénétrer par l'humidité. Ces tissus ont l'avantage de supporter de fréquents lavages et des lessives de cristaux de soude sans que ces opérations altèrent leurs couleurs ou leurs qualités : aussi sont-ils employés de préférence à la laine ou à la soie.

La *chemise* préserve la peau du contact immédiat des vêtements extérieurs qui sont plus durs ; elle doit être en toile de fil ou de coton, souple et assez épaisse pour absorber les produits excrétés. Si le tissu est trop rigide, le frottement irrite l'épiderme et cause du malaise ; s'il est trop mince, il ne peut suffisamment absorber l'humidité.

Pour répondre aux nécessités hygiéniques, il faut que les vêtements immédiats soient d'une propreté constante, ce qui oblige à changer le *linge de corps* au moins deux fois par semaine.

Bas. — Les bas doivent être en laine en hiver, en coton ou en fil en été ; appliqués directement sur la peau, ils la préservent des intempéries. Il est bon de les soutenir au moyen de jarretelles, afin d'éviter la compression exercée par une jarretière trop serrée.

L'effet de celle-ci est de gêner la circulation du sang et de produire des varices dans le membre inférieur.

Corsets

Le corset est nécessaire à la femme pour soutenir la gorge, maintenir le tronc et éviter les constrictions de la taille dues aux cordons qui fixent les vêtements.

Le corset préconisé par la mode actuelle est antihygiénique : il comprime les viscères, estomac, foie, intestin ; il entrave les fonctions digestives, il provoque des palpitations, des syncopes, des congestions diverses dues à la gêne circulatoire et respiratoire. Ce corset est antiesthétique : la compression qu'il exerce a modifié le corps de la femme et dévoyé le goût artistique. Par un effet d'habitude, on est arrivé à trouver belles les ridicules caricatures du type idéal de la beauté. Pour s'en convaincre, on peut comparer les formes des statues qui réalisent les plus pures conceptions de la vraie beauté à celles que présentent les gravures de modes les plus admirées et les plus en vogue.

Il faut donc bannir le corset antihygiénique et adopter le *corset rationnel* qui se moule sur la taille au lieu de modeler la taille. Ainsi compris, le corset sera *hygiénique*, il n'exercera aucune compression sur le thorax ni l'abdomen et laissera prendre au corps son entier développement. On obtient ce résultat au moyen du corset droit devant et qui porte, à la partie inférieure, des bandes élastiques ; ainsi confectionné, il n'exerce aucune pression anormale sur l'estomac, les hanches et l'abdomen, à la condition toutefois que le lacet médian ne soit pas trop fortement tendu.

Pour assurer la libre circulation des vapeurs et des gaz échangés entre la peau et le milieu extérieur, il serait bon aussi de remplacer l'étoffe compacte qui le forme par un tissu à mailles lâches et résistantes.

Vêtements de dessus

Rôle de ces vêtements. — Ces vêtements ont pour rôle de préserver le corps des intempéries et de donner un aspect décent et digne à la personne qui les porte.

A l'égard de ces vêtements, qui sont très nombreux, on ne peut que répéter qu'ils doivent réaliser les règles générales d'hygiène qui ont été énoncées plus haut. Ils doivent contribuer au maintien de la température normale, 37°, et éviter toute compression des organes qu'ils recouvrent.

La jupe. — Il paraît opportun de dire quelques mots au sujet de la jupe. La mode actuelle a préconisé et le *bon ton* a accepté la jupe à longue traîne. Sans nier le cachet d'élégance que présente cette forme, l'hygiéniste déplore le travail souvent meurtrier accompli par ces élégants ramasse-poussières. Détritus malsains, sécrétions des malades, excréments d'animaux, poussières dangereuses, la longue traîne emmagasine tous ces corpuscules dans les mailles du tissu. L'élégante promeneuse emporte toutes ces provisions dans sa maison, apports malheureux qui distribuent souvent aux êtres les plus chers les germes de contagion qui ont si souvent moissonné les plus belles existences.

Combien serait-il bon que le cerveau féminin qui aspire vers les vastes horizons scientifiques, littéraires et politiques, possédât d'abord l'équilibre intellectuel qui ferait comprendre à la femme que la bonne santé morale et physique est le don le plus précieux que réclament d'elle la famille, la société et son propre bonheur !

La mère intelligente et dévouée acceptera donc la mode avec ses caprices gracieux et inoffensifs, mais elle lui barrera résolument la voie, lorsque ce tyran moderne et inconscient voudra l'entraîner à satisfaire des exigences périlleuses pour sa propre santé et celle de ceux qui l'entourent.

Les dangers que présente la jupe à longue traîne doivent rigoureusement la faire bannir au dehors; elle sera avantageusement remplacée par une robe seyante, vaguement sportive et conforme aux règles de l'hygiène et du bon goût.

Même confectionnée d'après les principes rationnels, la jupe peut apporter des germes de contagion : poussières atmosphériques, émanations insalubres, microbes pathogènes dus au contact de gens malpropres ou atteints de maladies infectieuses. Afin d'éloigner ces causes morbides, les vêtements seront débarrassés des impuretés qui les rendent dangereux, au moyen d'un brossage minutieux et au besoin par une désinfection bien comprise.

Nettoyage des vêtements. — On ne doit jamais brosser les habits dans la cuisine ou dans les chambres à coucher; les corpuscules disséminés par la brosse infectent l'air et se dispersent sur les meubles où ils attendent l'occasion favorable pour s'introduire dans l'organisme. Autant que possible, il faut brosser les vêtements au grand air et loin de toute habitation. Dans les villes, où il est souvent impossible de réaliser cette condition, il est bon d'avoir, pour le nettoyage des habits, une chambre spéciale que l'on lave et que l'on désinfecte fréquemment.

Vêtements divers. — Les *cache-poussière*, *manteaux*, *par-dessus*, *paletots*, doivent être l'objet d'un entretien analogue à celui de la jupe.

Les *cols* et *cravates* doivent entourer le cou afin de le protéger contre les intempéries, mais ils ne doivent exercer aucune pression sur la partie qu'ils recouvrent.

Le *cache-nez* préserve le cou du refroidissement, mais

il le rend très sensible à l'impression causée par le froid extérieur. Les personnes qui ont l'habitude de maintenir la gorge à une température élevée sont celles qui sont atteintes le plus fréquemment par les rhumes et les angines. Il est bon de ne pas contracter l'habitude de se servir de cache-nez, attendu qu'une négligence passagère peut causer des affections quelquefois dangereuses.

Rappelons enfin qu'aucun vêtement ne doit produire de constriction locale qui provoque toujours des troubles dans les fonctions physiologiques.

Chaussures

Le pied doit être protégé contre les rigueurs climatériques et contre les rugosités du sol qui produiraient des déchirures dangereuses : les bas remplissent le premier rôle, les chaussures, le second. Afin d'éviter les contusions, les blessures dues aux chocs et aux pressions, la chaussure doit être résistante, la semelle doit être rigide et imperméable, mais l'empeigne doit présenter une certaine souplesse pour ne pas blesser le derme.

Il ne faut pas céder à la puérile fantaisie d'enfermer le pied dans des chaussures étroites, courtes, à talons hauts, de forme symétrique; ces chaussures déforment le pied, produisent des durillons et des cors, rendent la marche très pénible. Ici encore, il faut résister à l'entraînement de la mode et porter toujours une chaussure à talon bas et large; la partie antérieure doit être assez ample pour éviter la pression des orteils et leur permettre de ne pas s'aplatir les uns contre les autres; la forme de la semelle doit être asymétrique, suivant en cela la conformation des pieds. La chaussure doit être faite sur mesure, de manière à présenter exactement la forme du pied ; elle doit s'adapter aux saillies qu'il présente et non les comprimer, ce qui occasionne des douleurs intolérables pendant la marche.

Un talon trop élevé facilite les entorses ; une constriction exagérée gêne la circulation du sang dans les veines, provoque des cors et des durillons. Les chaussures vernies sont peu recommandables à cause de leur imperméabilité qui empêche les produits de la transpiration de s'échapper au dehors. L'hygiène condamne l'usage de teintures pour chaussures qui renferment de l'aniline ou de la toluidine à l'état libre.

Coiffures

La coiffure a pour rôle de protéger la tête contre l'action du soleil et du froid. Quel que soit le genre de protection qu'elle exerce, elle doit toujours être légère et perméable aux gaz.

Une coiffure lourde surcharge la tête, entrave la circulation sanguine : de là, des maux de tête. Si la coiffure est imperméable aux fluides, elle s'oppose à l'évaporation cutanée, produit une chaleur désagréable et prédispose aux affections du cuir chevelu.

Pour garantir des rayons du soleil, la coiffure doit être à larges bords et de couleur blanche, le blanc ayant le plus grand pouvoir réflecteur. Des insolations funestes sont souvent la conséquence du manque de soin à se défendre contre les ardeurs d'un soleil d'été.

Un tissu peluché convient pour préserver du froid très vif. Il est bon cependant de ne pas maintenir la tête à une température trop élevée; l'afflux de sang déterminé par l'excès de chaleur présente des dangers.

Dans l'intérieur de la maison, la tête doit toujours être nue, ce qui permet à l'air d'arriver jusqu'au cuir chevelu. La calvitie ne saurait dispenser de cette règle générale.

Le lit et les vêtements de nuit

Le lit. — On séjourne de longues heures dans le lit destiné à favoriser le repos réparateur des forces épuisées par le travail ; il doit donc réaliser les conditions hygiéniques qui assurent à l'organisme un milieu favorable.

Le lit doit être installé dans la partie la mieux aérée et la plus éclairée de la chambre, et non dans le coin obscur où les micro-organismes dangereux peuvent plus facilement élire un tranquille domicile. Le lit qu'on place vers le milieu du panneau, n'appuyant au mur que par un côté, présente l'installation la plus hygiénique, attendu que l'air circule librement autour et que la lumière qui l'inonde permet d'assurer la propreté de toutes les parties. Cette disposition facilite la ventilation de la couche. Les courants chassent l'air impur et maintiennent une atmosphère salubre autour du dormeur. L'obscurité favorise le développement des êtres inférieurs ; la lumière, au contraire, nuit à leur multiplication et facilite l'épuration des parties infectées.

La propreté doit être rigoureuse ; chaque jour il faut épousseter avec soin toutes les parties du meuble, après avoir battu fortement sommier, traversin et matelas : on chasse ainsi les poussières et les débris dangereux. La meilleure mesure à prendre pour éviter l'accumulation de corpuscules divers et éloigner microbes et parasites est d'adopter le lit en fer, dont le nettoyage est facile et où les micro-organismes ne peuvent s'abriter. Un lit en bois est plus décoratif ; il sera hygiénique si des soins journaliers et complets le maintiennent dans un état de salubrité parfaite.

Le sommier élastique doit être préféré à la paillasse, asile favori de détritus et de germes nocifs ; il offre à la fois la souplesse et la rigidité nécessaires. Parmi les sommiers, celui qui loge le moins de poussières et d'êtres vivants est le sommier à treillis métallique, confectionné sans étoffe d'aucune sorte ; il présente les qualités du sommier ordinaire et, en outre, l'avantage d'une propreté facile à maintenir : c'est celui que l'hygiène conseille d'adopter.

Les matelas doivent être faits en crin ou en laine, plutôt qu'en plume ; ces derniers, délaissés justement, se laissent pénétrer par les émanations organiques, ils abritent de nombreux germes qui s'entassent peu à peu dans le duvet, se préparant à éclore et à se multiplier dans un milieu convenable. Les laines des matelas s'imprègnent aussi de poussières dangereuses, mais elles peuvent facilement être lavées et purifiées, tandis que les plumes ne sont assainies que par une désinfection bien comprise. De plus, la plume forme un milieu dépressible qui enveloppe le dormeur, provoque une transpiration exagérée et expose à des refroidissements qui peuvent être nuisibles. En vue du bien-être, et plus encore en vue de l'hygiène, les matelas doivent être défaits et les laines qu'ils contiennent, battues, cardées et lavées au moins une fois l'an, car, malgré tous les soins journaliers, des corpuscules divers pénètrent les tissus et s'accumulent dans les laines : voilà pourquoi ces nettoyages annuels sont nécessaires.

Après une maladie contagieuse, il faut soumettre à une désinfection rigoureuse tous les objets de literie qui ne peuvent être longuement lessivés.

Le battage et le cardage des laines doivent être exécutés loin de toute habitation ; les poussières et les germes qui se dégagent durant cette opération peuvent être dangereux.

Il est bon que, durant le sommeil, la tête soit de 10 à

15 centimètres plus élevée que les pieds; aussi l'usage du traversin et de l'oreiller est-il favorable à l'adulte. Ces objets ne doivent être ni trop durs ni trop mous. Trop durs, ils causeraient du malaise; trop mous, ils envelopperaient la tête, la réchaufferaient, y détermineraient un afflux de sang, ce qui peut provoquer une congestion. C'est encore pour éviter un afflux de sang à la tête qu'il faut la maintenir élevée pendant le sommeil.

Les *draps* et *taies d'oreiller* sont faits en toile de lin ou de coton; ces tissus supportent bien les lessives de potasse et de soude qui les assainissent en les débarrassant des impuretés qui les souillent. Au contact du corps, ils s'imprègnent d'humidité et d'exhalaisons diverses; il est donc nécessaire de les changer fréquemment, environ tous les quinze jours.

Les *couvertures* de laine et de coton se lavent facilement; il faut les soumettre à un lavage rigoureux tous les trois mois.

L'*édredon* et le *couvre-pieds* absorbent rapidement les poussières et germes divers; ils doivent être battus et aérés tous les jours. Les couvre-pieds seront défaits une fois l'an et les laines qu'ils renferment seront lavées et cardées. Quant aux duvets des édredons qui ne supportent pas de lavage, ils doivent être soigneusement désinfectés une fois dans l'année ou immédiatement après qu'une personne atteinte de maladie infectieuse a cessé de s'en servir.

Tous les jours le lit doit être défait; les draps, couvertures et matelas seront exposés au grand air durant plusieurs heures; cette ventilation, qui unit son action à celle des rayons solaires, dessèche l'humidité et détruit les microbes. Que la couche de l'adulte soit toujours plutôt dure que molle; trop molle, elle favorise les transpirations inopportunes qui affaiblissent la vigueur musculaire.

L'hygiène voit de mauvais œil ces tentures à ondulations artistiques qui tendent à isoler le lit, et à le transformer en un cabinet clos où arrivent difficilement l'air et la lumière. Sacrifions les rideaux décoratifs et le luxe inutile à la bonne santé. Si nous conservons des tentures, ayons soin de les employer sobrement et de les retenir discrètement, afin que le lit et le dormeur qu'il abrite soient toujours plongés dans une atmosphère renouvelée et salubre.

Les vêtements de nuit. — Avant de se mettre au lit, il faut se débarrasser de tous les vêtements qu'on a portés dans la journée. La température du milieu doit être assez élevée et les couvertures assez épaisses pour permettre de se dépouiller des bas et pantalons qu'une bonne aération doit purifier pendant la nuit. Tous les habits utilisés durant le jour écoulé doivent être battus et exposés à l'air, hors de la chambre à coucher, afin de les débarrasser des poussières, des exhalaisons et des germes dont ils peuvent être imprégnés ; ainsi assainis, ils ne présenteront le lendemain aucun danger de contamination.

Le vêtement de nuit doit être une longue et ample chemise à manches, confectionnée en toile de lin ou de coton. Cette chemise sera aérée pendant le jour, fréquemment renouvelée et lessivée aux cristaux de soude ; elle sera l'unique vêtement du dormeur.

Pendant le sommeil, la tête doit être nue ; l'hygiène recommande de tenir la tête fraîche et les pieds chauds : la chaleur détermine toujours un afflux de sang dans la partie chauffée, ce qui est dangereux pour la tête et bon pour les pieds.

CHAPITRE XXII

HYGIÈNE DE L'HABITATION

Construction. — Exposition. — Aération. — Lumière. — Logements insalubres. — Chauffage et éclairage. — Evacuation des déchets. — — Propreté et entretien : rideaux et tapis. — Parasites de la maison. — Aménagement d'une chambre de malade.

Rôle de l'habitation

L'habitation est le lieu où s'écoule la majeure partie de la vie de l'homme civilisé. La nécessité de s'abandonner au sommeil y retient huit heures par jour ; les ressources qu'elle offre contre les intempéries y attachent longuement. L'agrément de causer avec les amis, les soins dus aux jeunes existences, les travaux d'intérieur, surtout pour la femme, obligent à séjourner de si longues heures dans le logement familial qu'on peut dire avec raison : la maison est le refuge où s'abritent le repos et l'activité, les joies et les douleurs humaines.

Cette habitation qui cache à l'œil indiscret la larme amère que le chagrin fait couler et la joie débordante qui transporte le cœur, cette habitation qui offre protection, air et lumière au corps avide de satisfaire les nécessités créées par la nature, cette habitation si utile à notre fragilité doit présenter à celui qui l'occupe le nécessaire qui s'impose, le bien-être qui délasse, les douceurs qui réjouissent.

Si l'on veut que le domicile réalise cet idéal, on doit s'appliquer à surveiller et à diriger avec intelligence la construction, l'installation et l'aménagement de la maison.

Construction, exposition de l'habitation

Une maison hygiénique. — Une habitation idéale doit être isolée des maisons voisines, éloignée des causes d'insalubrité (usines, écuries, eaux stagnantes, immondices, émanations diverses, milieux bruyants, etc.); elle doit être entourée de jardins spacieux où poussent vigoureuses les multiples plantes vertes; elle ne doit abriter qu'une seule famille; elle doit s'étendre en surface et avoir peu d'étages; de préférence, elle doit être placée en un lieu élevé.

Toutes les habitations ne peuvent réunir ces nombreuses conditions, à la ville surtout, où la population est dense et le terrain très cher. Comme il est difficile d'atteindre l'idéal, il faut s'en rapprocher le plus possible, et n'habiter une maison que lorsqu'elle présente un minimum de conditions hygiéniques qui ne saurait être impunément négligé.

Choix de l'emplacement. — Pour construire une habitation, on doit choisir de préférence une colline de faible altitude. L'inclinaison du terrain facilite l'écoulement des eaux ménagères et pluviales; l'élévation du sol permet de respirer un air plus pur que celui qui forme les couches inférieures de l'atmosphère.

La nature du sol a une grande importance en vue de la salubrité. Un sol argileux est imperméable, il se laisse pénétrer difficilement par les eaux qui l'arrosent, ce qui rend la maison humide et l'atmosphère malsaine : un terrain argileux est donc peu propice à l'installation d'une maison.

Les sols très perméables sont ceux qui doivent être choisis : tels sont les terrains sableux et calcaires. Les terrains d'alluvion absorbent facilement l'humidité; par la fertilité de leur sol, ils activent le développement des végétaux et permettent d'établir autour de l'habitation des jardins, des parcs où les plantes vertes assainissent l'atmosphère par leur luxuriante végétation. Il faut éviter cependant que les arbres soient trop rapprochés de la maison, parce qu'ils entretiennent l'humidité et interceptent les rayons solaires. Or, *il faut que l'air pur qui pénètre abondamment dans l'habitation soit additionné de flots de lumière.*

Le voisinage des forêts contribue à la salubrité atmosphérique. Les parties vertes des végétaux épurent l'air en absorbant le gaz carbonique et en dégageant de l'oxygène. Les beaux arbres abritent le sol contre l'action des rayons solaires et y maintiennent une certaine humidité ; c'est pour cela que les grandes forêts favorisent la production de brises fraîches qui attiédissent l'atmosphère sur les terrains voisins, brûlés par les chaleurs d'été.

La forêt peut être une cause de salubrité pour l'habitation voisine, mais elle peut rendre malsaine celle qu'elle limite ou qu'elle entoure, par la vapeur d'eau qu'elle dégage, par l'humidité du sol qu'elle entretient, par le manque de lumière solaire et de ventilation qu'elle arrête.

Exposition de la maison. — L'orientation de l'habitation doit varier suivant la disposition du terrain, suivant les climats, suivant les vents dominants. Dans les pays froids, on choisira de préférence l'exposition au midi ; dans les pays chauds, l'exposition au nord. En France, il est bon, en général, de choisir l'exposition est-ouest, qui préserve du froid qui résulte de l'exposition au nord et de la chaleur qui est la conséquence de l'exposition au midi. Enfin, pour éviter les inconvénients d'une orientation qu'on ne peut souvent établir suivant sa volonté, on peut protéger les façades par des rideaux de verdure contre la chaleur trop intense, et par des massifs d'arbres contre les vents et les rayons solaires, à la condition toutefois que ces plantations ne s'opposent pas à la libre circulation de l'air et à l'inondation de l'intérieur par la lumière du soleil.

Assainissement du sol. — Les travaux nécessités par l'établissement des fondations peuvent mettre à découvert des microbes pathogènes. On a souvent remarqué que les œuvres de terrassement sont une cause de contagion ; les germes nocifs existant dans les sols humides, étant mis à découvert, produisent dans les environs des maladies infectieuses. Il est bon, pour écarter tout danger, de désinfecter le sol en faisant brûler tous les détritus suspects ; les minéraux non combustibles sont arrosés au moyen d'une solution de sulfate de fer et de chaux vive. Les eaux qui s'infiltrent dans le terrain doivent être conduites dans des drains convenablement disposés.

Fondations. — Les fondations qui donnent la solidité à l'édifice doivent aussi le préserver de l'humidité, qui, par un effet de la capillarité, peut s'élever dans les murs à quelques mètres au-dessus du sol. S'il n'existe pas dans le voisinage un système d'égouts ou de drains qui facilite l'écoulement des eaux, on doit isoler les murs du contact immédiat du sol, au moyen d'une couche d'asphalte ou de ciment ; on peut aussi les recouvrir de briques creuses en argile vitrifiée qui s'opposeront à la pénétration des murs par l'humidité du terrain. Cette couche préservatrice doit être prolongée à 20 centimètres au-dessus du sol.

Les contre-murs rendus imperméables par le ciment, et séparés de la muraille par une couche d'air intermédiaire, assainissent les demeures adossées aux terrasses, si des ouvertures pratiquées aux extrémités de l'espaco clos entre les deux murs permettent la production d'un courant d'air. — Les caves placées au-dessous du rez-de-chaussée assainissent la maison.

Matériaux de construction. — Les matériaux employés dans la maçonnerie doivent être imperméables à l'eau et mauvais conducteurs de la chaleur, incombustibles et mauvais propagateurs du son. Les matériaux les plus utilisés sont les pierres calcaires, les briques, la chaux, le bois, le plâtre, le fer, les tuiles, les ardoises, le zinc.

Les calcaires tendres, tuffeau, ne doivent pas être employés pour les fondations; en présence de l'eau et des matières organiques, ils se salpêtrent et laissent passer l'humidité dans l'intérieur de l'habitation.

Les murs extérieurs doivent avoir une épaisseur proportionnée à la hauteur de l'édifice et à la conductibilité des matériaux qui les constituent. Bâtis en pierres calcaires, les murs doivent avoir au moins 50 centimètres d'épaisseur, en briques, un minimum de 35 centimètres; ils préserveront l'intérieur des brusques variations de température d'autant mieux que leur épaisseur sera plus grande. L'habitation dont les murailles ont 80 centimètres d'épaisseur est plus chaude en hiver, plus fraîche en été; l'épaisseur des murs ajoute donc à la solidité de l'édifice, au bien-être des habitants et à la salubrité de la demeure.

A l'intérieur et à l'extérieur, on recouvre les murs d'un enduit imperméable qu'on n'applique que lorsque la maçonnerie est sèche. Le revêtement employé à l'extérieur est ordinairement un mortier de chaux qu'on étend à la surface des murs. A l'intérieur, ils sont crépis et enduits d'une couche de plâtre; celle-ci est recouverte de peinture à l'huile ou à la colle, ou de papier peint. Parmi ces différents produits, on doit choisir de préférence ceux qui forment des surfaces lisses, ne pouvant servir de refuge aux microbes et aux poussières, et qui supportent de fréquents lavages. A ce point de vue, la peinture à l'huile et les enduits laqués doivent être placés au premier rang.

Les règles de l'hygiène s'accordent mal avec les habitudes et les goûts actuels. Les hygiénistes condamnent les moulures des plafonds, les tapisseries en étoffe, refuges de corpuscules et de germes dangereux ; ils proscrivent les papiers peints, soit pour leur coloration, soit pour les rugosités qu'ils présentent : les couleurs à base de plomb ou d'arsenic doivent rigoureusement être bannies. L'industrie produit actuellement des papiers de tenture vernis et lavables qui ne présentent pas les inconvénients des papiers ordinaires ; ils doivent être adoptés à l'exclusion des autres.

Les cuisines, salles de bain, cabinets de toilette et cabinets d'aisances exposés à de nombreuses souillures doivent être lavés fréquemment. Afin d'obtenir la propreté nécessaire par les lavages sans produire de dégradation, il est bon de recouvrir les parois des murs de briques vernissées ou de carreaux de faïence jusqu'à une hauteur de 1 mètre 30 centimètres environ.

Le badigeonnage à la chaux présente l'avantage d'être microbicide et à bon marché, ce qui permet de le renouveler fréquemment, mais il a l'inconvénient d'être peu agréable à l'œil.

Les bois qui revêtent les parois (plinthes, lambris) ont le désavantage d'abriter des poussières dans leurs anfractuosités et d'être très hygrométriques ; aussi est-il bon de remplacer les lambris en bois par des peintures laquées, et les plinthes par des lames de faïence.

Les matériaux qui forment les murs et surtout les plafonds et les planchers doivent être mauvais conducteurs du son. Cette qualité est particulièrement nécessaire dans les maisons habitées par plusieurs ménages ; si les matériaux sont bons conducteurs du son, les bruits produits dans un appartement sont transmis au voisin et réciproquement. Les impressions causées par cette sonorité sont toujours désagréables et peuvent même être dangereuses dans les cas de maladie ou lorsqu'elles privent de sommeil les habitants les plus proches. Afin de rendre les murs intérieurs mauvais conducteurs, on les construit en briques creuses qui emprisonnent une couche d'air ; celle-ci transmet le son moins facilement que les solides. On empêche les bruits des étages supérieurs d'arriver aux étages inférieurs en interposant entre le plancher et le plafond une couche de substances non conductrices : sciure de bois, débris pulvérulents, etc.

Ouvertures. — Les murs doivent présenter de nombreuses baies qui permettent la ventilation des appartements. Les fenêtres doivent être larges et hautes afin de laisser pénétrer abondamment l'air et la lumière ; elles doivent se correspondre sur les faces opposées, ce qui facilite l'aération.

Planchers et plafonds. — La cuisine, le cabinet de toilette, la salle des bains, exigent de fréquents lavages, aussi est-il bon de placer sur le sol des carreaux de briques ou de faïence ; le ciment armé, la mosaïque peuvent encore être employés à cet usage.

Les parquets en bois conviennent aux salons, chambres à coucher et cabinets de travail. Le bois est moins conducteur que les minéraux, il doit donc être préféré aux carreaux de briques ou de faïence, qui déterminent dans les pieds un refroidissement rapide. Parmi les bois employés aux parquets, le bois de chêne est le plus estimé. Les pièces qui composent le plancher doivent être soigneusement ajustées pour éviter que les poussières et les germes aient un refuge dans les joints ; lorsque les planches s'écartent, il faut emplir les vides d'un mastic à l'huile de lin qui comble toutes les fissures. Afin de rendre le bois du plancher impénétrable aux corpuscules suspects, on l'enduit d'un encaustique à la cire et à l'essence de térébenthine ou de pétrole.

Les poutres et les solives en fer tendent à remplacer avantageusement les bois des anciennes constructions.

Les plafonds en plâtre ne doivent présenter ni poutre saillante, ni moulure, ni rosace ; les inégalités des décors et les angles formés par les parties saillantes servent de refuge aux poussières et aux micro-organismes. Il est bon de recouvrir les plafonds d'une couche de peinture à l'huile, ce qui permet de les laver.

Toitures. — Une charpente en bois ou en fer supporte les parties extérieures de la toiture, tuiles, ardoises, zinc. Les tuiles et les ardoises sont préférables aux couvertures métalliques, parce que celles-ci ont l'inconvénient d'être très conductrices ; grâce à leur conductibilité, elles produisent, en été, une élévation de température insupportable dans les parties qu'elles recouvrent. Les ardoises sont préférables aux briques, parce que leur surface polie réfléchit mieux la chaleur solaire ; leur emploi exige une charpente à pentes rapides, ce qui facilite le glissement des eaux pluviales. Celles-ci seront recueillies dans des gouttières métalliques et déversées, au moyen de tuyaux, dans les égouts, dans les citernes ou dans les ruisseaux qui bordent les rues.

Hauteur de la maison. — Dans les villes, la hauteur des maisons ne doit pas être plus grande que la largeur de la rue qu'elles bordent ou de la cour qu'elles enserrent ; ainsi l'air et la lumière peuvent pénétrer abondamment dans l'habitation. Les cours exiguës, les rues étroites, entourées de maisons à plusieurs étages sont des foyers d'infection que la lumière ne purifie pas, que les courants d'air n'assainissent point. Dans ces maisons proscrites par l'hygiène, les étages supérieurs sont les plus salubres, tandis que le rez-de-chaussée et les étages inférieurs sont infectés de détritus et de microbes ; ces derniers étages manquent de lumière, car les rayons solaires les éclairent d'une manière insuffisante. Les maisons très hautes placées le long d'étroites ruelles sont donc toujours insalubres.

Aération

Nécessité de la ventilation. — L'air pur est indispensable à l'homme, qui, chaque jour, introduit dans les poumons plus de 2,000 litres d'oxygène. Il faut que l'habitation lui fournisse l'élément indispensable au maintien de l'équilibre organique. Par la respiration, la combustion, les exhalaisons diverses, l'air d'un appartement est rapidement vicié et impropre à satisfaire les nécessités respiratoires ; il faut que l'air malsain soit chassé et remplacé par un air vivifiant : de là, la nécessité de la ventilation.

Pour faciliter l'aération hygiénique, les ouvertures doivent être très grandes ; pour favoriser les fonctions respiratoires, les pièces que l'on habite doivent être très spacieuses. On doit blâmer vivement la déplorable habitude que la vanité et l'irréflexion ont mise en vogue : elle consiste à réserver pour le salon la pièce la plus vaste et la mieux éclairée, tandis que la chambre à coucher est souvent un étroit réduit, privé d'air et de lumière, où s'entassent quelquefois plusieurs personnes qui, toute la nuit, aspireront à pleins poumons un air insalubre dont les mauvais effets ne tarderont pas à se manifester.

Repoussons cette détestable pratique ; réservons pour le salon, où l'on reçoit et où l'on habite peu, la plus petite pièce ; établissons la chambre à coucher dans celle qui est grande, bien aérée, bien éclairée. Agir ainsi, c'est lutter pour la vie et combattre pour la santé.

Malgré les vastes dimensions de la chambre que l'on habite, l'air est vicié après quelques heures de séjour ; il faut donc ventiler.

Ventilation. — La ventilation peut être *naturelle* ou *artificielle.* Elle est *naturelle* lorsqu'elle s'accomplit au moyen des portes et des fenêtres ; elle est *artificielle* lorsqu'elle est produite par des appareils spéciaux.

Ventilation naturelle. — La ventilation naturelle peut être *intermittente* ou *continue.*

La *ventilation est intermittente* lorsque les portes et les fenêtres seules, largement ouvertes, contribuent à renouveler l'air dans l'appartement. Par les ouvertures béantes, l'air extérieur et l'air intérieur sont en contact ; les différences de densité et de température de ces deux masses gazeuses établissent des courants qui portent l'air extérieur dans la pièce ventilée et chassent au dehors l'air intérieur : ces courants cessent lorsque l'équilibre de densité et de température est établi.

Cette aération rapide produit dans l'appartement un brusque refroidissement, auquel on se soustrait, en hiver, en abandonnant le local durant la période de ventilation ; cette ventilation doit toujours être établie pendant le nettoyage de la pièce.

Une seule baie, même largement ouverte, ne peut produire une aération suffisante dans une chambre ; le courant d'air ne pénètre pas dans toutes les parties, ainsi il renouvelle incomplètement l'atmosphère intérieure.

L'hygiène prescrit d'ouvrir simultanément, par intervalles assez rapprochés, les portes et les fenêtres placées sur les parois opposées ; on provoque alors un violent courant d'air qui emporte les poussières atmosphériques et chasse totalement l'air vicié; elle proscrit aussi d'éviter les dangers que présentent ces courants d'air en quittant l'appartement durant la ventilation.

La *ventilation continue* s'accomplit par les *murs*, s'ils sont perméables à l'air, par les *fissures* que présentent les portes et les fenêtres, par les *tuyaux des cheminées*, par des *procédés automatiques*.

Les *murs* sont souvent impénétrables à l'air, mais les *boiseries des portes et des fenêtres* possèdent des fentes qui laissent passer l'air froid extérieur; ainsi se produisent les *vents coulis*, si désagréables pendant les froids de l'hiver. Cette ventilation est hygiénique ; si on la supprime au moyen de bourrelets, elle doit être compensée par la ventilation intermittente.

La ventilation continue peut aussi se faire au moyen d'une fenêtre laissée ouverte jour et nuit. L'aérothérapie, ou l'absorption constante d'air pur, est pratiquée avec succès dans le traitement de la tuberculose.

La ventilation continue peut être suffisante, si l'on ménage une ouverture inférieure au-dessus du parquet pour permettre à l'air froid extérieur de pénétrer dans l'appartement, et une ouverture près du plafond, qui laisse passer au dehors l'air chaud de l'intérieur, qui, par suite de sa faible densité, s'élève à la partie supérieure de la pièce.

On assure une aération permanente dans certaines salles en employant le *vasistas* ordinaire, qu'on peut tenir abaissé ou relevé à volonté. Le *vasistas papillon*, qui, par un mouvement de rotation continu, détermine un appel d'air ; le *ventilateur à mica*, dont les lames s'écartent pour laisser passer l'air extérieur, offrent les moyens d'obtenir une ventilation constante.

De toutes ces ventilations, la meilleure est sans contredit celle qui consiste à ouvrir largement des baies opposées ; cette disposition détermine un mouvement important de l'atmosphère : des calculs ont établi qu'en procédant ainsi, il peut passer en une heure environ 10,000 mètres cubes d'air pur dans le local ventilé.

Ventilation artificielle. — La ventilation artificielle est obtenue par des procédés *physiques* ou *mécaniques*. Les *procédés physiques* agissent en déterminant un appel d'air pur et frais au moyen de la force ascensionnelle de l'air vicié et chaud.

La cheminée de nos appartements détermine une ventilation artificielle. La colonne d'air et de gaz divers chauffée au contact du foyer, ayant une densité plus faible que l'air environnant, s'élève dans le tuyau, s'échappe au dehors, produisant ainsi une diminution de pression dans la pièce chauffée : cette diminution de tension de l'air intérieur détermine un appel d'air extérieur qui pénètre par les fissures des portes et des fenêtres et rétablit l'équilibre atmosphérique. Ainsi se forme un courant d'air continu qui va des ouvertures vers la cheminée. On estime que la quantité d'air froid qui, de l'extérieur, passe dans l'appartement par l'effet d'une cheminée ayant un bon tirage, peut s'élever à plus de 300 mètres cubes à l'heure.

Cette puissante ventilation contribue peu à la salubrité des locaux, car l'air extérieur aspiré passe rapidement dans la cheminée et se répand peu dans l'appartement. L'aération par la cheminée est donc tout à fait insuffisante.

Les *procédés mécaniques* de ventilation artificielle utilisent des appareils hydrauliques, électriques ou à vapeur pour déterminer, dans un milieu, l'expulsion de l'air vicié et de poussières malsaines en même temps qu'un appel d'air pur. Ces procédés sont utilisés dans la ventilation des mines et des usines importantes.

Lumière

La lumière qui pénètre dans l'habitation par des ouvertures larges et nombreuses contribue à la salubrité du local. Elle agit sur les micro-organismes qu'elle détruit en facilitant l'oxydation de leurs tissus : des expériences ont prouvé que le bacille typhique, sous l'action de l'air et de la lumière solaire, est privé de la vie au bout de quelques heures ; dans les mêmes conditions, le bacille diphtérique ne résiste pas longtemps à l'action bactéricide de la lumière.

La lumière agit aussi sur notre organisme en excitant la cellule vivante à accomplir les fonctions physiologiques : on croit qu'elle active les échanges nutritifs entre les tissus animés et le milieu extérieur.

D'après M. Duclaux, la lumière est un facteur important de salubrité générale : « La lumière solaire, dit-il, « est l'agent d'assainissement à la fois le plus universel, « le plus économique et le plus actif auquel puisse avoir « recours l'hygiène publique ou privée. »

Utilisons sans parcimonie cette lumière bienfaisante que le soleil nous distribue si généreusement. Que toutes les parties de l'habitation, même les plus reculées, subissent les effets de son action vivifiante.

Logements insalubres

Un logement insalubre à la campagne. — A la campagne, un logement insalubre est celui dont les murs extérieurs présentent des ouvertures petites et peu nombreuses; ces murs perméables se laissent pénétrer par l'eau qui, à l'intérieur, humecte le revêtement, favorise le développement des moisissures et se vaporise, rendant humide l'atmosphère de l'appartement.

Le rez-de-chaussée, n'étant point surélevé relativement au terrain extérieur, présente un sol imprégné d'eau et glissant; le plafond bas et sombre offre un abri repoussant; l'air qu'on y respire a une odeur désagréable et nauséabonde. Les bois vermoulus des planchers, des portes et des fenêtres offrent un paisible abri aux poussières et aux microbes divers. Là, le balai ne les atteint point, le plumeau ne les déloge point; dans leur retraite inaccessible, ils se préparent à envahir l'atmosphère au moment favorable; les lavages salubres, les désinfections hygiéniques étant inusités, rien ne trouble leur tranquille évolution.

Dans cette habitation abondent les coins obscurs, les cabinets privés de lumière, les alcôves étroites et malsaines, les pièces à une seule ouverture, à ventilation difficile; des issues resserrées et sombres communiquent avec l'étable, avec l'écurie; adossés aux murs de l'habitation, avoisinant les ouvertures, le poulailler, la bergerie, la porcherie envoient leurs émanations fétides et dangereuses dans l'habitation familiale. Les ais mal joints des portes et des fenêtres laissent pénétrer d'une manière permanente et les gaz délétères et les froids de l'hiver et les chaleurs de l'été : glaciale sous l'action de la bise hivernale, suffocante sous l'influence de la chaleur estivale, l'habitation offre un refuge peu appréciable contre les intempéries.

L'attachante propreté voilera-t-elle au moins, par son luxe modeste et hygiénique, les causes nombreuses d'écœurement et de contamination que présente la demeure? Hélas! inspirée par le goût, engendrée par le cœur, la propreté ne peut exister que dans le foyer aimé et caressé. Qui pourrait chérir cette source d'infection, cet abri de l'insouciance, ce refuge de l'incurie?... Personne. La propreté, décor modeste et sauvegarde de la santé, est donc bannie de ce triste logis.

L'inconscient habitant de cette maison malsaine pourra-t-il au moins, assis devant sa porte où il se délasse du dur labeur des champs, pourra-t-il, là, exhaler l'air morbide qui surcharge ses poumons et aspirer une atmosphère pure et vivifiante qui retrempe les organes ?

Ici encore, de nouveaux dangers l'attendent. Sur l'aire malpropre qui s'étend devant la porte, les détritus abondent : là, des végétaux entassés se décomposent ; à côté, des excréments d'animaux souillent le sol (plus hygiéniste que l'homme, le bousier actif enfouit ces matériaux dangereux) ; ailleurs, les masses de fumier déversent dans l'air leurs exhalaisons fétides et malsaines ; plus près, les water-closets primitifs répandent autour d'eux des gaz délétères ; plus loin, des étangs à eaux peu profondes et bourbeuses offrent aux batraciens un milieu favorable, mais, à l'homme, un voisinage dangereux. Dans ce liquide infecté par les détritus et les microbes barbotent, durant le jour, les palmipèdes domestiques, troublant de plus en plus l'élément mobile et hâtant la décomposition des matières organiques qu'il renferme. De toutes parts, les gaz méphitiques et les émanations délétères se répandent dans l'atmosphère, qui n'offre plus qu'un air vicié, capable de frapper l'organisme de coups funestes et inattendus.

Fuyons une telle habitation : elle est dépourvue des doux attraits qu'offre un foyer salubre ; elle est riche en menaces de maladie et de contagion.

Combien est-il utile d'inspirer aux jeunes filles de la campagne l'amour de leur intérieur, amour légitime qui ferait disparaître les causes d'insalubrité ! Combien est-il nécessaire de leur donner les connaissances d'hygiène qui préviennent tant de maladies ! Combien est-il bon d'exciter en elles le sentiment de l'ordre et de la dignité personnelle qui n'admet ni désordre extérieur, ni négligence corporelle, ni délabrement du foyer, ni souillure inconvenante !

Si la *Société des habitations à bon marché* a rendu des services signalés aux habitants des grandes villes, il serait bon d'instituer à la campagne une association humanitaire qui ferait comprendre aux rustiques campagnards que le plus humble logis peut avoir un luxe d'ordre et de salubrité qui n'exige ni travaux exagérés ni aménagements dispendieux; ce luxe impose seulement le sens délicat qu'offusque la souillure, le goût qui dispose avec soin, l'intelligence qui comprend les nécessités, l'affection qui s'intéresse au bonheur des siens, l'activité qui accomplit les travaux, le courage qui fait vaincre les obstacles.

Que les femmes intelligentes, instruites et dévouées s'associent pour répandre ces idées pratiques parmi les ménagères villageoises; l'application des prescriptions hygiéniques contribuera au bonheur de la famille et préparera à la nation des citoyens vigoureux qui, de leurs bras robustes, repousseront l'envahisseur du pays et rendront prodigieusement féconds les beaux champs de France que le lumineux soleil réchauffe, que la bienfaisante pluie fertilise.

Que les institutrices commencent de bonne heure à initier leurs élèves aux préceptes de l'hygiène; elles accompliront ainsi une œuvre éducatrice et morale qui produira d'heureux résultats dans la famille et dans la société.

Un logement insalubre à la ville. — Les maisons à plusieurs étages que séparent des ruelles étroites, humides et ombreuses, les maisons qui entourent des cours exiguës, sombres et odorantes, offrent toujours des logements insalubres ! l'air pur et la lumière solaire, purificateurs par excellence, ne pénètrent pas assez abondamment dans ces appartements malsains. L'air vicié stationne dans ces pièces qu'un courant violent ne balaie jamais ; les microbes flottent nombreux et menaçants dans cette atmosphère tranquille ; les rayons du soleil ne peuvent arriver, d'une manière efficace, dans ces puits profonds pour détruire les micro-organismes qui les infectent ; le rez-de-chaussée, les étages inférieurs ne connaissent pas les douces effluves que dégagent les rayons lumineux et calorifiques. Ceux-ci inondent les toitures sans descendre jamais dans les habitations où s'étiole la précieuse plante humaine sous l'action de l'air délétère.

La ventilation du logement chasse un air impur pour apporter un autre air impur ; elle entraîne des microbes qu'elle remplace par d'autres microbes ; elle emporte les émanations de l'étroit logis où s'entasse une famille nombreuse, tandis qu'elle introduit les émanations de la demeure voisine : ainsi, à l'air vicié succède l'air vicié, aux micro-organismes succèdent les micro-organismes, aux miasmes dangereux succèdent les miasmes dangereux.

Les existences qui s'écoulent dans ces milieux homicides s'alanguissent lentement ; l'anémie et la misère physiologique laissent l'organisme sans défense contre la maladie qui survient ; bientôt la mort choisit ses victimes parmi celles qu'une lente asphyxie a préparées à la chute fatale.

Petite ouvrière, modeste employée, quittez ces milieux tristes et inclements qui vous privent de l'air et de la lumière si nécessaires à vos organes ; abandonnez ces habitations placées dans les bas-fonds malsains ; éloignez-vous des émanations des diverses usines ; choisissez votre logis sur la butte qui domine la partie basse de la ville ; recherchez les larges avenues, les squares verdoyants, vous gagnerez en santé, en vigueur, le déficit imposé au budget par une habitation salubre ; le produit du surcroît de travail exécuté rétablira l'équilibre financier.

Dans un esprit de fraternelle commisération, les âmes élevées doivent s'unir à la *Société des habitations à bon marché* pour multiplier, dans les banlieues, les gracieuses et hygiéniques maisons ayant trois pièces bien aérées, bien éclairées et entourées d'un verdoyant lopin de terre. Dans cette demeure saine et riante, le travailleur actif conservera sa bonne santé, l'enfant qui grandit, robuste et fort, deviendra l'inlassable ouvrier qui assurera le bien-être de sa famille. Il contribuera aussi au développement de l'industrie nationale par son labeur incessant ; son esprit rassis et dispos aura pour instrument un corps vigoureux et affranchi des souffrances qui paralysent les ressources de l'intelligence.

Les âmes généreuses qui s'associent à l'œuvre philanthropique des *Habitations ouvrières* travaillent au bonheur des déshérités de la fortune et à la prospérité du pays.

Chauffage

Le meilleur appareil de chauffage. — Un appareil de chauffage idéal doit réaliser les conditions suivantes : 1° employer peu de combustible ; 2° utiliser pour le chauffage de l'appartement toute la chaleur dégagée par le foyer ; 3° contribuer largement à l'assainissement de la salle ; 4° ne répandre aucun gaz délétère dans la pièce chauffée ; 5° les parois de l'appareil ne doivent pas s'échauffer trop fortement ni se refroidir trop brusquement.

Les deux premières conditions permettent d'obtenir une notable économie dans la dépense, sans préjudice de l'élévation de température.

La troisième et la quatrième satisfont aux prescriptions hygiéniques qui recommandent la ventilation des salles chauffées et l'expulsion des gaz dangereux.

La cinquième préserve du malaise éprouvé lorsque l'air ambiant s'échauffe ou se refroidit trop brusquement ; elle garantit aussi du désagrément causé par les mauvaises odeurs dues à la combustion des matières organiques qui flottent dans l'atmosphère et viennent brûler au contact des parois rouges des poêles surchauffés.

Aucun appareil ne réalise rigoureusement toutes ces conditions ; le meilleur sera celui qui se rapprochera le plus de la perfection désirable.

Examinons successivement les avantages et les inconvénients des principaux modes de chauffage.

Cheminée. — L'antique cheminée où brûle le bois de la vieille forêt, avec sa flamme claire et gaie, avec sa ventilation puissante, est un appareil de chauffage agréable et salubre. Le combustible est inodore ; les produits formés se dirigent dans le tuyau sans se répandre dans l'appartement, si la cheminée a un bon tirage ; un violent courant d'air chasse tous les gaz dangereux.

Ces avantages sont compensés par les inconvénients suivants : la dépense de combustible est considérable, le pouvoir calorifique, très faible ; on admet que la chaleur dégagée par le foyer se répartit ainsi : environ 6 % contribue à l'échauffement de la pièce et 94 % représente la chaleur perdue, qui sert à élever la température des gaz chassés au dehors. Si le foyer est alimenté par la houille, la pièce chauffée peut recevoir jusqu'à 12 % de la chaleur produite.

La cheminée est donc un appareil salubre. L'air y arrive par la large ouverture du foyer A ; il est entraîné avec les produits de la combustion dans le tuyau T ; ce rapide courant emporte tous les gaz dangereux et plus des 9/10 de la chaleur du foyer. Cette déperdition de chaleur fait de la cheminée un mauvais appareil de chauffage.

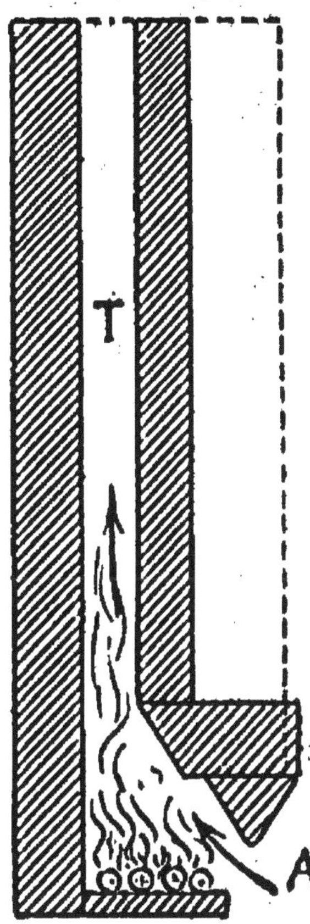

Coupe d'une cheminée ordinaire.

On augmente sa puissance calorifique en établissant au dehors une prise d'air ; des tuyaux conduisent l'air aspiré dans un réservoir fermé par la plaque du foyer ; de là, des canaux le dirigent de chaque côté de la cheminée d'où il s'échappe par des ouvertures qui lui permettent de se répandre dans l'appartement. De cette manière, on peut augmenter considérablement le rendement calorifique.

Poêles. — Les poêles sont en fonte ou en faïence. Placés dans l'intérieur de l'appartement, leurs parois échauffent l'air environnant, qui devient plus léger, s'élève et est remplacé par une autre masse d'air froid qui s'échauffe à son tour et s'élève de la même manière. Ces courants d'air, qui s'établissent de l'intérieur de la salle chauffée aux parois du poêle et du poêle vers l'intérieur de la salle chauffée, élèvent rapidement la température de l'atmosphère de la pièce. Le poêle est donc un bon appareil de chauffage.

Il est un mauvais appareil de ventilation. Le foyer ne

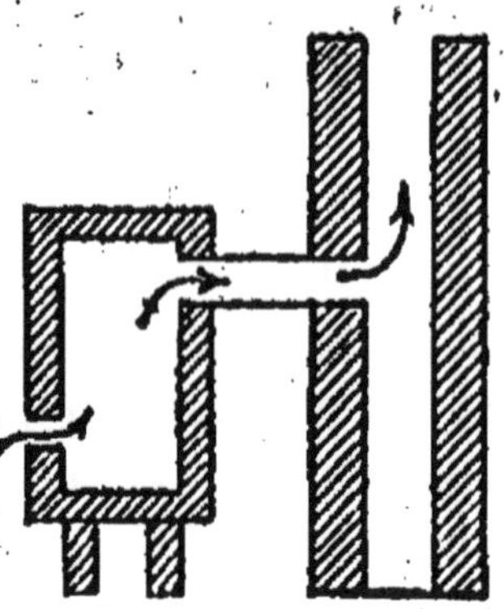

Coupe d'un poêle et du conduit de tirage.

reçoit l'air que par une ouverture que présente le cendrier ou la porte du poêle; une très petite quantité d'air y pénètre à la fois; fortement chauffée au contact du combustible incandescent, la petite colonne gazeuse s'élève rapidement, déterminant un courant d'air violent mais peu étendu. Le chauffage au poêle oblige à ventiler fréquemment la pièce chauffée.

Le *poêle en fonte* a encore l'inconvénient de porter facilement au rouge ses parois métalliques; or, la fonte incandescente est poreuse et se laisse traverser par le gaz carbonique et l'oxyde de carbone. Ces gaz délétères se répandent alors dans l'appartement et vicient l'atmosphère. De plus, les matières organiques en suspension dans l'air sont entraînées par les courants au contact de la fonte rouge, où elles se grillent et répandent ensuite une odeur désagréable. Enfin, ces poêles élèvent rapidement la température de l'air qui devient sec; ils déterminent ainsi un état hygrométrique qui active l'exhalation de la vapeur d'eau à la surface du corps et par les voies respiratoires, ce qui peut causer des malaises et des maux de tête. On remédie à cet inconvénient en plaçant sur le poêle un vase dans lequel l'eau qu'il contient s'échauffe et se volatilise, augmentant ainsi la tension de la vapeur d'eau atmosphérique dans la salle.

Les *poêles en faïence* présentent des avantages supérieurs à ceux des poêles en fonte. Leurs parois s'échauffent moins rapidement et ne deviennent jamais rouges; elles se refroidissent lentement et par conséquent maintiennent une température plus uniforme. Ces poêles doivent être préférés aux poêles en fonte; néanmoins, il faut signaler que, sous l'action de la chaleur du foyer, il peut se produire dans leurs parois des fissures qui laissent dégager des gaz dangereux.

Les *poêles à double enveloppe* ont une enveloppe métallique intérieure qui renferme le foyer et une enveloppe extérieure en faïence séparée de la première par une couche d'air. Grâce à cette disposition, la fonte rougie, étant poreuse, ne déverse pas les gaz délétères dans la pièce chauffée; l'enveloppe en faïence, n'étant pas au contact du foyer, ne se fendille pas sous l'action de la chaleur comme dans les appareils simples. Ces poêles ont donc sur les précédents des avantages marqués.

Les *poêles à combustion lente* sont à double enveloppe métallique. Ils offrent de sérieux dangers d'asphyxie; aussi sont-ils interdits dans tous les établissements publics.

Ces appareils dépensent peu de combustible, le foyer exige peu de soins et dégage beaucoup de chaleur, ce qui les fait apprécier. On y introduit à la fois une grande quantité de charbon et on règle le tirage de manière à réduire autant que possible l'appel d'air; celui-ci pénètre dans l'appareil, s'échauffe au contact du foyer, traverse la colonne de charbon, arrive dans l'espace annulaire qui sépare les deux enveloppes, réchauffe la paroi extérieure et s'échappe par une ouverture qui communique avec le tuyau de la cheminée.

Une forte colonne de charbon incandescent et un faible courant d'air sont d'excellentes conditions pour produire de l'oxyde de carbone; si la cheminée n'a pas un bon tirage, ce gaz est refoulé dans l'appartement.

Le danger n'existe pas seulement pour la pièce chauffée; si le tuyau de la cheminée par laquelle s'écoulent les produits de la combustion a quelque fissure, l'oxyde de carbone se répand dans les pièces que la lézarde fait communiquer avec le tube d'ascension. Ce gaz peut aussi traverser les cloisons poreuses, passer par les fentes que présentent les portes de la salle où le poêle est installé; cette dispersion permet à l'oxyde de carbone de causer des accidents dans les pièces contiguës. On signale même des cas où les produits de la combustion ont été refoulés par le vent dans une cheminée voisine; ils ont ainsi vicié l'air d'appartements éloignés du lieu de leur production.

Ayant causé de nombreux cas d'asphyxie, ces poêles doivent rigoureusement être proscrits des chambres à coucher et même des pièces voisines. On ne doit les installer que dans de grandes salles, dans des vestibules où la ventilation est facile.

Le meilleur moyen de se soustraire aux dangers qu'ils font courir est de bannir les poêles mobiles de toutes les habitations privées.

Calorifères. — Les calorifères servent peu dans les maisons particulières; ils sont utilisés surtout pour le chauffage d'établissements importants, de vastes salles. Un seul foyer, installé généralement dans le sous-sol, suffit à distribuer le calorique dans toutes les parties de la construction. On distingue les calorifères *à air chaud*, *à eau chaude* et *à vapeur*.

Les *calorifères à air chaud* chauffent bien les appartements, mais ils ont l'inconvénient d'y introduire un air plus ou moins vicié qui donne une odeur désagréable. Pris au dehors, l'air vient s'échauffer au contact du foyer, dont les parois ont une température de plus de 100 degrés. Les corpuscules organiques brûlent et sont entraînés, avec la colonne d'air chaud, dans les appartements, où ils produisent une mauvaise odeur.

Les *calorifères à eau* exigent une installation dispendieuse. Pour des causes diverses, des fissures peuvent se produire dans les tuyaux de conduite ; si cet accident arrive, les dégradations causées par l'eau qui se répand sur les parquets, sur les plafonds, sur les murs, peuvent être considérables. Ces désavantages font que le calorifère à eau est peu employé.

Le *calorifère à vapeur* est celui qui donne les meilleurs résultats. Le générateur chauffé à 120° laisse échapper de la vapeur qui s'élève dans des tuyaux et vient se condenser dans des appareils présentant des ailettes ou affectant la forme de *radiateurs* composés de tubes métalliques en U, ouverts à la partie inférieure, afin de permettre à l'eau de condensation d'être reçue dans un collecteur horizontal d'où partent des tuyaux qui la ramènent dans le générateur.

Les radiateurs ou les tuyaux ailés ont une surface de chauffe considérable. Ces appareils sont installés à la partie inférieure des murs de la salle ; ils réchauffent l'air froid qui arrive du dehors par des ouvertures placées au-dessous d'eux. Ainsi la ventilation s'opère sans produire la sensation de froid qui résulte de l'introduction directe de l'air extérieur dans l'appartement.

Le chauffage par le calorifère à vapeur est celui qui offre le moins d'inconvénients. Aucun air vicié n'est répandu dans l'habitation, attendu que la température de l'air de l'appartement s'élève au contact de la surface de chauffe qui est imperméable. La température des tubes ou des radiateurs étant toujours au-dessous de 100°, les corpuscules atmosphériques ne sont point grillés à leur contact. Ainsi, l'air n'est vicié que par l'effet de l'occupation de la salle ou par les produits de combustion de l'éclairage. La ventilation constante qui peut s'effectuer dans la pièce au moyen d'appels d'air maintient l'atmosphère intérieure chaude et salubre.

Appareils à gaz. — On utilise pour le chauffage des radiateurs à gaz. Grâce à la spontanéité et à l'activité de la combustion, ces appareils produisent une élévation de température rapide; ils ont l'avantage de ne laisser aucun dépôt de cendre ni de fumée. Ce mode de chauffage n'est pratique que pour être utilisé durant quelques heures seulement : le chauffage au gaz est dispendieux; il n'est hygiénique qu'à la condition de pourvoir les appareils d'un tuyau de dégagement destiné à conduire au dehors les produits de la combustion.

Chauffage au pétrole et à l'alcool. — Le chauffage au pétrole et à l'alcool présente à peu près les avantages et les inconvénients du chauffage au gaz; de plus, le chauffage au pétrole cause le désagrément de salir les appareils où se fait la combustion.

Chauffage à l'électricité. — Dans les appareils de chauffage par l'électricité, la chaleur peut être produite dans de grandes ampoules, à l'intérieur desquelles le courant porte à l'incandescence une lame mauvaise conductrice. Le foyer de chaleur peut aussi être l'arc électrique dû au passage du courant d'un charbon conducteur à un autre charbon conducteur.

Le chauffage à l'électricité ne donne aucun gaz dangereux, l'air conserve sa pureté. De tous les modes de chauffage, il est le plus hygiénique. Il présente cependant les inconvénients suivants : il ne produit aucune ventilation, il est dispendieux, et ne peut être utilisé partout, attendu que les sources d'électricité n'existent pas encore dans toutes les localités.

Eclairage

L'éclairage sera étudié dans le cours de quatrième année relativement à son action sur l'œil. Nous allons seulement indiquer ici les principales qualités que doit présenter l'éclairage dans l'habitation familiale.

Eclairage naturel. — L'éclairage naturel est donné par des fenêtres qui doivent laisser pénétrer abondamment la lumière solaire. A cet effet, il faut que les ouvertures soient nombreuses et grandes.

Le bureau de travail, la table à ouvrage doivent être installés de manière que les rayons lumineux arrivent de gauche à droite sur le travail exécuté.

Eclairage artificiel. — L'éclairage artificiel doit tendre à réaliser les conditions suivantes : 1° être économique ; 2° ne point répandre de produits toxiques dans l'atmosphère ; 3° avoir une intensité suffisante ; 4° présenter une coloration qui ne fatigue pas la rétine.

La *chandelle* fumeuse, la *bougie*, les *huiles végétales* donnent un éclairage dispendieux et peu sain, attendu que les produits de la combustion sont très abondants et se répandent dans l'appartement. L'intensité lumineuse est faible, mais la flamme a une coloration favorable à l'œil.

Le *pétrole*, l'*essence de pétrole* donnent un éclairage économique, mais la coloration de la flamme est trop éclatante, elle peut fatiguer l'œil.

Ces liquides, étant très inflammables, présentent des dangers d'incendie ; il faut les manier avec précaution et loin de tout corps incandescent. Les lampes à essence et à pétrole seront garnies pendant le jour.

Le *gaz* et l'*acétylène* donnent une flamme qui a une grande intensité lumineuse ; ils ne souillent point les appareils d'éclairage, mais ils produisent abondamment du gaz carbonique qui se répand dans la salle éclairée et vicie rapidement l'atmosphère. Il est nécessaire de ventiler fréquemment les pièces où se consument le gaz d'éclairage et l'acétylène ; leur combustion dégage beaucoup de chaleur.

L'usage des becs *Auër* réduit la dépense en ralentissant la combustion et diminue le rendement calorifique, précieux avantages qui compensent le prix de revient du manchon *Auër;* celui-ci est composé d'un treillis métallique formé par des fils fins, oxydes de métaux précieux (thorium, cerium, zirconium).

Les fuites de gaz par les tuyaux de conduite doivent être surveillées, car elles offrent des dangers d'explosion au contact d'une flamme.

L'éclairage électrique par les *lampes à incandescence* offre de grands avantages dans la vie privée. Ces lampes dégagent peu de chaleur, point de produits dangereux, puisqu'il n'y a pas de combustion ; elles donnent une lumière fixe et intense, ayant une coloration qui ne fatigue pas la rétine; elles n'offrent aucun danger d'incendie ou de dégagement nuisible.

C'est la lampe à incandescence qui doit être adoptée dans les maisons particulières préférablement à tout autre mode d'éclairage.

Au point de vue de la coloration, il est à remarquer que la lumière où dominent les rayons jaunes est la moins fatigante pour l'œil; celle qui est riche en rayons violets, comme celle de la *lampe à arc électrique,* exerce une influence défavorable sur la rétine.

Evacuation des déchets

La présence de l'homme et les nécessités de son existence déterminent la production de déchets, qui ne doivent pas séjourner dans les milieux habités, à cause des dangers que font courir les émanations qui s'en dégagent et les fermentations putrides dont ils sont le siège. Ces déchets sont : les débris de cuisine, les eaux ménagères (eaux de toilette, eaux de vaisselle), les poussières apportées par l'air, les vêtements, les chaussures, et enfin les déjections humaines.

La salubrité publique exige l'évacuation *quotidienne* et *complète* de tous les détritus dont la présence *est dangereuse pour la santé.*

Évacuation des déchets ménagers. — Ces déchets comprennent les poussières retirées des appartements, les cendres des foyers, les débris de cuisine. L'incinération des substances combustibles serait le meilleur moyen de se préserver des dangers qu'elles offrent ; cette opération n'étant pas toujours possible, on emploie d'autres procédés pour éviter la contamination qu'elles peuvent produire par les microbes pathogènes qu'elles renferment, ou qui peuvent se développer dans les fermentations putrides qu'elles subissent.

A la campagne, on se débarrasse souvent des déchets en les entassant dans des fosses où s'accomplit leur décomposition. Ces fosses très insalubres doivent être éloignées des habitations (à 100 mètres au moins), afin qu'aucune émanation ne pénètre dans le logis.

A la ville, les ordures ménagères sont ordinairement déposées sur le trottoir en attendant que le tombereau municipal vienne les enlever ; souvent une chute d'eau ou un vent violent les disperse et les entraîne dans des cavités, où elles se putréfient.

Pour éviter cette dispersion et les inconvénients qui en résultent, il est bon de mettre ces débris dans des boîtes en fer galvanisé que l'on dépose le matin dans la rue ; le service sanitaire de la ville a l'obligation de déverser le contenu de ces boîtes dans les chars de transport. Par les soins de l'administration, ces déchets sont transportés dans des lieux où les produits de leur putréfaction ne peuvent nuire à la santé des habitants.

Eaux ménagères. — Les eaux ménagères comprennent les eaux *de cuisine* ayant servi au lavage et au nettoyage, et les eaux *de toilette.*

On se débarrasse généralement des eaux de cuisine en les déversant dans un évier, sorte de cuvette inclinée qui présente un orifice de déversement. Après chaque expulsion, il est nécessaire de chasser de l'évier tout débris organique au moyen de lavages abondants, faits à frottement dur, à l'aide d'une brosse rude. De la cuvette, l'eau passe dans un tuyau qui la conduit au collecteur; ce collecteur peut être simplement la surface extérieure du sol, un puisard, une citerne ou le ruisseau qui longe la rue.

Dans les villes qui ont un réseau d'égouts bien organisé, le collecteur est l'égout. Le procédé qui consiste à y envoyer les eaux ménagères est le meilleur.

A la campagne, le tuyau d'écoulement de l'évier s'ouvre généralement, par son orifice inférieur, à la surface du sol; celui-ci, s'il est perméable, se laisse pénétrer par les liquides; les substances organiques solides demeurent à la surface et sont détruites par suite de l'oxydation de leurs tissus, qui s'accomplit sous l'action de l'oxygène de l'air agissant en présence des rayons solaires. Là, l'air est pur et constamment renouvelé par les courants actifs qui se produisent autour de l'habitation, aussi ce procédé rudimentaire d'expulsion peut ne point causer d'exhalaisons malsaines si le sol est perméable et si le point d'écoulement est bien ensoleillé; il devient dangereux si le terrain n'absorbe point les liquides, et si ceux-ci stationnent dans des cavités où les matières organisées se décomposent, répandant une odeur infecte et des gaz dangereux. On doit éviter cette putréfaction à l'air libre en conduisant ces eaux loin des habitations, dans des milieux absorbants qui préservent d'émanations malsaines. On doit aussi désinfecter fréquemment les lieux qui les reçoivent au moyen d'un lait de chaux, d'une dissolution de chlorure de chaux ou de sulfate de cuivre. On doit veiller surtout à ce que ces liquides ne s'infiltrent point dans le terrain au voisinage des puits, des citernes qui fournissent l'eau potable ; les lieux d'infiltration des eaux ménagères doivent toujours être très éloignés des réservoirs à eau potable.

A la ville, l'évacuation des eaux ménagères peut être une source de contamination si elle ne satisfait pas à des conditions hygiéniques rigoureusement nécessaires.

Le tuyau d'écoulement de l'évier communique par une de ses extrémités avec la cuvette et par l'autre avec le ruisseau, le puisard ou l'égout où il déverse le liquide. Ce tuyau peut conduire des gaz délétères du récepteur dans les appartements. On cite certains cas où des maladies infectieuses ont eu leur origine dans la mauvaise installation des tuyaux d'évier.

Pour éviter les conséquences de ces exhalaisons malsaines, il faut que le tuyau soit disposé de manière à empêcher toute communication entre l'habitation et le récepteur des eaux ménagères. On obtient ce résultat au moyen d'un tube à siphon ; celui-ci retient toujours une certaine quantité d'eau qui forme bouchon et maintient dans le tuyau les gaz qui, de l'égout, s'élèvent dans le conduit de l'évier ; arrêtés dans leur ascension, les gaz ne pénètrent pas dans l'appartement. Des ouvertures fermées par un tampon à vis sont placées au sommet de la courbure supérieure et de la courbure inférieure afin de permettre la vidange du siphon lorsque des détritus s'y sont accumulés. Souvent on adapte à la partie supérieure du tuyau de conduite un deuxième tube qui s'ouvre directement à l'extérieur pour permettre aux produits méphitiques de s'échapper au dehors.

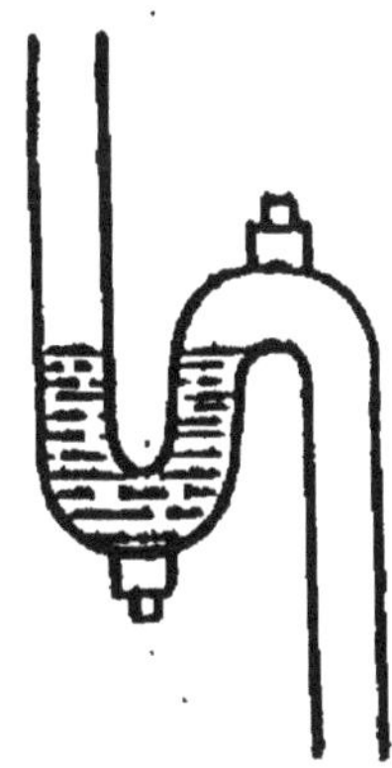
Siphon d'écoulement pour évier.

De tous les systèmes d'évacuation des eaux ménagères, celui auquel l'hygiène accorde ses préférences est celui du *tout à l'égout*, à la condition que la canalisation soit bien installée. Les liquides impurs y sont conduits au moyen de tuyaux présentant chacun *au moins un siphon* sur son parcours.

On ne doit pas recevoir les eaux ménagères dans des puisards, à cause des dangers d'infiltration que présentent ces réservoirs si les parois ne sont pas rigoureusement étanches.

Les eaux de toilette doivent être déversées dans des bassins spéciaux en porcelaine ou en métal émaillé. Ces bassins, à la partie inférieure, sont munis d'une ouverture fermée par une grille ; ils communiquent avec l'égout par un tuyau pourvu d'un siphon analogue à celui de l'évier. Au-dessus, un robinet en relation avec un réservoir à eau facilite un abondant lavage après chaque expulsion.

Évacuation des déjections humaines. — De toutes les déjections, les excrétions humaines sont celles qui offrent le plus de dangers. Aux gaz qui se dégagent des fermentations putrides qui s'accomplissent dans les matières organiques s'ajoutent les menaces des microbes qu'elles peuvent renfermer : le bacille typhique, le bacille du choléra, le bacille de la dyssenterie, le bacille de la tuberculose, etc., peuvent s'y trouver. Il est donc nécessaire d'expulser au plus tôt des habitations ces matières dangereuses.

A la campagne, les populations se conforment trop souvent à des traditions primitives et malsaines. Là, on voit fréquemment les excréments humains dispersés à l'air libre ou déversés dans une fosse rudimentaire, ou encore ils sont déposés sur les fumiers au moyen des récipients qui les renferment. Procédés dangereux qui ont causé plus d'une fois des accidents déplorables. De telles habitudes n'ont même pas pour excuse la destruction des substances par l'air et le soleil, attendu que, sous l'action des eaux pluviales, elles sont souvent délayées et entraînées dans le sol; elles peuvent alors contaminer les eaux potables qui existent dans le voisinage. Pour éviter les conséquences fâcheuses qui résultent de la présence des substances excrémentitielles, le villageois doit se conformer rigoureusement aux prescriptions de l'hygiène en pareille matière.

Fosses fixes. — Malgré les inconvénients qu'elles présentent, les fosses fixes sont à peu près les seules possibles dans les lieux isolés où les égouts n'existent pas et où les réserves d'eau sont insuffisantes. Ces fosses peuvent être à parois perméables ou à parois étanches. Les fosses à parois perméables, qui ne sont jamais vidées, doivent être bannies à cause des infiltrations malsaines qu'elles peuvent produire dans les puits et les nappes d'eau souterraines. Construites en maçonnerie, les fosses doivent être recouvertes d'une épaisse plaque de fonte imperméable et bien ajustée.

Les fosses à parois étanches doivent seules être en usage; l'étanchéité doit être aussi complète que possible. Comme les matières qu'elles renferment attaquent facilement les parois, il faut, à chaque curage, visiter soigneusement celles-ci et y faire les réparations nécessaires. Les déjections accumulées dans les fosses sont le siège de fermentations qui dégagent des gaz odorants et insalubres. Pour éviter de les aspirer, on munit la fosse d'un tuyau de dégagement qui la fait communiquer avec l'air extérieur; ce tuyau doit être prolongé au-dessus de la toiture.

A la campagne, on peut assainir les fosses en utilisant le pouvoir absorbant et le pouvoir oxydant du sol;

à cet effet, il suffit d'y projeter tous les jours une masse de terre sèche égale à trois ou quatre fois le poids des matières excrémentitielles. On doit aussi les désinfecter fréquemment en y répandant quelques litres de l'une des solutions suivantes : solution savonneuse de crésol préparée en mélangeant le crésol savonneux à l'eau dans la proportion de 5 0/0 ; solution d'eau de javel à 2 0/0; solution de chlorure de chaux à 3 °/₀; solution de sulfate de cuivre ou de fer à 5 0/0; lait de chaux fraîchement préparé. Ces soins font que les fosses sont inodores, que les produits solides qu'elles renferment sont inoffensifs et constituent un excellent engrais pour les terres. La vidange doit en être faite au moins deux ou trois fois dans l'année.

Dans les villes, les fosses ne peuvent être assainies en utilisant le pouvoir oxydant et absorbant du sol, on doit les désinfecter au moyen des solutions indiquées ci-dessus. La vidange doit en être faite fréquemment.

Il est dangereux de faire cette opération au seau et à l'air libre ; les ouvriers qui descendent dans les fosses peuvent être asphyxiés par l'acide sulfhydrique qu'elles renferment ; on doit employer de préférence le procédé d'aspiration au moyen d'une pompe à vapeur. Cet appareil permet de puiser dans la fosse les matières diluées dans l'eau, sans danger pour le travailleur ; l'aspiration produite attire les liquides dans un système de tuyaux imperméables qui les déverse dans un réservoir hermétiquement clos. Malgré les précautions prises, des gaz nauséabonds se dégagent par les fissures des appareils.

Les matières recueillies par ce procédé sont quelquefois utilisées directement comme engrais par l'agriculture. Dans certaines localités, des industriels transportent ces produits dans des dépotoirs où, par des procédés mécaniques et chimiques, ils sont transformés en engrais, riches en azote et employés en agriculture sous le nom de superphosphates industriels.

Fosses mobiles. — Les fosses mobiles permettent d'enlever tous les jours les matières excrémentitielles, et préservent des inconvénients dus aux fosses fixes : dégagement de gaz odorants, stagnation de matières malsaines. Les tinettes qui servent aux fosses mobiles sont des récipients en tôle galvanisée que l'on place au-dessous du tuyau de chute des matières. Lorsqu'on veut vidanger la tinette, on la ferme hermétiquement à l'aide d'un couvercle, on la retire et on la remplace par une tinette vide. Le local qui renferme la tinette doit être souvent nettoyé et lavé. On peut aussi désinfecter les substances renfermées dans la tinette au moyen de poudres absorbantes.

Tout à l'égout. — Parmi les systèmes d'évacuation des déchets, celui-ci est particulièrement recommandé par l'hygiène. Grâce à l'égout, les eaux ménagères, les matières excrémentitielles sont immédiatement éloignées de l'habitation par la chute d'une masse d'eau qui les entraîne.

Pour réaliser l'idéal de l'hygiéniste, le *tout à l'égout* doit réunir les deux conditions suivantes : 1° la maison doit être pourvue d'eau en quantité suffisante pour établir une chasse énergique des matières rejetées ; 2° le réseau d'égouts doit avoir une installation irréprochable : parois étanches, inclinaison convenable, abondance d'eau pour entraîner les matières solides qui ont pénétré dans la canalisation.

Cabinets d'aisances. — Pour être salubres, les cabinets d'aisances doivent être installés selon les prescriptions hygiéniques. La pièce doit être assez vaste pour permettre de s'y mouvoir librement ; elle doit avoir une fenêtre s'ouvrant à l'air libre afin de faciliter la ventilation.

Les *cabinets à la turque*, qui ne présentent qu'un orifice au-dessus du sol, ont l'inconvénient d'être facilement souillés; ils ne peuvent être salubres que si le sol est imperméable et si d'abondants lavages entraînent les matières déposées à la surface. Une large grille doit recouvrir une cavité qui communique avec le tube d'écoulement; elle facilite l'expulsion rapide des liquides. Les murs doivent être recouverts de carreaux de faïence vernissés qui facilitent les lavages.

Les *cabinets à siège* sont les plus commodes et les plus usités. Pour être salubres, ils doivent posséder: 1° une cuvette et un siège imperméables; 2° un tuyau d'écoulement qui ne permette point aux gaz de la fosse ou de l'égout de remonter dans l'atmosphère; 3° ils doivent être pourvus d'eau de manière à permettre un abondant lavage après chaque visite.

La cuvette sera imperméable si elle est en porcelaine, à parois résistantes. Le siège ne se laissera pas pénétrer par les liquides s'il est en bois dur, ciré ou verni; il aura une propreté constante s'il est à bords étroits et mobile de manière à pouvoir être relevé s'il n'est pas utilisé. Le tuyau d'expulsion forme le prolongement d'un petit bassin en cuivre adapté à la partie inférieure de la cuvette; ce bassin porte une soupape qui intercepte la communication de l'intérieur du tuyau avec la cuvette; cette soupape peut être abaissée à volonté en agissant sur une tige munie d'une poignée, elle fait communiquer alors la cuvette avec le tuyau d'écoulement. Comme elle ferme incomplètement l'orifice contre lequel elle est appliquée, le dégagement des gaz odorants et malsains doit être arrêté par l'action d'un *siphon analogue à celui qu'on adapte à l'évier*.

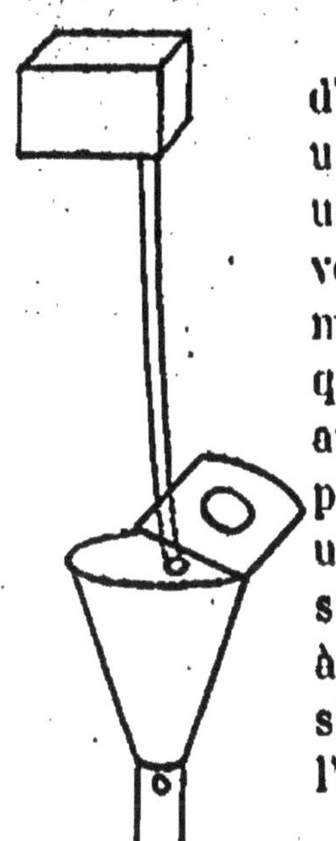
Cabinet salubre.

On maintient la propreté au moyen d'une chute d'eau. Un réservoir placé à une certaine hauteur communique par un tube à un orifice que présente la cuvette à la partie supérieure ; un écoulement rapide se produit toutes les fois que la soupape bascule ; l'eau projetée avec violence exécute un nettoyage complet. Lorsque la soupape ferme l'orifice, une petite couche liquide demeure à sa surface ajoutant son action préservatrice à celle du siphon qui s'oppose à l'ascension des gaz provenant de la fosse ou de l'égout.

Eloignées de l'habitation, les matières excrémentitielles présenteraient encore des dangers si des dispositions n'étaient prises pour leur donner l'innocuité nécessaire.

Dissémination et épuration des eaux d'égout. — Les eaux d'égout chargées d'immondices peuvent compromettre l'état sanitaire des régions irriguées par ces eaux. Afin d'éviter les maux qu'elles peuvent produire, on a employé des procédés divers : 1° déversement des eaux d'égout dans les cours d'eau ; 2° épuration au moyen de procédés mécaniques et chimiques ; 3° épandage sur les sols perméables.

Les eaux d'égout déversées dans les rivières contaminent les eaux de ces courants, si leur débit n'est pas considérable relativement aux apports qu'ils reçoivent. Les études de M. Miquel montrent l'altération subie, à Paris, par les eaux de la Seine :

Eau de la Seine à Ivry (amont de Paris)	32.500	microbes	par cent. cube.
— à Chaillot (aval de Paris)	111.000	—	—
— à St-Denis (aval de Paris)	200.000	—	—
— à Vernon (110 k. aval de Paris)	32.500	—	—

Après la traversée de Paris, les eaux de la Seine sont dangereuses et cependant elles constituent l'eau potable de nombreuses localités. La ville donne approximativement chaque jour de 5 à 600,000 mètres cubes d'eau d'égout ; le débit de la Seine, en été, est d'environ 4 millions de mètres cubes par jour ; ces proportions indiquent que 1 litre d'eau d'égout est dilué dans environ 7 litres d'eau de la Seine. Dans ces conditions, l'eau du fleuve devient un foyer d'infection si elle est employée comme eau potable. L'observation montre aussi que ces eaux s'épurent en s'éloignant de la capitale ; à Vernon, elles ont repris leur composition bactériologique primitive.

La dilution des eaux d'égout dans les cours d'eau étant dangereuse, les hygiénistes ont recherché des procédés nouveaux pour rendre inoffensifs les déchets de la vie.

L'épuration mécanique et chimique nécessite des bassins ayant une grande étendue. Cette installation est coûteuse ; à cette dépense s'ajoutent les frais d'acquisition des produits chimiques utilisés pour décomposer les matières organiques. Après l'opération, l'épuration des eaux est incomplète ; elles n'ont guère abandonné que les substances qu'elles tenaient en suspension.

L'épandage des eaux d'égout sur un terrain choisi paraît être actuellement le meilleur procédé d'assainissement.

L'épandage consiste à disperser les eaux malpropres à la surface d'un terrain perméable ; là, elles sont en présence de l'oxygène de l'air qui unit son action oxydante à celle des bactéries que le sol renferme ; les ferments ammoniacaux et les ferments nitriques *(micrococcus nitrificans)* décomposent la matière organique et la transforment en gaz carbonique qui se dégage et en nitrates qui forment un engrais très précieux pour l'agriculture.

Les sols propres à être utilisés pour l'épandage sont d'abord les terrains sablonneux, puis les terrains calcaires. La couche d'épuration doit avoir une épaisseur convenable, au moins 2 m 50 ; elle doit être en pente douce et bien nivelée. Le sol doit être sillonné de rigoles nombreuses ; il doit être drainé et entouré de canaux d'évacuation servant à l'écoulement des eaux épurées.

Par l'épandage, les terrains sont fertilisés et les eaux impures sont assainies. L'épandage pratiqué à Paris dans les champs de Gennevilliers et d'Achères a amélioré le sol ; le rendement annuel s'est élevé à plus de 6,000 francs l'hectare : les prix de vente ne dépassaient pas autrefois 1,000 francs l'hectare, ils s'élèvent aujourd'hui à 10 et 12,000 francs. Cette progression rapide est une preuve de la fertilisation du sol par les matières organiques.

Les analyses bactériologiques de M. Miquel font connaître l'épuration subie par les eaux filtrées dans ces sols perméables :

Eaux d'égout de Paris... 8.000.000 de bactéries par centimètre cube.
Eaux des drains de Gennevilliers. 51 bactéries —

Les drains de Gennevilliers disposés à 4 mètres de profondeur conduisent à la Seine une eau limpide, sans odeur ni saveur et ne renfermant pas plus de microbes que la plupart des eaux de source.

Ces remarques diverses prouvent bien que l'épandage *fertilise le sol* et *purifie les eaux d'égout*.

Les expériences faites par MM. Chantemesse, Granger, etc., ont prouvé que les microbes pathogènes ne peuvent être vivants, dans les champs d'épandage, à une profondeur de plus de 2 mètres ; les eaux qui s'infiltrent au-dessous sont donc exemptes de germes infectieux.

Répondant aux accusations d'insalubrité des champs d'épandage, les statistiques prouvent le bon état sanitaire des habitants de ces régions. La multiplication de la population et l'absence de maladie infectieuse établissent l'inanité des préventions qui attribuent une influence malsaine aux émanations de ces champs et aux plantes qui s'y développent. Celles-ci, par l'effet des fonctions physiologiques, décomposent les matières organiques transportées par les eaux souillées qui imprègnent leurs racines; elles s'assimilent les substances qu'elles renferment; jamais les parties aériennes ne sont au contact de ces détritus, attendu qu'il n'y a pas arrosage des végétaux mais écoulement lent des eaux par des rigoles et pénétration du sol par le liquide.

On ne saurait nier cependant que, des champs d'épandage, se dégagent une odeur désagréable et des vapeurs qui rendent l'atmosphère humide; là aussi éclosent de nombreux et incommodants moustiques.

Outre les champs d'épandage de Paris, on trouve encore ceux de Berlin, de Dantzig, de Poitiers, etc.

La multiplication de ces champs d'épuration prouve bien les avantages sanitaires qu'ils présentent.

Propreté et entretien : rideaux et tapis

Propreté et entretien de l'habitation. — Pour être salubre, l'habitation bien installée doit encore être propre. La propreté doit être l'ornement de la maison dénudée et le parfum de la demeure somptueuse. Une exquise propreté rend un intérieur agréable et attachant; elle relève la valeur des plus belles choses et donne du prix aux plus modestes. Que son luxe discret s'étale en tous lieux! Qu'elle règne dans le palais du roi et dans la cabane du berger ! Accessible à tous, le maître ou le serviteur, le grand et le petit peuvent la posséder ; chacun a à sa portée l'eau qui assainit, l'air qui purifie, la lumière qui vivifie. Gardienne vigilante du logis, la propreté chasse sans pitié et le commensal importun qui attaque nos provisions, et l'hôte indiscret qui souille nos décors, et le parasite dangereux qui apporte la contagion.

Avide de beau, l'œil se délasse dans ce milieu orné de la suprême fleur qui embellit, imprégné de l'essence qui parfume, pourvu de l'antidote qui préserve de la maladie. La propreté éloigne la souffrance, procure la joie, resserre l'amitié et dirige vers le bonheur, car elle est fille de l'ordre, de la vigilance et de l'activité.

Une habitation propre est celle dont les parquets, les plafonds, les murs, les meubles, les rideaux, les tentures ne présentent ni trace de souillure ni parasites déplaisants. Là, point d'odeur désagréable, point de miasme dangereux, mais air pur, flots de lumière. Dans la cuisine, les ustensiles sont propres et reluisants ; le sol, lavé fréquemment aux lessives de soude, ne présente ni taches graisseuses, ni traces d'éclaboussures : une main diligente fait chaque jour disparaître tout ce qui peut choquer un goût délicat. Les ordures ménagères ne sont point entassées dans le coin obscur, mais chaque jour, elles sont déposées en lieu propre.

Dans toutes les pièces, les parquets, les plafonds, les murs, les meubles sont maintenus en bon état par les soins quotidiens qui font intervenir, suivant l'occurrence, l'eau et la brosse, le frottoir et l'encaustique. Le placard obscur et le réduit sans lumière sont visités souvent et débarrassés des poussières et des germes qui y cherchent refuge. Le grenier élevé et la cave profonde sont fréquemment inspectés et rendus propres.

Aucun angle, aucune moulure, aucune fissure ne doit trouver grâce devant le rigide balai ou en présence de la lessive épurative. Le parasite, ne trouvant point d'asile sûr, quittera ce local inhospitalier. La santé de la famille ne pourra que gagner à la disparition de ce désagréable voisinage.

Les meubles bien tenus ont toujours le brillant et l'éclat du neuf. Dans une maison propre, l'ordre règle toutes les dispositions et l'hygiène indique l'aménagement qui offre les meilleures conditions de salubrité.

La propreté rigoureuse et la désinfection bisannuelle seront les facteurs qui assureront la bonne santé des habitants.

Les moyens à employer pour entretenir les parquets, les plafonds, le mobilier, ont été indiqués dans le Cours d'Économie domestique.

Rideaux et tapis. — Les rideaux et tapis, réclamés par l'usage et l'élégance, sont condamnés par l'hygiène; ils doivent donc être réduits au strict minimum. Autant que possible, on évitera dans les rideaux les plis compliqués, les draperies artistiques mais trop mouvementées : ces collines et ces vallons, ces éminences et ces profondeurs offrent des asiles trop paisibles aux poussières et aux micro-organismes : il faut sacrifier la grâce et le décor à la salubrité.

Démontés deux fois l'an, les rideaux et tentures sont battus, brossés et, s'il est possible, lessivés aux cristaux de soude.

Grâce à leur fin duvet et à leurs profonds sillons, les tapis hospitalisent les poussières et détritus déposés par l'atmosphère ou abandonnés par les chaussures qui les ont pressés et frôlés. Ils doivent donc être l'objet de soins journaliers qui les débarrassent de ces hôtes dont quelques-uns peuvent être nocifs. Battage et brossage au grand air et loin de l'habitation ne doivent pas être ménagés.

Cour et jardin. — La propreté de l'habitation comporte aussi la propreté de ses dépendances : cour, jardin, habitations des animaux domestiques.

La cour sera débarrassée de toute immondice et fréquemment balayée; elle ne devra pas avoir de réservoir d'eau stagnante et pourra être agrémentée et assainie par la végétation de plantes vertes. Cailloutée et sablée, elle offrira aux eaux pluviales une infiltration facile : ainsi, jamais le pied ne plongera dans le cloaque, jamais il n'enfoncera dans la boue malpropre. Les brusques refroidissements des pieds, causes trop fréquentes de rhumes et bronchites, et les souillures des parquets seront évités.

Les végétaux fauchés ou coupés dans le jardin ne devront pas être abandonnés à la fermentation putride dans la partie qui avoisine l'habitation ; ils seront déposés en un lieu éloigné d'où les émanations ne pourront pénétrer dans l'habitation.

Enfin, les cages à volatiles, les loges à lapins, les écuries seront placées le plus loin possible de la demeure familiale. Chaque jour, les habitations des animaux seront méticuleusement nettoyées, le sol sera balayé et les ordures transportées au loin. Les mains qui ont été en contact avec les animaux ou leurs détritus doivent soigneusement être lavées et désinfectées.

Cette propreté contribuera à la bonne santé des animaux domestiques et à celle de leurs possesseurs.

Parasites de la maison

Les parasites de l'habitation sont nombreux : les uns s'attaquent à l'ameublement et aux habits, les autres aux aliments et aux débris, d'autres à l'homme lui-même. Il est important d'expulser ces hôtes incommodes et souvent même très nuisibles soit par les déprédations qu'ils commettent, soit par les maux qu'ils nous causent.

Des soins continus, une propreté rigoureuse et constante des combles au sous-sol, des nettoyages fréquents dans toutes les parties de la maison, sont les plus sûrs garants contre l'invasion de ces parasites désagréables ou dangereux.

Les parasites les plus ordinaires sont : parmi les mammifères, le rat et la souris ; parmi les arachnides, l'araignée ; parmi les insectes, les dermestes, les teignes, les blattes, la mouche, le moustique, la puce, la punaise, le pou. Les microbes peuvent aussi être rangés parmi les parasites.

Parasites mammifères. — Le *rat* et la *souris* sont de petits mammifères que l'on trouve fréquemment dans l'habitation.

Le *rat* réside habituellement dans les combles et les greniers ; de là, il dirige dans les appartements ses incursions dévastatrices. Il dévore les graines des céréales, les substances alimentaires ; il ronge le bois, le linge, etc. On se préserve des dégâts de ce parasite en évitant de placer à sa portée les substances qui peuvent servir à son alimentation ; on délivre la maison de sa présence en détruisant les récalcitrants au moyen de pièges ou, à la rigueur, en les empoisonnant.

La *souris* vit dans l'intérieur des appartements ; beaucoup plus petite que le rat, elle est plus redoutable par les dégâts qu'elle commet : linge, papier, habits, meubles, substances alimentaires, tout lui est bon, tout l'attire, elle s'attaque à tout, elle dégrade tout. Retirée dans le petit trou de la muraille, enfoncée dans la fissure que présente le parquet, elle guette attentivement le moment où elle peut marauder librement. On doit employer pour la détruire tous les moyens que l'on a à sa disposition : pièges, asphyxie par le gaz sulfureux, empoisonnement. Ce dernier procédé a l'inconvénient de faire succomber l'animal dans son refuge ; de là se dégage ensuite une odeur infecte.

Le meilleur destructeur de souris et de rats est le chat.

Les rats et les souris peuvent, dit-on, transmettre certaines maladies contagieuses : peste, fièvre jaune, typhus exanthémique, etc. La teigne faveuse peut être communiquée à l'homme par le chat, qui la tient lui-même de la souris.

Arachnides parasites de la maison. — Les araignées rendent des services en détruisant les mouches et d'autres insectes, mais leurs toiles délicates déparent les angles des appartements et les bordures des plafonds ; la propreté ne peut s'accommoder de la présence de ces tissus soyeux qui révèlent un instinct savant de la part de l'insecte et une négligence répréhensible de la maîtresse de maison. On protège l'araignée dans les jardins, on la détruit dans l'habitation.

Insectes parasites. — Les *dermestes* et les *teignes* sont nuisibles aux lainages et aux fourrures ; leurs ravages peuvent être considérables ; on les évite en battant, brossant et exposant fréquemment à l'air les étoffes. On soustrait aussi les lainages et fourrures à leurs dégradations en les enfermant, durant l'été, dans des boîtes hermétiquement closes, après les avoir soigneusement visités pour détruire les larves.

On fait périr les larves et les insectes ailés au moyen de la poudre de pyrèthre et de la naphtaline.

Les *fourmis* s'introduisent quelquefois dans les habitations. Actives pourvoyeuses, elles recherchent les provisions, qu'elles emportent miette à miette dans leurs greniers. Renseignées par les éclaireurs, elles arrivent en masse pour dévaliser le meuble hospitalier : les confitures, les mets sucrés, les fruits, les réserves diverses disparaissent sous l'action combinée de mille bras vaillants ; bientôt la ménagère sans vigilance ne trouvera que des récipients vides et les débris des festins.

Pour repousser ces invasions destructrices, on peut employer les infusions de nicotine dont on asperge les insectes, ou on doit arroser les fourmilières avec de l'eau bouillante ou de la benzine.

Les *blattes* se blottissent durant le jour dans les coins obscurs et malpropres ; elles en sortent la nuit pour faire main basse sur les débris animaux et végétaux. Leur aspect repoussant et leurs déprédations doivent porter à les combattre. On emploie, à cet effet, la poudre de pyrèthre, les vapeurs de benzine et surtout la propreté rigoureuse de tous les coins. Elles ne résistent pas aux lavages fréquents aux cristaux de soude.

Dans le sud-ouest, notamment à la Rochelle, les *termites* pullulent dans les bois, qu'ils criblent de galeries en ménageant la surface. Ils sont redoutables pour les meubles et les charpentes ; on a vu de grosses pièces de soutènement se briser par suite de leur action destructrice. On les combat au moyen d'injections au silicate de potassium.

La *mouche* comprend plusieurs variétés, qui toutes sont dégoûtantes, malpropres et quelquefois dangereuses. L'insecte ailé suce avec une égale avidité et le détritus putride et le mets savoureux et la joue rose ; sortant d'un foyer d'infection, elle vient picorer la main blanche et absorber la sauce fumante où elle se noie. Évitons ses piqûres et détruisons l'animal qui souille nos appartements et nous incommode par sa présence.

Indépendamment de la répulsion qu'elle inspire, la mouche peut apporter des germes de contagion. En suçant les expectorations des tuberculeux et des diphtériques, elle peut s'emparer du microbe qui cause la maladie; en explorant les déjections des typhiques, en absorbant le sang des animaux charbonneux, elle cueille le bacille, cause de l'infection et bientôt elle vient inoculer ces germes divers à l'imprudent qui se laisse déchirer l'épiderme.

La mouche commune dépose ses œufs dans les fumiers, où les larves éclosent; on préserve la maison de l'invasion de ces diptères en éloignant les déchets, les ordures ménagères, les écuries, les étables.

La *mouche à viande* dépose ses œufs sur la viande; il faut avoir soin de soustraire à son action celle qui doit servir d'aliment. Une fois écloses, les larves rongent nuit et jour l'aliment qui les abrite.

Le cadavre infect qui gît sur le sol attire la pondeuse; elle flaire la bête charbonneuse et suce ses humeurs : le vibrion de la septicémie *(vibrio septicus)* et le bacille charbonneux *(bacillus anthracis)* se fixent à son suçoir; bientôt elle transporte inconsciemment ces microbes sur l'individu sain dont elle cause la mort, après avoir blessé sa peau diaphane qui lui offre un régal apprécié.

On détruit les mouches au moyen de la poudre de pyrèthre que l'on insuffle avec un instrument dans les milieux où elles s'abritent; on les empoisonne à l'aide du papier ou de la poudre tue-mouches.

Les *cousins* et *moustiques* incommodent par leurs piqûres, qui causent des démangeaisons et une sensation de cuisson : on combat la douleur par des lotions d'ammoniaque ou d'alcool phéniqué. Ces petits accidents, bien qu'ils soient insupportables, ne sont pas les plus graves méfaits de ces diptères. Il paraît certain aujourd'hui que les piqûres de certains moustiques du genre *anophèles* inoculent le microbe du paludisme, d'autres transmettent la fièvre jaune.

On doit se mettre à l'abri de leurs attaques nocturnes au moyen de moustiquaires dont on entoure les lits; on préserve les appartements de leurs visites en munissant les fenêtres d'une toile métallique à fils fins et serrés.

Les moustiques déposent leurs œufs dans les mares et les endroits humides; aussi sont-ils nombreux dans les pays marécageux. On peut détruire leurs larves en répandant à la surface des eaux stagnantes une légère couche d'un liquide formé d'un mélange de pétrole et de goudron. Ce produit asphyxie les jeunes larves lorsqu'elles viennent respirer à l'air libre. Ce procédé n'est pratique que dans les masses d'eau ayant une faible étendue.

Puce. — La *puce ordinaire (pulex irritans)* est un parasite de l'homme; sa piqûre devient le siège d'une vive démangeaison, que l'on combat au moyen de l'eau vinaigrée. La puce dépose ses œufs dans les fissures des planchers, des bois du lit, dans les cavités que présentent les couvre-pieds, les matelas. On limite la multiplication de ces insectes au moyen de lavages des bois aux lessives bouillantes de cristaux de soude ou de potasse; les parquets cirés facilitent la destruction des larves par l'action quotidienne de la brosse qui chasse les poussières des fentes où sont déposés les œufs. L'exposition à l'air, les brossages minutieux et fréquents des couvre-pieds et matelas détruisent les œufs et les larves qui se plaisent dans un milieu malpropre. Enfin, on détruit les puces au moyen de la poudre de pyrèthre.

La puce du rat peut, dit-on, transmettre à l'homme le microbe de la peste.

Punaise des lits. — La punaise des lits *(cimex lectularius)* fixe sa demeure dans les bois des lits, dans les fissures des lambris et des boiseries, dans les crevasses des vieux murs. De là, elle guette sa victime et se précipite sur le dormeur dont elle suce le sang; ses piqûres provoquent des démangeaisons violentes que calment les lotions à l'eau vinaigrée ou phéniquée.

La multiplication des punaises dans une chambre à coucher est due à la malpropreté ; les nettoyages fréquents et une rigoureuse propreté préservent de ces odieux parasites. On les détruit au moyen de la poudre de pyrèthre. On fait périr celles qui ont pénétré dans les fissures des bois en enduisant ceux-ci d'essence de térébenthine ou d'une solution de sublimé; on peut aussi les asphyxier au moyen du gaz sulfureux produit dans la salle infectée, lorsque toutes les ouvertures sont hermétiquement closes.

On prétend que les punaises vivant dans les lits de tuberculeux peuvent transmettre la maladie en inoculant le bacille de Koch; on admet aussi que leurs piqûres peuvent communiquer les microbes de quelques autres maladies contagieuses.

Poux. — Les poux sont des insectes aptères dont certaines espèces vivent sur l'homme. On distingue : le *pou de tête* et le *pou de corps*. Quelle que soit leur nature, les poux sont un indice de malpropreté, et non une source de santé, comme on a pu le dire.

Les poux se multiplient rapidement au moyen d'œufs qu'on nomme des *lentes* et qui sont fixés aux cheveux par un anneau chitineux. La piqûre de ces insectes provoque de vives démangeaisons et une irritation du cuir chevelu qui détermine l'apparition de pustules et de croûtes repoussantes.

On prévient l'invasion des poux par une propreté rigoureuse de la tête et du corps; les lavages fréquents, les lotions à l'eau savonneuse, l'usage de linge bien propre préservent des atteintes de ces parasites.

On détruit les poux au moyen de la pommade mercurielle appelée *onguent gris*, ou mieux encore par des lavages avec une solution de sublimé. Les ablutions de la tête et les bains au savon noir détruisent les poux qui résident sur le cuir chevelu ou sur le corps.

Les lentes résistent généralement à ces procédés; on doit les enlever avec les doigts ou au peigne fin; si elles sont trop nombreuses, il ne faut pas hésiter à couper la chevelure, ce qui facilite les soins à donner au cuir chevelu. Si les lentes sont dues aux poux du corps et si elles sont dans les habits, on doit soumettre ceux-ci à des désinfections au gaz sulfureux, à des lessives bouillantes de potasse et, au besoin, on doit brûler les vêtements.

Microbes. — Aux parasites proprement dits, on peut ajouter les microbes pathogènes, invisibles à l'œil nu, mais sérieusement redoutables. L'aération, la propreté, la désinfection, le balayage humide des parquets non cirés, le frottement au chiffon du mobilier poussiéreux, mettront à l'abri de leurs atteintes.

Nécessité de préserver l'habitation des parasites; moyens à employer. — D'après ce qui a été dit plus haut, on voit que les parasites ne sont pas seulement incommodes et repoussants; ils peuvent aussi être très dangereux. Que la demeure de l'homme ne soit donc pas l'asile de ces êtres qui sont ses ennemis. Des soins vigilants et bien compris forceront les parasites à respecter le domicile familial. Les visites fréquentes aux diverses parties de l'habitation, même à celles qui paraissent le plus négligeables, les nettoyages rigoureux, les lavages souvent répétés, la propreté absolue de l'intérieur de la maison et de ses dépendances, seront les armes les plus sûres pour lutter contre les envahisseurs ; l'air pur et la lumière solaire seront les auxiliaires qui assureront la déroute des assaillants et le triomphe de l'hygiène.

Aménagement d'une chambre de malade

Chambre de malade. — Une chambre de malade doit présenter les conditions suivantes : 1° l'aération doit en être facile ; 2° la disposition des parois doit être telle que les microbes n'y trouvent point asile ; 3° le mobilier, réduit au strict nécessaire, doit être conforme aux indications de l'hygiène ; 4° la désinfection et les lavages doivent pouvoir y être facilement exécutés.

L'*aération* doit maintenir une atmosphère salubre autour du malade. Pour que le courant puisse rapidement entraîner l'air vicié, les ouvertures doivent être grandes, deux au moins doivent être placées aux parois opposées de la pièce. Des paravents et des couvertures préserveront le malade du refroidissement causé par la ventilation.

Les *parois* de la chambre ne doivent pas offrir d'abri aux microbes ; aussi doivent-elles être lisses, ne présenter ni angles ni rugosités. Les moulures des plafonds, les lambris, les plinthes doivent être supprimés ; les angles de jonction des parois doivent disparaître et être remplacés par des surfaces à courbes concaves ayant un long rayon ; la peinture à l'huile, qui permet les lavages, doit remplacer le papier peint qui recouvre ordinairement murs et plafonds. La chambre doit être spacieuse ; elle offre ainsi une atmosphère plus salubre.

L'*ameublement* ne comprendra de tentures d'aucune sorte : point de baldaquin, point de rideaux au lit ni aux fenêtres ; celles-ci auront seulement des stores lavables pour arrêter les regards indiscrets. Les tapis seront supprimés ; seule, une descente de lit sera posée sous les pieds du malade au moment utile. Les gros meubles et les bibelots d'apparat n'y trouveront point place ; tous les objets inutiles seront supprimés.

Le mobilier comprendra simplement un lit, de préférence en fer ou en cuivre ; une table de nuit dont le dessus et les parois intérieures seront revêtus de plaques de marbre bien ajustées ; une table pour déposer les objets, cette table aura les pieds en fer et le dessus en marbre, celui-ci étant moins perméable que le bois. Les chaises devront aussi être en fer, ou, si elles sont en bois, le siège devra être canné, cette disposition offrant moins d'abris aux microbes.

Pour éviter la dissémination des poussières et germes divers, le balayage et l'époussetage seront supprimés. Un chiffon sera promené sur le sol, les murs et les meubles après avoir été imbibé d'une solution antiseptique ; ainsi, les corpuscules seront ramassés et ne se disséminеront pas dans l'atmosphère. Le linge ayant servi à cette opération sera plongé dans une solution de cristaux de soude qui sera portée à l'ébullition pendant une heure.

Le bois est perméable aux liquides et présente toujours des fissures où se logent les poussières et les détritus ; *il est bon de supprimer toute boiserie et de remplacer le parquet par des briques vernissées ou par des carreaux de faïence vernis.* La surface polie de ces briques facilite le nettoyage, les lessives bouillantes de potasse et de soude n'y produisent aucune dégradation.

Après la maladie, la chambre et tous les objets qu'elle renferme sont soumis à une *désinfection énergique*, particulièrement après une maladie infectieuse.

Parmi les *modes de désinfection*, on peut citer : 1° la

désinfection par le gaz sulfureux produit en brûlant du soufre dans la chambre hermétiquement close; 2° les lavages des parois de la salle et de tout le mobilier à l'eau phéniquée ou à l'eau de sublimé.

Ces conditions diverses de l'aménagement d'une chambre de malade ne peuvent être réalisées dans toutes les maisons; il faut au moins rapprocher autant que possible cette installation de l'idéal indiqué.

La garde-malade. — La garde-malade a un rôle très important ; de ses soins intelligents dépend la guérison plus ou moins rapide de celui qu'a terrassé la maladie. La garde-malade doit avoir des qualités morales et intellectuelles particulières : elle doit connaître les règles de l'hygiène, elle doit savoir observer les prescriptions médicales, elle doit posséder la partie pratique de la science qui enseigne l'art de soigner de la manière la plus efficace.

La garde-malade doit d'abord posséder l'égalité d'humeur, l'empire sur soi-même qui lui permet de dominer les sentiments heureux ou tristes qui l'agitent en suivant les péripéties de la maladie. Elle doit toujours montrer un visage serein et gai qui donne au malheureux l'espérance en l'avenir, si nécessaire pour arriver à la guérison. Elle doit donner les avis avec douceur et *fermeté;* elle doit supporter avec patience la mauvaise humeur de celui que le mal exaspère. L'insulte et l'injuste reproche ne doivent pas lasser son dévouement : attentive et affectueuse, elle doit deviner les désirs et les satisfaire, écouter les ordres et les exécuter, toutes les fois qu'ils ne sont pas en contradiction avec le bon sens ou avec les prescriptions médicales, qu'il faut scrupuleusement observer.

Il faut surtout que la garde-malade ait l'âme bonne et compatissante qui s'intéresse aux maux d'autrui.

qui ressent la souffrance du malade, qui sait calmer la douleur morale, qui veut adoucir la douleur physique. Il faut qu'elle ait le cœur généreux qui aime la tâche imposée, qui sait sacrifier le bien-être personnel à l'allègement du mal qu'elle combat ; il faut, en un mot, qu'elle s'oublie elle-même et ne songe qu'à sauver celui que la douleur torture. Animée de ces sentiments, la garde-malade saura trouver des recettes, des procédés de soulagement qu'elle puisera dans sa propre inspiration et que jamais la science et l'art n'auraient pu lui indiquer.

L'intelligence et le dévoûment indiqueront à la garde les soins qu'elle doit prendre pour éviter au malade toute fatigue inutile; elle réglera le nombre des visites et leur durée, elle déterminera les sujets de conversation, elle saura ingénieusement entretenir le malade de ce qui peut lui plaire et écarter ce qui pourrait l'impressionner défavorablement, elle saura commander le silence si l'état l'exige. Elle observera attentivement la marche de la maladie ; munie d'un thermomètre, elle notera les variations de la fièvre, se souvenant que 37° est la température normale, 38°, la limite de la fièvre faible, 39° 1/2, celle de la fièvre modérée, 40° 1/2, limite de la forte fièvre ; au-dessus, fièvre très forte.

Dans les cas sérieux, elle ne perdra pas de vue le patient ; elle saura le surveiller, le médicamenter, le réconforter sans troubler son esprit, sans éveiller la désespérance. Quelles que soient les circonstances, des larmes inopportunes, des paroles angoissées ne doivent pas troubler la quiétude de celui qui va paisiblement goûter son dernier et éternel sommeil.

Les connaissances hygiéniques et l'expérience acquise apprendront à l'infirmière à régler les mouvements du malade, à surveiller la régularité des fonctions physiologiques, à déterminer la quantité et la qualité des aliments absorbés, à administrer les médicaments avec sollicitude et régularité, à maintenir une propreté rigoureuse sur le malade et autour du malade. A cet effet, si le bain n'est pas permis, elle aura soin, sauf avis médical contraire, de procéder à un lavage quotidien au moyen de l'eau savonneuse qui purifie la peau et la débarrasse de nombreux microbes ; elle renouvellera très souvent le linge de corps et celui en usage pour la couche.

Précautions hygiéniques relatives au milieu — La propreté et la sollicitude ne comprendront pas seulement le malade et la pièce qu'il occupe ; elles s'étendront aussi à la garde-malade et aux personnes avec lesquelles elle communique au dehors. Dans les cas de maladie infectieuse notamment, elle s'entourera de précautions pour échapper à la contamination et éviter de transmettre les microbes dangereux à sa famille ou à ses amis.

Dans cet ordre d'idées, elle adaptera d'abord ses habits à son rôle : ses jupes seront courtes, ses manches larges pour permettre de les relever jusqu'au coude. Au-dessus de ses vêtements, elle glissera un peignoir à confection très simple, en toile de coton blanc, serré à la taille, ayant des manches à poignet. Elle se vêtira de ce peignoir à son entrée dans la chambre du malade, elle l'ôtera à sa sortie ; ce peignoir sera fréquemment renouvelé et lessivé en le plaçant dans une dissolution de cristaux de soude qu'on fera bouillir pendant une heure.

Elle aura soin de tailler ses ongles courts et de les tenir propres ; elle se lavera le visage, le cou, les mains avec une solution antiseptique (eau phéniquée, eau de sublimé), plusieurs fois par jour, particulièrement quand elle aura été au contact du malade et avant de se mettre en relation avec les autres membres de la famille ; le matin ou le soir, elle pratiquera sur tout son corps des ablutions d'eau antiseptique. Elle aura soin de se désinfecter la bouche et les fosses nasales par des lavages à l'eau boriquée ou à l'eau additionnée d'alcool de menthe, de salol, etc.

Les objets devant servir au malade seront aseptisés ou antiseptisés. Les cuillères, fourchettes, verres, bols, assiettes ne lui seront présentés qu'après avoir été aseptisés par l'eau bouillante ; ces mêmes objets, après avoir servi à son usage, seront antiseptisés dans les lessives bouillantes de cristaux de soude.

Les tables sur lesquelles on dépose les objets doivent être recouvertes d'une serviette qu'on remplacera fréquemment et qu'on désinfectera par les procédés indiqués.

Les déjections, les expectorations, les vomissements seront immédiatement retirés de la chambre, et, dans le cas de maladie contagieuse, ils seront désinfectés par l'eau phéniquée ou l'eau de sublimé avant d'être jetés dans la fosse. Les vases servant de récipients *ad hoc* seront désinfectés après l'expulsion des matières qu'ils auront contenues.

Ces soins hygiéniques appliqués avec intelligence et dévoûment faciliteront la guérison du malade et s'opposeront à la propagation du mal à l'extérieur.

CHAPITRE XXIII

LA LUMIÈRE

Destruction des microbes par la lumière. — Étiolement par privation de lumière.

Les microbes sont des êtres microscopiques appartenant au règne végétal *(algues, champignons)*. Les espèces sont nombreuses, et les individus, en quantité innombrable. Certains de ces êtres inférieurs, agissant sur nos organes, provoquent des maladies contagieuses. Rechercher les moyens de limiter leur multiplication, détruire les microbes existants, préserver l'homme de leurs atteintes : voilà le but des travaux de l'hygiéniste. Par son action microbicide, la lumière solaire est un agent actif de la destruction des micro-organismes.

Destruction des microbes par la lumière

Les observations des physiologistes ont permis de constater l'action destructive de la lumière sur les microbes. Exposé à l'action directe des rayons solaires, le bacille typhique n'existe plus après 6 heures d'exposition ; le bacille de la diphtérie résiste plus longtemps, mais finit par succomber. Placées dans les mêmes conditions, des bactéries diverses ont été privées de la vie après une période plus ou moins longue. Donc, *en présence de l'oxygène de l'air, les rayons solaires tuent les microbes.*

On peut aussi faire une expérience convaincante de la manière suivante. Sur une plaque de gélose (substance tirée d'une algue nommée agar-agar), on colle une feuille de papier noir dans laquelle on a fait des découpures, soit des lettres, soit un dessin (une petite branche avec feuilles, si l'on veut); sur la face opposée, on sème abondamment des bactéries. On expose le tout à la lumière en dirigeant vers le soleil la feuille de papier noir. Après une exposition de quelques heures, on dépose la plaque dans un milieu favorable au développement des microbes, à une température d'environ 26°. Les germes existants se développent alors activement, et bientôt, en examinant la lame au microscope, on voit que des colonies nombreuses de bactéries se sont développées en regard du papier noir, tige, intervalle des feuilles, tandis qu'en face des découpures, il n'y a point de végétation. On reconnait facilement la présence des microbes, après avoir enlevé la feuille, à ce que la plaque est transparente vis-à-vis des découpures et opaque au-dessous du papier noir.

Cette expérience établit d'une manière décisive l'action bactéricide des rayons solaires. On a remarqué aussi que l'effet produit augmente avec l'intensité lumineuse. Ainsi le soleil d'août agit plus énergiquement que celui de janvier. Dans les mêmes conditions, la lumière diffuse produit peu d'effets.

Les rayons solaires agissent aussi sur les milieux où se développent les bactéries, en leur ôtant la propriété de favoriser la multiplication des germes. Dans un bouillon de culture longuement exposé au soleil, les bactéries que l'on y ensemence, après l'insolation, demeurent inactives.

Ces expériences diverses prouvent combien il est nécessaire, dans les milieux habités par l'homme, de laisser agir les rayons solaires, attendu qu'*ils détruisent les microbes dangereux et rendent les milieux réfractaires à leur multiplication*.

Des statistiques établissent clairement l'action bactéricide de la lumière *dans les habitations.* On a fait, à Paris, les remarques suivantes : les victimes de la tuberculose sont nombreuses dans les maisons hautes, placées le long de rues étroites ; la mortalité est plus grande aux rez-de-chaussées et aux premiers étages que dans les étages supérieurs (sauf aux pièces situées dans les combles qui présentent de mauvaises conditions hygiéniques). Il est évident que, si les ruelles sont étroites et les cours exiguës, les parties basses des maisons reçoivent moins de lumière que celles qui sont au-dessus. Le développement de la tuberculose aux premiers étages peut donc être attribué au manque de lumière. On peut dire aussi que ces étages reçoivent abondamment les poussières et microbes de la rue.

L'observation suivante prouve encore l'effet microbicide de la lumière sur le bacille de Koch. Si l'on prend des rues voisines parallèles, soit, d'une part, les grands boulevards, d'autre part, les petites rues les plus rapprochées qui suivent la même direction, on remarque que, dans les boulevards, la mortalité par la tuberculose est en moyenne 1,34 par 1,000 habitants ; dans les petites rues parallèles, la mortalité par la tuberculose est 5,54 par 1,000 habitants durant la même période. Là, on ne peut attribuer la différence dans les décès de tuberculeux aux conditions désavantageuses de l'exposition, de l'altitude, de la salubrité atmosphérique, attendu que l'on a soin de choisir des voies qui ne sont séparées que par une faible distance, 150 mètres environ.

Si on recherche les causes probables des ravages de la tuberculose, on voit que les boulevards sont larges, plantés d'arbres, et que les maisons qui les bordent sont abondamment inondées par les rayons solaires ; les petites rues précitées sont étroites, les maisons qui les longent sont hautes, l'intensité lumineuse est faible, puisque les rayons solaires pénètrent peu ou point dans ces salles tristes, où le bacille de Koch n'est pas atteint par l'ennemi. De ces considérations, il résulte aussi que le microbe de la tuberculose infecte les lieux qui ne sont pas suffisamment visités par le soleil.

Les rayons solaires sont essentiellement bactéricides parce qu'*ils favorisent l'oxydation des tissus microbiens.*

Etiolement par privation de lumière

La lumière favorise l'exercice des fonctions physiologiques de l'être vivant. Placée dans l'obscurité, la plante allonge sa tige incolore et la dirige vers le point éclairé par les rayons solaires : les végétaux qui poussent dans les intervalles laissés par un amas de pierres nous en fournissent un exemple.

La plante que l'on place dans une cave au voisinage d'une ouverture dirige vers celle-ci le sommet de sa tige étiolée, atteint la fissure, s'élance au dehors, où ses feuilles verdissent ; cette coloration est due à l'exercice de la fonction chlorophyllienne que la plante ne peut remplir qu'en présence de la lumière. Dans l'obscurité, la nutrition est incomplète, le végétal ne peut absorber le gaz carbonique et s'assimiler le carbone, les tissus altérés présentent une teinte jaunâtre, la plante s'étiole et, si l'action de la lumière ne vient la ranimer, elle finit par succomber. Soumis à l'action des rayons solaires, le végétal étiolé se ranime et verdit.

Semblable à la plante, l'homme privé de lumière s'étiole parce que la nutrition des organes est insuffisante. La lumière a la propriété d'activer les fonctions physiologiques du protoplasma, élément de tout être vivant ; elle facilite l'assimilation et la désassimilation qui s'accomplissent dans la cellule organique ; dans les échanges nutritifs effectués, elle maintient l'équilibre qui produit la bonne santé de l'individu.

Dans l'espèce humaine, il est facile d'observer les effets produits par l'abondance ou la privation de lumière. Suivant que l'homme habite des lieux sombres et obscurs ou des lieux ensoleillés, son aspect extérieur change. Dans les quartiers populeux des grandes villes, où les maisons sont privées de soleil, les enfants de la classe ouvrière ont un teint pâle et anémié ; les petits bergers qui gardent leurs troupeaux dans des champs dorés par les rayons de l'astre du jour ont l'œil vif et le teint animé ; les ouvriers qui travaillent dans les sous-sols s'épuisent lentement et s'étiolent ; les moissonneurs que le soleil brunit ont le bras robuste et le corps vigoureux ; les habitants des régions du nord ont la peau blafarde, l'Italien et l'Espagnol ont le teint animé et la peau vivement colorée. A l'habitant des régions glacées, les mouvements lents et l'engourdissement du foyer ; à l'habitant des pays réchauffés par les rayons solaires, la pétulance dans l'exercice et l'activité au dehors.

L'aspect et le tempérament de l'homme dépendent donc, en partie, de l'intensité de la lumière qui l'éclaire ; mais la vigueur et l'action rapide appartiennent à celui dont les rayons solaires excitent l'organisme. L'homme privé de lumière s'affaiblit et s'étiole. L'étiolement conduit à l'anémie, à la misère physiologique, qui laisse la porte ouverte à toutes les maladies.

Les *Cours d'Hygiène* de 4e et de 5e année paraîtront prochainement.

TABLE DES MATIÈRES

ÉCONOMIE DOMESTIQUE

ENSEIGNEMENT MÉNAGER

HYGIÈNE

HYGIÈNE INDIVIDUELLE

Hygiène alimentaire

Albi, Imp. Coopérative du Sud-Ouest.

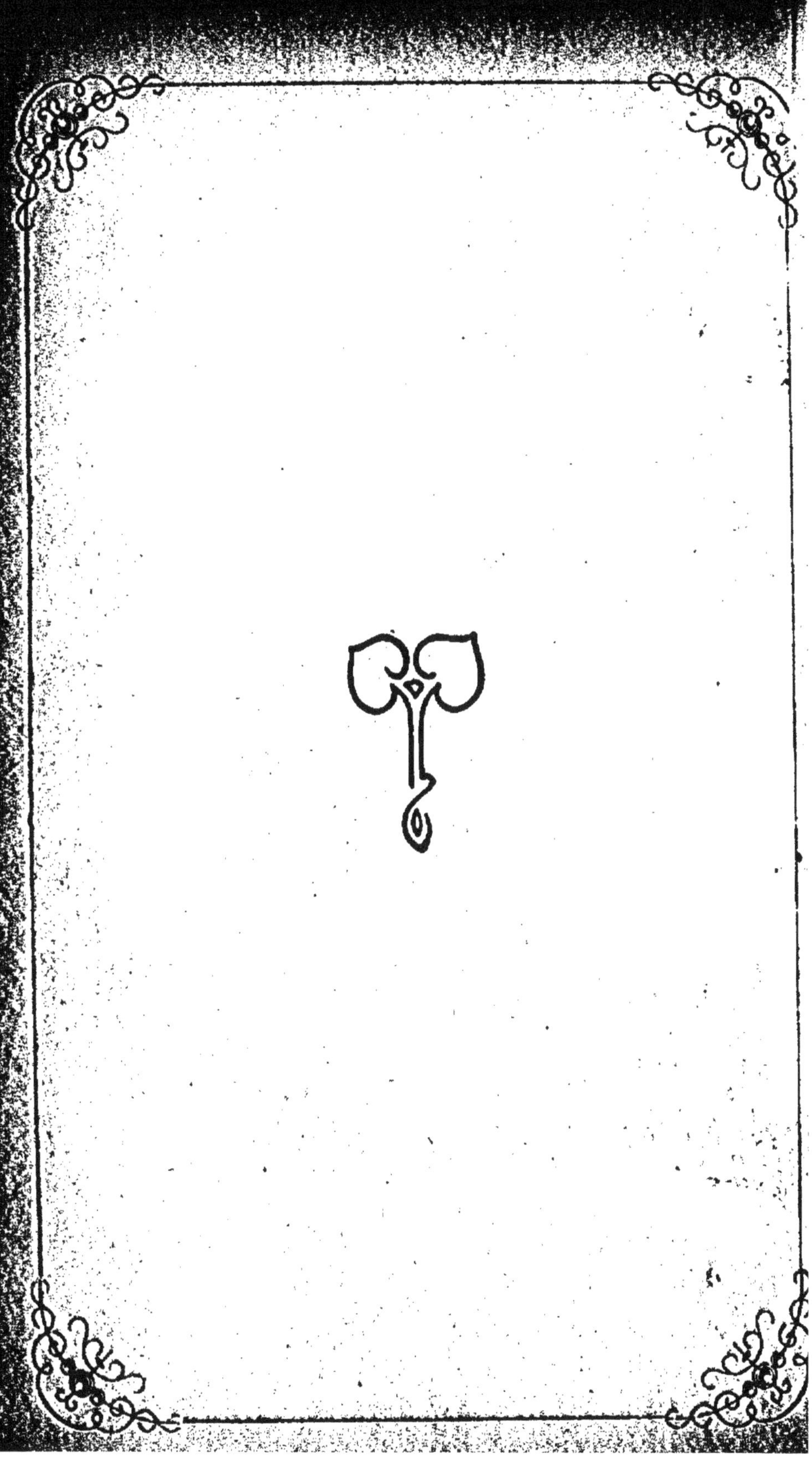

www.ingramcontent.com/pod-product-compliance
Ingram Content Group UK Ltd.
Pitfield, Milton Keynes, MK11 3LW, UK
UKHW020309230726
13925UKWH00001B/317

9 782013 549073